体验《弟子规》

刘 猛 编著
刘芊芊 绘

北京理工大学出版社
BEIJING INSTITUTE OF TECHNOLOGY PRESS

版权专有　侵权必究

图书在版编目（CIP）数据

体验《弟子规》/ 刘猛编著；刘芊芊绘 . — 北京：北京理工大学出版社，2020.6
（体验中华优秀传统文化 / 刘猛，张英华，郭冬红主编；1）
ISBN 978-7-5682-8498-1

Ⅰ . ①体… 　Ⅱ . ①刘…②刘… 　Ⅲ . ①古汉语 – 启蒙读物 　Ⅳ . ① H194.1

中国版本图书馆 CIP 数据核字（2020）第 087585 号

出版发行 / 北京理工大学出版社有限责任公司
社　　址 / 北京市海淀区中关村南大街5号
邮　　编 / 100081
电　　话 /（010）68914775（总编室）
　　　　　（010）82562903（教材售后服务热线）
　　　　　（010）68948351（其他图书服务热线）
网　　址 / http：//www.bitpress.com.cn
经　　销 / 全国各地新华书店
印　　刷 / 保定市中画美凯印刷有限公司
开　　本 / 710毫米×1000毫米　1 / 16
印　　张 / 28.25　　　　　　　　　　　　　　　责任编辑 / 申玉琴
字　　数 / 408千字　　　　　　　　　　　　　　文案编辑 / 申玉琴
版　　次 / 2020年6月第1版　2020年6月第1次印刷　责任校对 / 刘亚男
定　　价 / 98.00元（全3册）　　　　　　　　　　责任印制 / 李志强

图书出现印装质量问题，请拨打售后服务热线，本社负责调换

"体验中华优秀传统文化"
丛书编委会

丛书主编： 刘 猛　张英华　郭冬红

丛书编委：

刘 猛	张英华	郭冬红	武维民	张怀安	王徜祥
边 红	李京文	苏万青	张学艳	孙立英	齐学东
赵汉海	郭洪生	陈 勇	王永禄	王 坡	赵文红
史瑞琴	冯守清	任彩云	金 海	张庆国	刘芊芊

丛书绘图： 刘芊芊

总 序

  中华优秀传统文化是中华民族积淀和传承下来的至今仍发生积极作用的文明成果，是中华民族的根和魂，是中国特色社会主义植根的文化沃土。实现中华民族伟大复兴，必须结合新的时代条件传承和弘扬中华优秀传统文化。

  "体验中华优秀传统文化"丛书是为了培养具有家国情怀的时代新人而系统构建的一套丛书，包括《体验〈弟子规〉》《体验中华优秀诗歌》《体验〈论语〉》。本套丛书是国家级子课题"分学段弘扬中华优秀传统文化课程资源开发与应用研究"成果。

  本套丛书以习近平新时代中国特色社会主义思想为指导，坚持马克思主义的方法，坚持古为今用，推陈出新，将中华优秀传统文化与现实生活有机融合，培养孩子的家国情怀。

  什么是家国情怀？家国情怀是以仁爱为核心的家国责任担当。家国情怀的具体内容包括：孝亲敬长、修身正己、乡愁旅思、歌颂祖国、壮志报国、忧国忧民等。

  培养家国情怀，可以经由"亲亲、仁民、爱物"的历程，从爱亲人到爱他人、爱国家，从承担家庭责任到履行社会义务、承担社会责任。

  就爱亲人而言，从《诗经·蓼莪》中的"哀哀父母，生我劬劳"表现的孝亲之情，到《论语》中有子所说"孝弟也者，其为仁之本与"，再到汉代的"举孝廉"，"求忠臣必于孝子之门"……在家尽孝，为国尽忠，在一代代志士仁人的传承中，逐渐成为中华民族的优良传统。对国家的爱其实是对亲人、家乡之爱的拓展与深化。正是这样扎根于中华人民孝亲爱乡之心的爱国之情，让中华民族表现出巨大的民族凝聚力，每每在国家危急存亡之时，都能拧成一股巨大的力量，抗击外侮，延续文明。

为了推动中华优秀传统文化"家国情怀"的创造性转化，我们开发了这套"体验中华优秀传统文化"丛书，通过"读一读""品一品""做一做"的内容设计，打通传统文化与现实生活的联系，使之与现实文化相融相通。

中华优秀传统文化博大精深，我们仅从《弟子规》、中华优秀诗歌、《论语》中精选了与培养孩子"家国情怀"有关的内容做了研究，难免挂一漏万，不足之处，还请读者批评指正！

前言

　　《弟子规》是培养少年儿童敬亲人、爱他人、养习惯的启蒙读物。该书继承孔子提出的"入则孝,出则弟,谨而信,泛爱众,而亲仁。行有余力,则以学文",根据儿童的成长规律,提出了儿童道德成长的次序,即"首孝弟,次谨信,泛爱众,而亲仁,有余力,则学文"。首先通过"孝弟"学会爱亲;其次通过"谨而信"学会敬事;然后通过"爱众""亲仁"推己及人;最后通过"学文"养成良好的学习习惯。

　　"少成若天性,习惯如自然。"习惯是一个人最重要、最稳定的素质。儿童天真未泯之时,正是好习惯养成的关键时期,最容易教导,也最需要教导。《弟子规》三字一句,共360句,1 080字,113件事,是培养儿童良好行为习惯的首选佳作。

　　儿童天性纯真,可塑性强,善言易入,先入为主,及其长而不易变。若幼小时不用经典影响其行为,待其长大,习性已成,再想养成良好的行为习惯,就难了。儿时良好的行为习惯,将奠定人生根基。

《体验〈弟子规〉》精选《弟子规》有关"家国情怀"内容,设计了"孝敬父母""礼貌待人""做事谨慎""取信于人""友善待人""亲近仁者""改善学习"七章十八节内容。每节内容都遵循儿童道德成长规律,按照"认知""认同""内化"的顺序设计了"读一读""品一品""做一做"三个板块。"读一读",即读经典原文,了解其基本内涵。"品一品",即品味经典所蕴含的做人智慧。"做一做",即用所学经典知识解答现实问题,通过问题情境实践体验。教师可借助本书培养儿童良好的行为习惯,引导儿童孝敬父母、友善待人、诚实守信、好学进取。

第一章　孝敬父母 ………………………………………… **001**
　　第一节　感恩父母 ……………………………………… 003
　　第二节　体贴父母 ……………………………………… 008
　　第三节　请教父母 ……………………………………… 012
　　第四节　光耀父母 ……………………………………… 015

第二章　礼貌待人 ………………………………………… **021**
　　第一节　互敬互爱 ……………………………………… 023
　　第二节　尊敬长者 ……………………………………… 027

第三章　做事谨慎 ………………………………………… **031**
　　第一节　衣食有节 ……………………………………… 033
　　第二节　谨慎做事 ……………………………………… 036

第四章　取信于人 ………………………………………… **041**
　　第一节　见贤思齐 ……………………………………… 043
　　第二节　追求德艺 ……………………………………… 046
　　第三节　闻过则喜 ……………………………………… 050

第五章　友善待人 055
第一节　善解人意 057
第二节　将心比心 060

第六章　亲近仁者 065
第一节　忠言利行 066
第二节　向仁者学 070

第七章　改善学习 075
第一节　知行合一 077
第二节　读书三到 081
第三节　有疑就问 085

附录　《弟子规》全文及释义 091

第一章　孝敬父母

孔子说,"孝"是一切道德的根本,一切教化都是由此而产生出来的。"孝"是生生不息的爱心源泉,它能培养一个人的博爱情怀。一个人只有爱父母,才能懂得爱他人和爱社会。

体验《弟子规》

入则孝

父母呼	应勿缓	父母命	行勿懒
父母教	须敬听	父母责	须顺承
冬则温	夏则凊	晨则省	昏则定
出必告	反必面	居有常	业无变
事虽小	勿擅为	苟擅为	子道亏
物虽小	勿私藏	苟私藏	亲心伤
亲所好	力为具	亲所恶	谨为去
身有伤	贻亲忧	德有伤	贻亲羞
亲爱我	孝何难	亲憎我	孝方贤
亲有过	谏使更	怡吾色	柔吾声
谏不入	悦复谏	号泣随	挞无怨
亲有疾	药先尝	昼夜侍	不离床
丧三年	常悲咽	居处变	酒肉绝
丧尽礼	祭尽诚	事死者	如事生

第一章 孝敬父母

第一节 感恩父母

 读一读

父母呼　应勿缓　父母命　行勿懒
父母教　须敬听　父母责　须顺承

父母呼唤，应及时应答；父母交代的事情，要立刻行动，不要偷懒。父母的教导，必须恭敬地聆听；父母的责备，必须顺从地接受。

 品一品

孝是仁爱的根本，这个根本树立了，其他的道德自然会生发出来。家庭是锻炼孩子敬人敬事的舞台。孩子在享受父母关爱的同时，能用温

体验《弟子规》

顺的态度、勤劳的习惯来报答父母,这能培养孩子的爱心及社会责任感。孩子在家懂得敬父母,出门在外也会懂得敬他人;在家懂得敬事"行勿懒",将来进入社会也会懂得敬业。从孝做起,培养孩子的美德。

做一做

1. 为什么要孝敬父母?
2. 孝敬父母的意义是什么?
3. 根据以下情境,实践体验。

父母养育孩子付出了无数的艰辛。孩子饿了,父母做出可口的饭菜;天气冷了,父母准备保暖的寒衣;孩子病了,父母尽心看护照料;孩子遭受挫折,父母给予莫大的安慰。为了孩子健康成长,父母操碎了心。

父母要过生日,孩子用什么方式表达孝心呢?请设计并制作一个生日贺卡,送给爸爸或妈妈吧!

第一章 孝敬父母

子游问孝。子曰:"今之孝者,是谓能养。至于犬马,皆能有养;不敬,何以别乎?"

——《论语》

子夏问孝。子曰:"色难。有事,弟子服其劳;有酒食,先生馔,曾是以为孝乎?"

——《论语》

【学生体验】

有一次,芊芊和妈妈在雅苑广场打羽毛球,用的是旧球旧拍,打出去的球没有力量,每打几下就要捡一次球。而旁边打球的叔叔阿姨用的是新球新拍,球打起来很有弹性。他们每人都装有几个球,直到口袋里的球打完了再统一捡。芊芊很羡慕,就问妈妈:"别人用那么好的球拍、那么新的球,为什么咱们就用这些旧东西呢?咱们是不是穷人呀?"妈妈耐心地对她说:"用旧的球拍打熟练了,再用新的球拍打球不就打得更好了吗?"

回家后,妈妈就让芊芊背诵《弟子规》。芊芊背完后,妈妈对她说:"《弟子规》中说,'若饮食,若衣服,不如人,勿生戚'。若球拍,若小球,不如人,勿生戚。"芊芊听后,马上认识到自己错了。后来芊芊就践行《弟子规》,还说《弟子规》就像指路的明灯一样,照亮了她前进的路。

芊芊真的变得懂事起来。在爸爸生日那天,她送给爸爸一张亲手做的祝福卡。祝福卡上写的短文《父亲的爱》,让爸爸很感动。

当危险降临在子女身上时,所有的父亲都会不顾一切地挺身上前,那是父亲的本能,是父爱的本能。或许,对于向来严肃的父亲,你从未将感激之情溢于言表,甚至觉得这是理所当然的。细想一下与父亲相处的每一个细节,你会发现,原来自己忽略了那么多的感动与真爱。

父爱有多重?那就是:重如山,载不动!都说天下父亲是铁汉,都

有一副铁肩膀,但这副铁肩又是如何打磨出来的呢?他用自己的双肩挑起一个家,挑起对父母、妻子、儿女的责任,他的肩上挑的是沉沉的生活担子,更是对我们沉甸甸的爱。

爸爸,生日快乐!

后来芊芊还写了一篇《孝敬父母从小事做起》的作文,原文如下:

同学们,你们一定听过"黄香孝亲"这个故事吧。它讲的是黄香九岁时,在冬天用自己的身体为父亲焐暖被褥的一件事。

这虽然只是一件微不足道的小事,却充分体现了黄香的孝心,千年以来温暖了无数父母的心。其实,孝敬父母就是这么简单:哪怕你只是给父母暖暖被褥、端杯水、盛碗饭……

不过,在我们的生活中,科技发达了,生活水平提高了,而具有这种美德的人却变得越来越少了,这种美德也显得越来越可贵了。下面,我给大家讲两个真实的故事,故事发生在不同的母女之间。

在中国人民大学站,上来了一位靓丽又时尚的女孩,尽管公交车上人很多,她的妈妈还是费力地挤到了她身旁。过了一会儿,有人下车了,她的妈妈忙说:"孩子,快坐!"女孩毫不犹豫,一下坐到了座位上。坐下后,她一边听音乐一边看着车窗外的风景,似乎忘记了拥挤的车厢中,还有一位替她背着画板、拎着画具箱的妈妈。

在同一辆公交车里,还有一位肤色较黑的女孩,她也发现了一个空位。她赶紧让妈妈坐下,但妈妈怕女儿累着,让她先坐。于是,母女俩推让了半天,最后还是女孩把妈妈摁到了座位上。妈妈一坐下,就拿过了女儿手中的画板和画具箱。随后又剥了一个鸡蛋,递给女儿,说:"你都画了一上午了,一定饿了,快吃吧。""妈妈您先吃,不然我不吃。"女孩又把鸡蛋递给妈妈。"这孩子!"妈妈笑着咬下了第一口鸡蛋……

听了这两个故事,你们肯定都会赞同第二个女孩的做法,因为她能体谅到妈妈很辛苦。

我们每一个人,一定都爱自己的父母,但是这种爱,要用实际行动表达出来,哪怕你只帮父母做一点家务,做一点力所能及的小事,他们

第一章 孝敬父母

就会感到很欣慰了。

小时候,我就经常在父亲节、母亲节或者爸爸妈妈的生日时为他们做贺卡。

记得上三年级的时候,母亲节快要到了,我打算利用星期六的时间为妈妈做一张贺卡。星期六那天,我很早就起床了,一起床就赶忙去拿做贺卡用的东西:彩笔、彩铅、卡纸、剪刀……凡是用得上的东西我全都拿了过来,然后把小卧室的门一插,开始了一项谁都不知道的"工作"。做了大约一小时,贺卡也做得差不多了,我小心翼翼地把贺卡藏了起来,准备到母亲节的时候再送给妈妈。

过了几天,母亲节到了,我把贺卡送给了妈妈。妈妈看了贺卡之后,一把抱起我,笑着对我说:"这是妈妈收到的最好的礼物!"

父亲节的时候,我也给爸爸送了一张精心制作的贺卡,爸爸看了之后非常感动,而且还把贺卡里我画的每一个图案、写的每一个字都用文字描述了出来,并拍成了照片保存在电脑里。

孝敬父母从我做起,从小事做起,不是简单而快乐的事吗?让我们从小事做起,来孝敬我们的父母吧!

芊芊有了感恩心后,她会把这种感恩心推己及人,感恩老师的关爱,感恩学校的教育。在小学毕业典礼上,她的发言充满了对老师、对同学、对学校的感激之情。她说:

时光匆匆,六年的小学生活即将变成回忆。即将离开亲爱的母校,离开敬爱的老师,离开可爱的同学们,心里有说不出的不舍,更有无比的留恋。

回首这匆匆六年的时光,我想说:感谢您,敬爱的老师!您就如那"随风潜入夜,润物细无声"的春雨,滋润着我们这些幼嫩的小禾苗一天天长大。您让我们明白:阳光是怎样照亮人生,园丁是怎样照顾花朵,春风是怎样染绿世界……在我的眼中,您既温柔又威严,既平凡又伟大。老师,您就是我心中的春雨,您就是我心中的阳光,我将永远感谢您!

体验《弟子规》

在这六年里，有些东西是让我永远也无法忘怀的，像一次比赛、一次旅游、一次班队活动、一次生日聚会……都永远荡漾在我的心间。同学们的友谊之花比阳光更灿烂，友谊之情比海水更深远。六年来，我与同学们一起玩耍、一起学习，共享欢乐，一同努力。我的记忆里永远留存着与你们相关的回忆，亲爱的同学们！

让我们在若干年后再相聚！带着自己成功的喜悦，带着自己骄人的业绩，再回到我们的小学，回到给我们关爱、助我们成长的母校，来回报培育我们的母校和老师吧！

今天，我们是韩小的毕业生，我感谢我的母校！

明天，我们是祖国的栋梁材，让母校因我们而荣耀！

第二节　体贴父母

读一读

> 冬则温　夏则凊　晨则省　昏则定
> 出必告　反必面　居有常　业无变

冬天寒冷时，要照顾好父母，让他们感到温暖；夏天炎热时，要让父母享受到清爽凉快。早晨起床之后，应该先探望父母；晚上待父母睡下，子女才应该去休息。

外出离家时，必须告诉父母要到哪里去；回家后还要及时告知父母自己回来了，让父母安心。平时起居作息，要保持往常的规律，做事有规矩，不要任意改变，以免父母担忧。

父母关心子女的冷暖，子女也要想到父母的冷暖。饮食起居经常向父母问寒问暖，这是体贴父母的表现。出门在外，要想到父母的牵挂；外出归家，要想到与父母分享快乐。不管在家还是在外，生活都要有规律，做事都要讲规矩，不让父母担忧。

1. 为了满足父母的精神需要，你是怎样做的？
2. 根据以下情境，实践体验。

体验《弟子规》

孩子生活自理,生活有规律,父母能放心。孩子学习用心,不用督促,父母会开心。

你会铺床叠被吗?你每天早晨什么时候起床,晚上什么时候睡觉?你有什么学习习惯?

请把你的好习惯写在下面吧!或者画出自己的好习惯吧!

第一章 孝敬父母

百善孝为先。

——《围炉夜话》

【学生体验】

给妈妈的一封信

刘芊芊

亲爱的妈妈：

　　每逢您出远门晚上回不了家的时候，我就特别想您。晚上，该休息的时候，我常常会躺在床上想：妈妈在那里过得好不好呀？累不累呀……想着想着，我就会掉泪。接着，我又会想到妈妈在家陪我一起玩游戏、给我讲故事的画面，越想越难过，眼泪就止不住地流。妈妈，您不在家的时候，我就是这样流着眼泪睡觉的。

　　妈妈，您知道吗？每当您快回来的时候，我都会在家里焦急地等待。每过一小会儿就看看表，还不时地到小卧室的窗口向外望，希望能看到您的身影。有时候，我会坐在客厅期待听到妈妈上楼的脚步声。当那熟悉的脚步声从楼道里响起，我就飞快地跑到门边，等待着敲门声，期待您进门的第一个拥抱，期待听到"宝贝，妈妈亲一个。"

　　妈妈，我永远爱您！

体验《弟子规》

第三节 请教父母

读一读

事虽小　勿擅为　苟擅为　子道亏
物虽小　勿私藏　苟私藏　亲心伤

纵然是小事，也不要擅自作为；如果擅自作为，就容易出错，让父母担心，子女的孝行就亏损了。

公物虽小，不可以私自据为己有；如果私自据为己有，品德就有了污点，父母知道了一定很伤心。

第一章 孝敬父母

孩子年幼无知，认识事物有局限，可能对某些事物存在的隐患认识不足，如果贸然行动，就会有很大的危险。因此，即使是小事，也要征求父母的意见，避免犯过错。他人的东西未征得他人同意不要私自据为己有；若私自据为己有，父母是很伤心的。

1. 对待一件自己拿不准的事，你是怎样做的？
2. 根据以下情境，实践体验。

"事虽小，勿擅为。"由于人生经验不足，你想做的事，最好跟父母商量一下，听听他们的意见。比如，你想自己坐公交车去八达岭长城游玩，爸爸不放心，他要陪你去，并要你提供一张从家庭到八达岭长城的地图。

你能通过现代网络技术满足爸爸的要求吗？说说你的做法。你能手工绘制一张出行路线图吗？请把出行路线图绘制在下面。

体验《弟子规》

日积月累　　有子曰："其为人也孝弟，而好犯上者，鲜矣；不好犯上，而好作乱者，未之有也。君子务本，本立而道生。孝弟也者，其为仁之本与！"

——《论语》

【学生体验】

"事虽小，勿擅为。"一根没有熄灭的蜡烛，一根点燃的火柴，一根还留着点点星火的香烟……都有可能成为一场大火的罪魁祸首。

安全在我心中
刘芊芊

今天下午，学校让我们观看了一部关于消防知识的影片。

影片里告诉我们发生火灾时应该怎样逃生。发生火灾时，离地面30~50厘米的地方应该还有空气，所以逃生时一定要离地面近一点。如果在高楼里发生火灾，不能乘电梯下楼，因为着火时电梯的电源会发生故障，可能会卡在半路动不了。另外逃生时要注意把门关好，这样大火就不会蔓延得那么快。

不过，火灾现场的火一开始并没有那么大，而是只有一小簇火，那时候的火是最容易被扑灭的，也是最不容易被发现的。但是，那簇火在5~7分钟以后就会蔓延到整个房间，接着就是整座楼。这时的火就很难扑灭了。

我记得在影片里还有一个歌舞厅着火的片段。因为歌舞厅着了火却没有人报警，导致火势越来越大，越来越严重。最后火警人员赶到时，用了很长时间才将那场大火扑灭。

一根没有熄灭的蜡烛，一根点燃的火柴，一根还留着点点星火的香烟……都有可能成为一场大火的罪魁祸首。

你们知道吗？一支蜡烛能照亮一间屋子，一支没有熄灭的蜡烛却能毁掉一间屋子。一棵大树能做成千万根火柴，一根点燃的火柴却能毁掉千万棵大树。一根香烟能够满足一个人的享受，一根还留着点点星火的香烟却能毁掉一座大楼。

所以我们一定要把安全牢牢地留在心中。

第四节　光耀父母

读一读

亲所好　力为具　亲所恶　谨为去
身有伤　贻亲忧　德有伤　贻亲羞

体验《弟子规》

父母喜好的东西，应该尽力去准备；父母厌恶的事物，要小心谨慎地去除（包括自己的坏习惯）。

如果孩子的身体受到伤害，会让父母担忧；如果孩子的品德有了污点，会让父母感到羞耻。

光耀父母，就是孩子的所作所为都让父母脸上有光彩。天下的父母都希望孩子成为优秀的孩子。作为子女就要努力做最好的自己，弃恶扬善，谨言慎行，爱惜自己的身体，修养自己的品行，努力实现父母的希望，让父母感到骄傲。

1. 古人提倡靠"立德、立功、立言"来显姓扬名，光耀父母，其中有两副对联与两个历史人物有关，请将答案填在括号里。

第一章 孝敬父母

立德立功立言三不朽，为师为将为相一完人。（　　）
立德立功立言真三不朽，明理明知明教乃万人师。（　　）
A. 曾国藩　　　B. 王阳明

2. 根据以下情境，实践体验。

每个人都有优点，优点坚持不懈就会形成优势。一个人如果在某方面有较强的优势，就能形成个性特长。这个特长会让自己充满自信，也会让父母感到骄傲。每个人都有不足之处，有不足就要改进，免得让父母担忧。

请写出自己让父母骄傲的优点，讲述一个体现此优点的故事。或者写出自己的不足之处，然后列出改进办法。

体验《弟子规》

> 爱亲者，不敢恶于人；敬亲者，不敢慢于人。
>
> ——《孝经》

十月怀胎担惊怕，临产就是生死关。
一生九死脱过去，三年乳哺受熬煎。
生来不能吃东西，食娘血脉充饭餐。
白天揣着把活做，到晚怀里揽着眠。
左边尿湿放右边，右边尿湿放左边。
左右两边全湿尽，将儿放在胸膛间。
偎干就湿身受苦，抓屎抓尿也不嫌。
孩子醒了她不睡，敞着被窝任意玩。
纵然自己有点病，怕冷也难避风寒。
孩子睡着怕他醒，不敢翻身常露肩。
晚上担心蚊子咬，白天生怕蝇子餐。
安睡怕人来惊动，惊得强醒不耐烦。
孩子欢喜娘也喜，孩子啼哭娘不安。
这么拍来那么哄，亲亲吻吻蜜还甜。
手里攀着怀中抱，掌上明珠是一般。
娘给梳头娘洗脸，穿衣曲顺小肘弯。
关心冷来关心热，关心吃来关心穿。
娘疼孩儿心使碎，孩儿不觉只贪玩。
有时发热出痘疹，吓得爹娘心胆寒。
寻找医生求人看，煎汤熬药祷告天。
恨不能够替儿病，吃饭不饱睡不眠。
三岁两岁才学走，恐有跌磕落伤残。

第一章 孝敬父母

五岁六岁离怀抱,任意在外跑着玩。
一时不见儿的面,眼跳心慌坐不安。
——《劝报亲恩篇》

常问好,讲礼貌,让父母舒心;
少空谈,多帮忙,让父母省心;
遇矛盾,能宽容,让父母顺心;
知节俭,不奢侈,让父母称心;
亲有过,不迁就,谏父母回心;
勤学习,苦钻研,让父母开心;
遵法纪,走正道,让父母放心;
重推恩,能迁移,献社会爱心。
——"孝敬父母八心歌"

【学生体验】

感 恩
冯琦

有些人总以为上苍欠他的,父母的呵护、师长的关爱、朋友的真情似乎是理所当然的。他们视恩情如草芥,背信弃义却毫无愧疚之意,感恩之心早已荡然无存。感恩是为人的基本准则,拥有感恩之心才能不断荡涤灵魂;同时感恩之心又如玫瑰,需要细心栽培与呵护。

前几天,学校开了一个国学讲座,讲座的内容是《弟子规》,让我们学会感恩。通过这次讲座我知道了:要感激父母的养育之恩,感激老师的教诲之恩,感激同学的帮助之恩。因为从感恩做起,符合人的道德成长规律,这是伟大教育家孔子的主张。

听了这次讲座我不禁惭愧,爸爸妈妈这么辛苦把我养这么大,而我却不懂得感恩,所以我想要为父母做点什么。

体验《弟子规》

我来到客厅，扫地、擦桌子、叠衣服，妈妈下班回来，看到屋子这么干净，夸我是懂事能干的好孩子。虽然很累，但是看到妈妈欣慰的样子，再累我也不怕。

妈妈额头的皱纹无数。然而这些皱纹凝聚着她艰辛的劳动，饱经的沧桑都刻在了妈妈的额头上。我想高声对妈妈说："妈妈我爱您，在我的心中，您是最美的！"知礼感恩是我们中华民族的优良传统，让我们把这个优良传统发扬光大吧！

人的一生就是感恩的一生。把握父母健在的每一分每一秒，尊重他们，关爱他们，为他们做力所能及的事，让他们因为我们的努力而放心、开心！

第二章　礼貌待人

一言一行显本色，一举一动见涵养。与人交往，以礼相待，容易拉近人与人之间的情感距离，增加日常生活的愉快。

体验《弟子规》

出则弟

兄道友	弟道恭	兄弟睦	孝在中
财物轻	怨何生	言语忍	忿自泯
或饮食	或坐走	长者先	幼者后
长呼人	即代叫	人不在	己即到
称尊长	勿呼名	对尊长	勿见能
路遇长	疾趋揖	长无言	退恭立
骑下马	乘下车	过犹待	百步余
长者立	幼勿坐	长者坐	命乃坐
尊长前	声要低	低不闻	却非宜
进必趋	退必迟	问起对	视勿移
事诸父	如事父	事诸兄	如事兄

第一节 互敬互爱

读一读

> 兄道友　弟道恭　兄弟睦　孝其中
> 财物轻　怨何生　言语忍　忿自泯

做兄长要友爱弟弟，做弟弟的要尊敬兄长；兄弟和睦，孝道就在其中了。

与人相处，轻视财物，怨恨就无从生起；说话忍让，怨恨自然就消失了。

体验《弟子规》

品一品

情感的交流是双向的。你尊敬别人,别人也会尊敬你。你关爱别人,别人也会关爱你。人与人之间互敬互爱,关系就会和睦。对待利益分配,多替对方想想,给予别人的多,而要求别人的少,怨恨就不会生起。说话谦和忍让,不说伤害别人的话。对待别人的言语冒犯,能体谅对方的无知,不与对方起争执,最后大家都会心平气和,怨恨自然就消失了。

做一做

1. 忍让是内心力量强大的表现。你能说出其中的道理吗?
2. 根据以下情境,实践体验。

"让"是一种高姿态。有好吃的东西,主动让人,让出一份真情。大街上,车让人,让出一份安全;人让车,让出一份文明。在家庭里,让可以得到浓浓的亲情;在社会上,让可以获得良好的秩序。

第二章 礼貌待人

同学之间发生纠纷和矛盾冲突时,高年级的让着低年级的,男生让着女生,个子大的让个子小的,强壮的让着弱小的。能够忍让的人是强者、智者。

有一天,班里有两名同学因言语不和,情绪激动,这时你站出来了,对他们说……

请你把要说的话写在下面。

忍得一时之气,免得百日之忧。
　　　　　　　　　　　　——《增广贤文》
能忍人之所不能忍,乃能为人之所不能为。
　　　　　　　　　　　——晚清名臣胡林翼

【学生体验】

友爱是相互的,爱出者爱返,福往者福来。你把爱与幸福送给别人，别人也会把爱与幸福送给你。

幸福在哪里
——《青鸟》读后感
刘芊芊

　　《青鸟》讲述的是一个男孩和一个女孩经历重重困难寻找青鸟的故事。

　　男孩名叫棣棣，女孩名叫咪棣。他们的邻居柏林考脱太太的女儿病得很严重，只有青鸟能够救她。于是在仙女的帮助下，棣棣和咪棣开始寻找能给人们带来幸福的青鸟。但是他们去了许多地方，依然没有找到青鸟。他们回来后，邻居柏林考脱太太想为她生病的女儿要一个圣诞礼物，棣棣不忍拒绝，就把自己心爱的鸽子送给了她。这时，鸽子突然变成了青色，成了那只他们经历重重困难寻找的青鸟！看到这只可爱的青鸟，柏林考脱太太女儿的病便立刻痊愈了。

　　在这本书美好的结局中，我突然领悟到，原来幸福就在我们身边！它遍布在世界的每一个地方，在一阵暖暖的风里，在一句亲切的话中……只是你可能还没有发现。

　　我记得我以前看过这样一个故事。一只小狮子问她的妈妈："幸福在什么地方？"狮子妈妈说："幸福就在你的尾巴上。"于是，小狮子经常追赶自己的尾巴，可是怎么也追不到。小狮子很疑惑，就去问妈妈。狮子妈妈笑着对它说："只要你一直往前走，幸福自然会跟着你的。"

　　是啊，幸福确实离我们很近，但是只有善良勇敢的人才能发现幸福。如果棣棣当初拒绝把自己喜爱的鸽子送给那个生病的小女孩，他们怎么会发现青鸟？

　　生活中，许多人都在费尽心思寻找幸福，因为他们没有发现，他们得到的与所付出的关爱和鼓励，其实就是幸福。

第二节　尊敬长者

读一读

或饮食　或坐走　长者先　幼者后
长呼人　即代叫　人不在　己即到

不论用餐，还是就座行走，都要长者优先，幼者居后。

长者有事呼唤人，应代为传唤；如果那人不在，自己应该到长者面前询问是什么事，可以帮忙就帮忙，不能帮忙就代为转告。

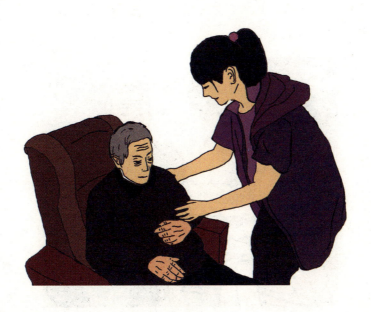

 **体验《弟子规》**

品一品

　　年长者为社会承担着更多的责任，比年轻者付出更多的义务，理应获得年轻者的尊敬。年轻者诚于心必然行于外，通过尊敬长者、礼让长者、为长者代劳的行为表现，展现自身的内在修养及外在形象。年轻者在付出爱心的同时，也会得到年长者的爱护及支持，更有利于自身的成长。

做一做

　　1. 在生活中你体会到"尊敬别人等于尊敬自己"了吗？
　　2. 根据以下情境，实践体验。

　　尊敬长者，从点滴做起。路上遇到长者，带着微笑道一声礼貌的问好，这是知礼；公交车上，主动让出座位给长者，这是礼让；家里来了长者，敬一杯茶，这是素养。

第二章 礼貌待人

在生活中，每个人都免不了与人交往。与人交往要遵守礼节，只有这样，别人才愿意与你交流。请你设计一个问题，采访一位陌生的老人，然后把采访的过程写在下面。

老吾老以及人之老，幼吾幼以及人之幼。
——《孟子》

亲亲，仁也；敬长，义也。
——《孟子》

【学生体验】

尊敬长者，礼貌待人，是中华传统美德。在生活中，要力所能及地为长者做好服务。

体验《弟子规》

帮助别人

刘芊芊

今天是星期六，下午两点时我要去找董芊芊玩。写完作业后，我就出发了。

我高高兴兴地在路上走着，忽然看见一个带着孩子的阿姨向我走来："小朋友，我听说韩村河公园有一架飞机，请问你知道怎么走吗？""去看那架飞机？这段路可不近呀！"我想。"顺着这条路一直走，就会到韩村河公园，然后穿过一座很长的假山，应该就能看到飞机了。"我对阿姨说。

"谢谢你，小朋友。"阿姨说完就带着她的孩子走了。

可没过多久，我在韩村河公园旁边又遇见了那位阿姨。那位阿姨在路旁迷茫地站着，看样子她还是没有找到飞机。

我走了过去，对她说："阿姨，要不我带你去吧？"过了十多分钟，我带着阿姨和她的孩子来到了飞机旁。

"真是太谢谢你了，小朋友。"阿姨充满感激地对我说。"不用谢。"我微笑着回答。

接着，我就跑去找董芊芊玩了。

回到家后，我的心里就像吃了蜜一样甜。原来帮助别人真的是一件快乐的事情。

第三章　做事谨慎

生活细节见精神情操,生活细节在一定程度上反映一个人的精神面貌和处世原则,相当于个人的"名片"。一个人做事谨慎,注重生活细节,养成小处不可随便的习惯,有利于个人成长。

体验《弟子规》

谨

朝起早	夜眠迟	老易至	惜此时
晨必盥	兼漱口	便溺回	辄净手
冠必正	纽必结	袜与履	俱紧切
置冠服	有定位	勿乱顿	致污秽
衣贵洁	不贵华	上循分	下称家
对饮食	勿拣择	食适可	勿过则
年方少	勿饮酒	饮酒醉	最为丑
步从容	立端正	揖深圆	拜恭敬
勿践阈	勿跛倚	勿箕踞	勿摇髀
缓揭帘	勿有声	宽转弯	勿触棱
执虚器	如执盈	入虚室	如有人
事勿忙	忙多错	勿畏难	勿轻略
斗闹场	绝勿近	邪僻事	绝勿问
将入门	问孰存	将上堂	声必扬
人问谁	对以名	吾与我	不分明
用人物	须明求	倘不问	即为偷
借人物	及时还	后有急	借不难

第三章 做事谨慎

第一节 衣食有节

读一读

衣贵洁　不贵华　上循分　下称家
对饮食　勿拣择　食适可　勿过则

衣服贵在整洁，不贵华丽；穿衣要遵循自己的身份，要符合家庭的经济状况。

对于饮食，不要挑食；饮食要适可而止，不可暴饮暴食，如果暴饮暴食就会损害健康。

体验《弟子规》

品一品

衣食是一个人的基本生存需要,满足合理的需要是权利,但是追求过度的欲望则是不好的习惯。人的精力是有限的,衣食方面计较得多,学习的心思就会少。古人说得好,俭以养德,即节俭能够培养美德。衣食有节,既能减轻家庭经济负担,又能保持身心健康,是良好的生活习惯,也是一种美德。

做一做

1. 学生都穿校服上学的好处是什么?
2. 根据以下情境,实践体验。

衣服常换常洗,穿着舒服又显得干净整洁,能体现小朋友的朴素美。自己的衣服自己洗,既能减轻父母的劳动负担,又锻炼了自己独立生活能力,何乐而不为呢?

第三章 做事缜慎

请你回家动手洗自己的衣服,洗完后请家长评价一下。然后把洗衣服的过程与家长的评价写在下面。

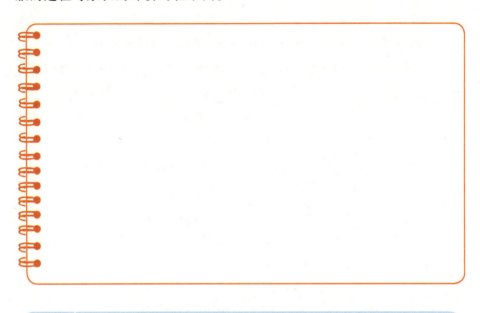

日积月累

勿以恶小而为之,勿以善小而不为。惟贤惟德,能服于人。
——《诸葛亮集》

淌自己的汗,吃自家的饭,自己事自己干;靠天靠地靠祖宗祖宗,不算是好汉。
——清朝 郑板桥

【学生体验】

学了《弟子规》后,刘芊芊能将《弟子规》与生活实际联系起来,获得新的感悟。如她在习作《桂圆》中说:

世界上有各种各样的水果。在这些水果中,我最喜欢吃桂圆。

每到夏天,桂圆树上就结满了累累的果实。它的形状、颜色和滋味,都惹人喜爱。成熟桂圆的颜色是棕黄色的,和绿色的树叶形成鲜明的对比。一束束又大又圆的桂圆，像一串串葡萄，美丽极了！

剥开桂圆的表皮，便会看到上层乳白色的果肉紧紧贴在一粒黑而发亮的核上。把桂圆凑近嘴边，用手一捏，桂圆就"咻溜"一声滑进嘴里，轻轻一咬，汁水顿时灌满了嘴，甜津津的，细腻爽口。

有一年回老家，爸爸妈妈买了三箱桂圆。到二姨家以后，姥姥就把一箱桂圆打开，让我们吃。那时我正在和弟弟下棋，一边下棋一边吃。不知不觉吃了许多。本来想再吃一颗就不吃了，可是当桂圆那甜津津的果肉被送到嘴边的时候，就忍不住再吃一颗。那天不知吃了多少颗桂圆，睡觉的时候才发现肚子鼓鼓的，圆圆的，就像一颗超级大的桂圆。躺在床上才感觉胃里翻江倒海，很难入睡，这时我才想起《弟子规》里说的"食适可，勿过则"，看来好吃的东西也不能过度吃。

刘芊芊通过描述自己吃桂圆的过程，体验了过食的痛苦，得出了"好吃的东西也不能过度吃"的结论。

第二节　谨慎做事

读一读

事勿忙　忙多错　勿畏难　勿轻略
斗闹场　绝勿近　邪僻事　绝勿问

做事情不可太匆忙，因为匆忙容易出错；做事不要畏惧困难，也不要轻视所做的事。

第三章 做事谨慎

打斗吵闹的场所，绝不要接近；邪恶下流、荒诞不经的事，绝不去追问，以免污染了善良的心性。

慢工出细活，匆忙易出错。做事要考虑周到，全力以赴，认真对待，小心谨慎，才能把事情做成功。对待难事，要有攻坚克难的决心与意志；对待易事，不能掉以轻心。

儿童正处在人生观、世界观、价值观形成的阶段，受环境的影响大，可以说"近朱者赤，近墨者黑"。对待不好的环境一定要谨慎。有危险的地方不要去，有污染心志的事不要沾染。

1. 你有没有把一件难事做成功的经历？请说一说吧。
2. 根据以下情境，实践体验。

体验《弟子规》

"事勿忙，忙多错。"饭吃快了，难以消化；字写急了，难以辨认；事情急急忙忙地做，难出预期结果。做事按照一定步骤、程序，认真对待每个细节，才能把要做的事做好。

请你以废旧物品为原材料，制作一个手工艺品，然后向同学们讲解这个手工艺品的独特之处。

第三章 做事缜慎

天下难事必作于易，天下大事必作于细。

——《老子》

天下事有难易乎？为之，则难者亦易矣；不为，则易者亦难矣。

——《为学》

【学生体验】

"事勿忙，忙多错"，过度忙碌，不能劳逸结合，就会出错。

梦中上学

刘芊芊

每个星期五的晚上，我都在心里默念：明天要睡到9点。事实证明，我每次都圆满完成了任务，而且有时还会"超额"完成。

一般周末的早上，爸爸妈妈都默默办公或很早出门，不会打扰我。我会趁周六早上这"大好时光"补补觉。

平常周一至周五，我6点就得起床上学，那时天都还没亮呢！这对于我这个"起床困难户"来说实在是一个艰巨的任务。我总是期待周五晚上，因为在周六早上，别说是多睡5分钟，就是多睡50分钟都行！

你千万别觉得我这么说夸张，听听我的经历，你就明白了。

有一天晚上，我不知怎么总是睡不着，翻来覆去大概折腾到凌晨快1点才睡熟。第二天闹铃声响起时，我知道自己该起床上学了，可身体就是不听使唤。由于大脑不肯发布命令，我的手脚就像没有知觉似的一动不动地待在床上，连眼睛都睁不开。也许我是困到一定程度了。过了一会儿，我惊讶地发现自己竟然已经起床了，正在穿校服。怎么回事？难道是因为我每天早上都重复做同一件事，时间长了身体变得规律化，不受大脑支配了吗？算了！反正都起来了，我也没想那么多，接下来就去刷牙，洗脸，整书包，吃早饭，背起书包，准备出门……

突然，我又听到了一阵铃声。就在这时，我真的醒了！准确地说，是被吓醒的。

我真是困到一定程度了！竟然自己创造出了一个梦，把早上该做的事放到了梦里，还以为自己真的已经起床上学了！当发现自己还躺在床上时，我懊恼而又焦急，赶紧起来收拾，恨不得脚下踩个风火轮。省去了洗脸、刷牙、吃早餐的功夫，我匆匆出门往学校奔去，幸运的是没有迟到。

我相信很多"起床困难户"都有过我这样的经历。困得把梦境当成现实！可见，晚上能否休息好，对于第二天的状态有很大的影响。

学习不是一蹴而就的，周一到周五，老师每天讲的知识都不同。如果因为睡懒觉而耽误上课，那就太得不偿失了。从那之后，我暗下决心，放学回家要抓紧时间做作业、洗漱，养成早睡早起的好习惯。

本来有一天是可以例外的，那就是周五，因为可以把作业留在周六写。但是如果作业没写完就睡，我总是感觉心里有事儿，睡不踏实。所以，周五对我来说是一周中最紧张的一天，白天听一天的课，晚上还要把周末的作业写好。但这是值得的，因为能够放松地用难能可贵的周六早晨享受懒觉，当一回"起床困难户"。

如果人总处在紧张的状态，很容易出问题，就像拉满了的弓可能会突然断弦一样。平时，我们要以学习为主，但周末的时候也要适当放松，感受一些简单的快乐。就像我，有了一周五天的"张"，加上周六一天的"弛"，生活便是如此丰富，如此美好！

第四章　取信于人

"信"既指诚实守信，也指信赖。取得他人信赖，诚实守信是基础，同时还要不断提高自身的修养，见贤思齐，追求德艺，知错就改等。

体验《弟子规》

信

凡出言	信为先	诈与妄	奚可焉
话说多	不如少	惟其是	勿佞巧
奸巧语	秽污词	市井气	切戒之
见未真	勿轻言	知未的	勿轻传
事非宜	勿轻诺	苟轻诺	进退错
凡道字	重且舒	勿急疾	勿模糊
彼说长	此说短	不关己	莫闲管
见人善	即思齐	纵去远	以渐跻
见人恶	即内省	有则改	无加警
唯德学	唯才艺	不如人	当自砺
若衣服	若饮食	不如人	勿生戚
闻过怒	闻誉乐	损友来	益友却
闻誉恐	闻过欣	直谅士	渐相亲
无心非	名为错	有心非	名为恶
过能改	归于无	倘掩饰	增一辜

第四章 取信于人

第一节 见贤思齐

 读一读

> 见人善　即思齐　纵去远　以渐跻
> 见人恶　即内省　有则改　无加警

看见他人的优点或善行，要立刻想到向其看齐，纵然目前水平相差甚远，只要努力去做也会逐渐赶上。

看见别人的缺点或不良的行为，要立即自省，检讨自己是否也有这些缺失，有则改之，无则加勉。

 品一品

一个人学会自我觉察、自我反思，能不断完善自我。一个人时常内省，容易发现自我。正如照一面镜子，容易发现自己的外形。如果一个人以别人为观照，容易发现自身的不足或优点。有优点就继续发扬，有不足就要改进。看到贤能的人，就要以他为榜样，向他学习；看到不贤的人，反省自己有没有像他一样的缺失，

 **体验《弟子规》**

如果有就要改正,没有就引以为戒。一个人学会了见贤思齐、见不贤而内省,就可以不断进步。

1. 夸夸你的好伙伴。
2. 根据以下情境,实践体验。

普通人与贤人之间的差距就在于各自的道德修养上,一个人只要能够加强内心修炼和培养,天天学习,日行一善,存善心,吐善言,践善行,持之以恒,必能成为社会需要的贤能的人。

选择一件你帮助他人或得到他人帮助的经历,写在下面与大家分享一下吧。

第四章 取信于人

见贤思齐焉,见不贤而内自省也。
——《论语》

三人行,必有我师焉:择其善者而从之,其不善者而改之。
——《论语》

【学生体验】

我的老师

刘芊芊

最使我难忘的,是我小学时候的班主任肖老师。

肖老师讲课非常生动。我在小学时最喜欢上的就是肖老师的课。

肖老师的语言幽默,所以她的课上常常洋溢着爽朗的笑声。

她的课上还有精彩的抢答,那抢答总是让我们又紧张又激动。

有时,肖老师也会跟我们玩游戏。记得有一次学习可能性的时候,肖老师拿了四张扑克牌,让一名同学从这几张扑克牌里随便抽一张,让我们猜他抽的牌是红色的还是黑色的。同学们立刻七嘴八舌地讨论起来。

公布答案了:是黑色的。

接着肖老师又让另一名同学上来抽一张。这次,他抽的是红色的。于是,肖老师让我们判断,是黑牌多还是红牌多。

这下,班里立刻沸腾起来了。有的说红牌多,有的说黑牌多,还有的说一样多……这时,肖老师把那四张牌翻了过来。我们一看,一张红牌三张黑牌。知道答案后,那名同学马上开始炫耀了:"瞧我多幸运!唯一的一张红牌被我抽到了!"

体验《弟子规》

这堂课,是在我们热烈的回应与开心的欢笑声中度过的。

现在回想起来,能让我们在游戏中学到知识,这可不是每位老师都能做到的。

印象深刻的还有肖老师在课外活动时跟我们一起玩沙包的事。因为下第二节课后有半小时的课外活动,我们一般都会在课外活动时打会儿篮球或扔沙包玩。肖老师便会在这个时候过来和我们一起玩。扔沙包时,两个人分站两边,中间的人来回跑着躲沙包。肖老师常常会成为扔沙包的一员。跟同学相比,肖老师总是扔得很准,让躲沙包的同学躲避不及。于是,周围笑声一片。肖老师也和我们一起开心地笑。

跟肖老师一起玩的时光,真可以说是小学时期最难忘的时光了。

第二节　追求德艺

 读一读

> 唯德学　唯才艺　不如人　当自砺
> 若衣服　若饮食　不如人　勿生戚

要重视自己的品德、学问和才艺的培养,如果感觉这些方面不如人,应当自我激励,奋发图强。

假若衣服、饮食不如他人,不要忧伤、自卑。

第四章　取信于人

　　自己德艺不如别人，自我激励，奋起直追，这能促进自己不断进步、不断完善自己。自己的衣食不如别人，不用生气。因为人活着并不是为了吃穿，而是为了精神的充实、能力的提高、为社会贡献自己的才艺。一个人重精神追求、轻物质享受，才会有更多的精力提高自己的德艺。重德艺而轻衣食的人，容易取得别人的信任。

1. 请以"同伴的优点影响了我"为题写一段话。
2. 根据以下情境，实践体验。

　　压岁钱源于民间传说的"压祟钱"，即长辈为了防止"祟"这种怪物在除夕夜骚扰孩子，用红包装些铜钱放在孩子的枕头下，后来就变成

 **体验《弟子规》**

了一种风俗习惯,"压祟钱"成了"压岁钱",饱含着长辈对晚辈的关爱和祝福。

你是怎样处理自己的压岁钱的呢?把你的做法写在下面。

第四章 取信于人

日积月累

士志于道，而耻恶衣恶食者，未足与议也。

——《论语》

天将降大任于是人也，必先苦其心志，劳其筋骨，饿其体肤，空乏其身，行拂乱其所为，所以动心忍性，曾益其所不能。

——《孟子》

夫君子之行，静以修身，俭以养德。非淡泊无以明志，非宁静无以致远。夫学须静也，才须学也，非学无以广才，非志无以成学。

——《诫子书》

宝剑锋从磨砺出，梅花香自苦寒来。

——《警世贤文》

【学生体验】

增长才干靠学。一个人要学会自我激励，做好自我目标管理，不断提高自己。

写给自己的一封信
刘芊芊

致我自己：

六年级过得可真快，一个学期就好像一瞬间。

虽然在学校里的每一分每一秒都很充实，但是回家后静静地回忆一下，我总感觉在那像流水一样的生活中，还缺少点儿什么。

我记得，列夫·托尔斯泰说过一句话："人活着要有生活的目标，一辈子的目标，一段时间的目标，一年的目标，一个月的目标，一个星期的目标……"

体验《弟子规》

我曾经定过目标：这学期一定要取得更大的进步。不过这个目标范围太大，而我那时也不知道该往哪方面努力，所以，没过多久，我就把它从我的记忆里拭去了。

现在，我才知道，我缺少的是一个明确又具体的目标。

于是，我便很快地定好了一个目标：每个星期都要读一本好书，这样的话，一个月下来，我至少能读4本书，一年过去，就可以读48本书。日积月累，我的知识肯定会变得越来越丰富！

比如《钢铁是怎样炼成的》，读完这本书以后，我相信每个人生来就是一块有发展潜力的钢铁，如果我们都能像保尔一样从小定下明确的目标，那么以后的每一天都会是充实的一天，并能在坚持不懈的努力下将生命的"铁"炼成"钢"。

以后每个星期我至少要读一本书。

第三节 闻过则喜

 读一读

> 闻过怒　闻誉乐　损友来　益友却
> 闻誉恐　闻过欣　直谅士　渐相亲

听到别人说自己的缺点就发怒，听到别人称赞自己就欢喜，那么不好的朋友就会来到你身边，有益的朋友就疏远退却了。

第四章　取信于人

听见赞誉的话会感到不安，听见别人指责自己过错便欣然接受，正直诚信博学的人，就会渐渐和我们亲近。

对待别人评价自己的态度，能体现一个人的修养。一般人都愿意听夸赞的话，而不愿意听批评的话。其实，听批评的话，更应该高兴才对。因为别人批评你，是关心爱护你的表现。俗话说得好，"良药苦口利于病，忠言逆耳利于行"。听夸赞的话，更应该有恐惧感。恐惧自己名不副实，恐惧自己做得还不够。当一个人学会了"闻誉恐、闻过欣"，就会得到别人的认可。

1. 请朋友指出自己的缺点。
2. 根据以下情境，实践体验。

同学之间、朋友之间，互相指出对方的不足，让大家"红红脸、出出汗"，可以"惩前毖后，治病救人"，增强心理"免疫力"。

体验《弟子规》

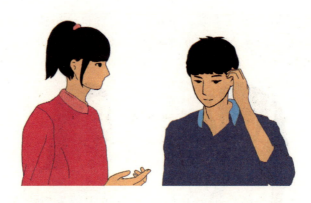

当你听到朋友或同桌批评自己后,你的表现应是怎样的?请写在下面。

日积月累

丘也幸,苟有过,人必知之。

——《论语》

君子之过也,如日月之食焉:过也,人皆见之;更也,人皆仰之。

——《论语》

以铜为镜,可以正衣冠;以古为镜,可以知兴替;以人为镜,可以明得失。

——《旧唐书·魏徵传》

第四章　取信于人

【学生体验】

"闻誉恐，闻过欣。"听见赞誉的话要感到不安，听见指责要欣然接受。

不同的爱
——读《我的绝妙坏诗》有感
刘芊芊

今天，我在书中读到了一篇文章——《我的绝妙坏诗》。

这篇文章中提到"我"八岁时写下了自己的第一首诗。对这首诗，妈妈的评价是"真美"，爸爸的评价则是"真糟"。慢慢地，"我"长大了，成为著名的作家。"真美"和"真糟"却如两股强风一直伴随着"我"，时时提醒"我""竭尽全力在这两股强风中驾稳我的风帆"。

读完这篇文章，我知道了在生活中，我们感受到的爱是多样的。其中有像"我"的母亲那种热情的爱，总是以亲切、和蔼的语言为我们树立信心，鼓励我们不断前进；也有像"我"的父亲那样严厉，甚至有些苛刻的爱，他总会以理性的语言警告我们，告诉我们还有不足，还应提高。

这两种爱都是我们人生中的一笔财富，它能使我们保持清醒的头脑，在前进中驾稳我们的风帆。

在生活中，我也感受到了这样的爱。当我写了一篇比较好的作文时，妈妈就会鼓励我，并且告诉我这篇作文的优点。当我写得不好的时候，妈妈也会指出作文中表达不够准确的地方，让我重新修改……

爱的形式虽然不同，但都是深厚的。我们要将这种爱作为前进的动力。

第五章　友善待人

古语说："爱出者爱返，福往者福来。"意思是把自己的爱心送给别人，别人也会把爱心返还自己；把自己的幸福送给别人，别人也会把幸福送给自己。你善待别人，别人也会善待你。如果人人都能做到友善待人，那么这个世间必将变成美好的人间。

体验《弟子规》

泛爱众

凡是人	皆须爱	天同覆	地同载
行高者	名自高	人所重	非貌高
才大者	望自大	人所服	非言大
己有能	勿自私	人所能	勿轻訾
勿谄富	勿骄贫	勿厌故	勿喜新
人不闲	勿事搅	人不安	勿话扰
人有短	切莫揭	人有私	切莫说
道人善	即是善	人知之	愈思勉
扬人恶	即是恶	疾之甚	祸且作
善相劝	德皆建	过不规	道两亏
凡取与	贵分晓	与宜多	取宜少
将加人	先问己	己不欲	即速已
恩欲报	怨欲忘	报怨短	报恩长
待婢仆	身贵端	虽贵端	慈而宽
势服人	心不然	理服人	方无言

第五章 友善待人

第一节 善解人意

 读一读

> 人不闲　勿事搅　人不安　勿话扰
> 人有短　切莫揭　人有私　切莫说

对于正在忙碌的人，不要去打扰他；当别人心情不好、身心欠安的时候，不要用闲言碎语干扰他。

别人有短处，不要去揭穿；别人有隐私，切记不要去宣传。

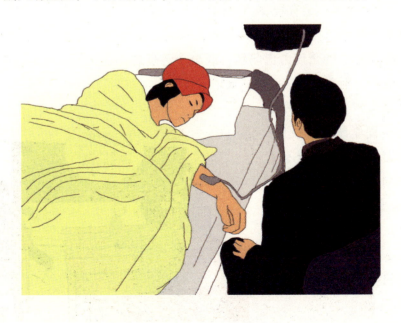

体验《弟子规》

 品一品

善解人意，就要有敏锐的观察力，能设身处地、时时处处替对方着想，了解对方的需要及心理感受，理解对方的行为。别人正忙的时候，你去打扰他，会让别人精力不集中，做事容易出差错；别人内心不安宁，你用闲言碎语干扰他，别人内心会更加不安宁。你揭穿别人的短处或隐私，等于在别人的伤口上撒盐，让别人倍感痛苦。一个人说话做事，一定要多替别人想想，要多体谅别人。

 做一做

1. 在生活中，在同学遇到困难的时候，尽自己所能帮助同学。
2. 根据以下情境，实践体验。

"送人玫瑰，手有余香。"乐于助人是善举，但有时候由于帮人的方法不对而导致对方很难堪。这就告诉我们：在帮助别人时一定要善解人意，要从对方的角度考虑问题，既出于善良之心，又不显示出优越感，做到既给予别人帮助又能够让人乐于接受。

新学年开始，学校要给每位同学统一订校服，小红因家庭困难，交不上钱。同桌小明对老师说："小红妈妈靠捡破烂维持生活，她家没钱；我家有钱，小红的钱我替她交。"没想到小红却哭着跑出了教室。

第五章　友善待人

假如你是小明，想帮助小红，你将怎样做呢？请把你的做法写在下面，并请教师改进做法，使其妥当。

可与言而不与之言，失人；不可与言而与之言，失言。知者不失人，亦不失言。

——《论语》

【学生体验】

善解人意的企鹅宝贝会在恰当的时候给人以温馨的提示，增添生活乐趣。这样的企鹅宝贝，怎会不让人喜欢？像企鹅宝贝一样善解人意，会让你的生活增添和谐与美好。

QQ 里的企鹅宝贝说的话
刘芊芊

有一天，我在电脑上查一首歌的曲谱。可是电脑就是不显示我想找的歌词，我就把打开的网页关了，又重新找，可还是找不到我想找的。

体验《弟子规》

我就这样一直找，可接下来什么都不显示了。在一旁观看的企鹅便说了一句话："网络好慢呀。"企鹅说完这句话，我要找的曲谱就显示出来了，我忙拿纸去抄。刚抄到一半，企鹅说它饿了，我就给它喂吃的。企鹅吃完了以后，又说了一句话："主人，人以瘦为美，企鹅以肥为美，多给点儿吃的。"我只好再给它一些吃的。可是它吃完了又说："主人，我还饿，这回多给点儿。"我又给了它一些吃的。企鹅吃到一半的时候，又说："主人，你要不要也吃点儿？"我便听了企鹅的话去吃饭了。

我身边像这样的趣事还有好多好多，我都说不过来了。如果接着说，我就不知道该怎么结尾了。所以，我就先写到这里吧。

第二节　将心比心

读一读

> 将加人　先问己　己不欲　即速已
> 恩欲报　怨欲忘　报怨短　报恩长

事情将要强加给别人，先问问自己喜不喜欢；如果连自己都不喜欢，就要立即停止。

受人恩惠要时时想着报答，对别人的怨恨要尽快忘记；抱怨的时间越短越好，报恩的时间越长越好。

第五章　友善待人

你希望别人怎样对待你,你就怎样对待别人;你不愿意别人怎样对待你,你就不该怎样对待别人。做事换位思考,将心比心,容易处理好各种人际关系。记着恩惠,忘掉怨恨,永存善心,泯灭怨心,人就会快乐很多。

做一做

1. 给大家分享一件你经历或看到的友善待人的小事。
2. 根据以下情境,实践体验。

当人遭受不公正的待遇或遇到不顺心的事时,往往滋生怨恨或埋怨之情,但这种情绪应该在很短的时间消除。消除不良情绪常用的方式有:

一、转移注意力。即把精力投入自己感兴趣的事上,比如读书、听歌、做体育运动等。

二、记下自己的感受。这不仅可以宣泄情感,还可以总结经验教训,

体验《弟子规》

找出解决问题的办法。

三、改变心态。遇事想得开，看得透，拿得起，放得下。人的心态转变后，消极的情绪就会烟消云散。

四、换位思考。站在对方的角度考虑问题，多想一想：如果我是对方，我会怎样做。

假如你与他人之间发生了不愉快的事，你将会怎样做？

日积月累

以责人之心责己，则寡过；以恕己之心恕人，则全交。
——宋代林逋《省心录》

施惠勿念，受恩莫忘。
——《朱柏庐治家格言》

第五章　友善待人

【学生体验】

友　爱

刘芊芊

有人说，爱就是草地上的小猫在阳光下快乐地打滚。有人说，爱就是熊妈妈把怕水不肯游泳的小熊抛下河去，又冲到急流里把它托起。我说，爱就是人与人之间的互相关心和体贴。

记得有一次上完课间操回到教室后，我看到自己的书包倒在了座位上，当我漫不经心地把书包扶起来后，突然发现：书包上和座位上都是水，难道水瓶里的水洒了？我赶紧去察看书包侧边里装着的水瓶。哦，果然，瓶盖真的没拧紧，水几乎全都洒出来了，现在还到处滴水呢！我把瓶盖拧紧后，又去检查书包。还好，里面的书本都没湿。但是还有几分钟就上课了，我没带卫生纸，座位上的水怎么办？

正在我不知所措的时候，一只手突然搭在了我肩上，还没等我反应过来，就看到她迅速地拿出卫生纸帮我擦座位上的水：原来是我的好朋友董芊芊。

很快，我的座位上一滴水也没有了。董芊芊笑了笑，对我说："你可以先把书包挂在课桌旁边，这样可能干得比较快。""谢谢你！"我感激地说。

虽然只是生活中的一件小事，但是我却感受到了来自朋友的关心与体贴。

草地上的小猫在阳光下快乐地打滚，感受到的大自然无私的关爱。熊妈妈把怕水不肯游泳的小熊抛下河去，又冲到急流里把它托起，体现的是深厚的母爱。人与人之间的关心和体贴，表现的则是真诚的友爱。

同学之间的友爱是多么珍贵啊！我会好好珍存这份友爱，还要把这份友爱无限地传递下去。

第六章　亲近仁者

一个人能走多远，得看他与谁同行；一个人有多优秀，得看他有谁指点；一个人有多成功，得看他与谁相伴！亲近有仁德的人，能促使自己修养仁德。

 体验《弟子规》

亲　仁

同是人　类不齐　流俗众　仁者希
果仁者　人多畏　言不讳　色不媚
能亲仁　无限好　德日进　过日少
不亲仁　无限害　小人进　百事坏

第一节　忠言利行

 读一读

> 同是人　类不齐　流俗众　仁者希
> 果仁者　人多畏　言不讳　色不媚

第六章 亲近仁者

同样是人,但人的素质却是良莠不齐,跟着潮流走的俗人多,仁慈博爱的人少。

真正的仁者,大家都会敬畏他,因为他直言不讳,从不阿谀奉承。

 品一品

孔子说:"仁者无忧。"仁者没有私欲,不考虑自己的利益得失,说话做事都以道德标准要求自己,内心安于道德,所以不会患得患失。仁者刚直不阿,敢于直言相劝,他是真心希望对方好,正所谓"良药苦口利于病,忠言逆耳利于行"。一个人与仁者为伍,能正心正行。

 做一做

1. 打开一本书聆听圣贤教诲就是亲近仁者,亲近仁者能帮助一个人打好做人的底色。你喜欢哪位仁者,理由是什么?

2. 根据以下情境,实践体验。

体验《弟子规》

"直言不讳""苦口婆心""费尽口舌""语重心长"这四个词语都与"说"有关系,但说的方式是不同的,请查一查这四个词的意思,然后编写一个故事,并用上这四个词语。

 日积月累

巧言令色,鲜矣仁。

——《论语》

第六章　亲近仁者

【学生体验】

一张纸条
刘芊芊

我们家住的是楼房，不知道从什么时候开始，正对着楼门口的那面墙的前面，竟然成了一个放垃圾的地方。

不过，说起来也不觉得奇怪，因为近嘛，不管是什么人，只要站在楼门口顺手一扔，手里的垃圾袋就会准确无误地落到那堆垃圾中去，而且每天清晨都会有垃圾工过来收垃圾，这多好啊！楼里所有的人都这么想。

可是，好景不长。时间久了，没有垃圾工愿意绕进来收垃圾了。渐渐地，这些垃圾越堆越多。冬天还好说，但是一到夏天，每次从这里走，都得从那成百上千的苍蝇群中穿过，真是让人恶心到极点！而且回家时连开门都要小心翼翼，生怕放一两只苍蝇进来"扰民"。

这样下去可不行，经过讨论，扔垃圾的地方被确定为楼外的大树底下，这样的话这座楼里的居民就不会再受到苍蝇的干扰了。可没想到，第二天，垃圾还是有增无减。于是，楼下的叔叔在墙上贴了一张纸条："请将垃圾放到楼外大树下，谢谢合作！"纸条上的字很大，站在门口足以让人看清，渐渐地，没人再往那里扔垃圾了。

以往的垃圾角，现在变成了一片干净又敞亮的空地。

"当你心中只有自己的时候，你可能把麻烦留给了自己；当你心中想着他人的时候，可能他人也在不知不觉中方便了你。"看来，这句话说得确实没错！

体验《弟子规》

第二节 向仁者学

读一读

能亲仁　无限好　德日进　过日少
不亲仁　无限害　小人进　百事坏

能亲近仁者，会有无限的好处，自己的品德会日日增进，过失会一天天减少。

不亲近仁者，会有无限的害处，因为品德不好的人会乘虚而入，什么事都做不好。

第六章 亲近仁者

亲仁是指向道德高尚的人学习，匡正自己的行为，让自己向善向美。亲仁，除了向身边品学兼优的人学习，还包括向古圣先贤学习。一个人向高人看齐，向经典学习，就能提高自己的思想认识，提高自己的分辨力，提高自身的综合素养。

1. 谈谈"鸟随鸾凤飞腾远，人伴贤良品自高"给你的启发。
2. 根据以下情境，实践体验。

寻找身边道德榜样，向榜样学习，也是亲仁行为。学校通过"寻找身边道德榜样""最美孝心少年""文明之星评选"等教育活动，在学生中树立践行《中小学生日常行为规范》的典型，引导学生发现榜样、学习榜样、争做榜样，努力做到心灵纯洁、人格健全、品德高尚，让遵守《中小学生日常行为规范》成为中小学生的新风尚。

体验《弟子规》

你有没有向身边榜样学习的经历？请说说你的做法。

日积月累

颜渊问仁。子曰："克己复礼为仁。一日克己复礼，天下归仁焉。为仁由己，而由人乎哉？"颜渊曰："请问其目。"子曰："非礼勿视，非礼勿听，非礼勿言，非礼勿动。"颜渊曰："回虽不敏，请事斯语矣。"

——《论语》

【学生体验】

我最敬佩的一个人

刘芊芊

要说我最敬佩的一个人嘛，当然是我的妈妈啦！

我的妈妈虽然近视，却有着和孙悟空一样的"火眼金睛"。我的作业有什么错误的话，妈妈一眼就能看出来。我们一起看书的时候，妈妈

第六章 亲近仁者

也总是比我快好几倍。我还没看完半页呢，妈妈就已经看完两页了。记英语单词的时候，妈妈看一眼就能拼出很长的英语单词，而我却不行。

从以上的介绍中你有没有看出来我的妈妈非常会学习？当然啦！因为妈妈就是非常爱学习的人。妈妈爱看书，不管到哪里都带着书，无论是旅游、等车还是爬山……只要有坐下来或闲下来的工夫，妈妈就不会浪费时间，就会趁空打开书来看。妈妈还总是跟我一起看奥数书学奥数，看完一道又一道，从来不觉得疲倦，而且不管多难的题，妈妈看一小会儿就能做出来，还能把题讲得清清楚楚的，实在让我佩服极了！

哦，对了，还有呢，我的妈妈还非常喜欢写文章，几乎每天晚上我都能听见妈妈在电脑旁敲键盘的声音。现在，妈妈发表的文章我都快数不过来了！我真希望我能像妈妈一样把作文写得非常棒。

说到这里，你该不会认为我妈妈是个很严肃的人吧？这样想的话，你就错了。因为我的妈妈每天都开开心心的。因为妈妈从来不把那些鸡毛蒜皮的小事放在心上。妈妈说，那些令人不痛快的事睁一只眼闭一只眼就算了，没必要整天都想着它。所以，只要妈妈在，我每天都过得很开心，很快乐。

我觉得我的妈妈是天下最好的妈妈。所以，我最爱的人之一和我最敬佩的人便是我的妈妈！

第七章　改善学习

　　个人的成长离不开学习的滋养。学习不仅是一种态度，而且是一种需要。停止学习，意味着拒绝成长；选择学习，就选择了进步。学习要讲究方法，如果做到知行结合的体验学习、"心到、眼到、口到"的多感官并用学习、带着问题去学习，就能大大提高学习效率。

体验《弟子规》

余力学文

不力行	但学文	长浮华	成何人
但力行	不学文	任己见	昧理真
读书法	有三到	心眼口	信皆要
方读此	勿慕彼	此未终	彼勿起
宽为限	紧用功	工夫到	滞塞通
心有疑	随札记	就人问	求确义
房室清	墙壁净	几案洁	笔砚正
墨磨偏	心不端	字不敬	心先病
列典籍	有定处	读看毕	还原处
虽有急	卷束齐	有缺坏	就补之
非圣书	屏勿视	蔽聪明	坏心志
勿自暴	勿自弃	圣与贤	可驯致

第七章 改善学习

第一节 知行合一

 读一读

> 不力行　但学文　长浮华　成何人
> 但力行　不学文　任己见　昧理真

如果不身体力行，一味死读书，就会增长浮华不实的习气，成什么人？

如果只是一味地做，不肯读书学习，就容易依着自己的偏见行事，蒙蔽了真理，这也是不对的。

 品一品

"纸上得来终觉浅，绝知此事要躬行。"学习文化知识与躬行实践是有机统一的。只有将学到的知识应用于实践，知才会是真知；行只有在知的指导

体验《弟子规》

下,行才是有意义的行。知与行是统一的,学与做是不能分离的。只学不做或只做不学,都有失偏颇。

1."知是行的主意,行是知的功夫;知是行之始,行是知之成。"这句话表达了什么思想?

2.根据以下情境,实践体验。

《北京市中小学生日常行为规范》第十三条指出:"爱护环境。热爱大自然,保护动植物。出行尽量选择步行、骑车和公共交通工具。节约资源,水龙头随手关紧,不用灯时随手熄灭,用餐不剩饭和菜。爱护公共财物,维护环境卫生,自觉进行垃圾分类。"

这些规范,知道就要做到。比如见到地上有一片垃圾,弯一下腰,多走几步放到垃圾桶里。保护环境,从我做起,从身边的小事做起。让我们携起手来一同为保护美好的环境献出一份力,让我们生活在干净整洁的环境里吧。

你处理日常垃圾的习惯是什么？

君子博学于文，约之以礼，亦可以弗畔矣夫！

——《论语》

【学生体验】

　　人是伴随着读书而成长的。读书能丰富知识，让人明白道理，还能给人带来快乐。

有一种快乐叫读书
刘芊芊

　　对我来说，和小朋友玩是一种快乐，看QQ里的企鹅宝贝是一种快乐，看电视里精彩的动画节目也是一种快乐。不过，在我的生活中，还

体验《弟子规》

有一种独特的快乐，那就是读书。

这个长假，读书真的让我很快乐。每次看到好玩的内容，我都不由自主地哈哈大笑。比如，我从一本杂志里看到了一个笑话：有个人想买一辆车，10万元，他带了99 998元，还差2元钱，他就对路边的一个乞丐说："求你了，给我2元钱吧！我要买车。"那个乞丐很大方地拿出4元钱说："也帮我买一辆吧！"看完这个笑话以后，我不由得笑出了声。妈妈问我："这个笑话有这么好笑？"我说，因为那个买车的人没有把话说清楚，所以让别人产生了误解，而那个乞丐也大方得可爱。像这样的笑话，我还在《童语》和《笑话大全》里看到过。每次读这样的书，我都很开心，而且也能从中领悟一些道理。

读书真的让我很快乐。我读《俗语故事》积累了一些俗语，比如说：行家、吃香、亮相、假斯文、倒插门、没事找事、好者为乐、入门见喜、半斤对八两、一代传一代、水火不相容、求人不如求己、雷声大雨点小、活到老学到老、此地无银三百两……书上写的这些故事都很有趣。比如"此地无银三百两"，故事里说道：有个人辛辛苦苦积攒了三百两银子，就把银子埋到了地底下，还在旁边放了张纸条，上面写着"此地无银三百两"，然后他就回房睡觉去了。可是，他的举动被邻居看得一清二楚，邻居悄悄地把这三百两银子挖出来，偷走了。可他的邻居怕他知道，也在旁边放了张纸条，上面写着"隔壁李二不曾偷"。故事里的这两个人多好笑呀！他们表面上自作聪明，实际上却非常愚蠢。于是，我就很自然地明白了这句俗语的意思：比喻本来想要隐瞒、掩饰一件事情，结果反而更加暴露。读书就是这样让我有了很多收获。

读书真的让我很快乐。假期里，我和妈妈去打羽毛球。我注意到旁边打球的叔叔阿姨用的羽毛球很新，看起来很有弹性，他们打球时，羽毛球在空中飞来飞去，像一只雪白的鸟快乐地跳来跳去。而我和妈妈用的却是好几年前的球拍，还有又旧又破的羽毛球，每打几下就要捡一次球。我气鼓鼓地问妈妈："别人用那么好的球拍，那么新的球，为什么咱们就用这些旧东西呢？"妈妈耐心地说："用旧的球拍打熟练了，再

用新的球拍打球不就打得更好了吗?"

回到家,妈妈让我背了一遍《弟子规》,我背完了以后,妈妈说:"《弟子规》里有一句话写得非常好:'若衣服,若饮食,不如人,勿生戚。'这句话的意思是:如果衣服、饮食不如别人,不用伤心。"妈妈还告诉我,《弟子规》里写有"惟德学,惟才艺,不如人,当自励",意思是如果德学、才艺不如别人,应当勉励自己上进。接着妈妈风趣地说:"若球拍,若小球,不如人,勿生戚。"听了妈妈的话,虽然我心里还是很喜欢新球拍,但是再也不会因为球拍旧而难过了。我背熟的《弟子规》就像指路的明灯一样,照亮了我前进的路。

在我成长的路上,有一种快乐就叫读书。读书给我带来欢笑,读书让我积累了丰富的知识,读书还使我明白了人生的道理。所以,我要大声地说:我读书,我快乐,我成长!

第二节 读书三到

读一读

> 读书法　有三到　心眼口　信皆要
> 方读此　勿慕彼　此未终　彼勿起

读书的方法有三到,即眼到、口到、心到,三者缺一不可。

正在读这本书,不要一心二用想着读别的书,这本书没读完,就不要去读另一本。

体验《弟子规》

品一品

读书要多感官并用,不仅要眼看口诵,而且要用心思考,只有做到"眼到""口到""心到",才能提高阅读的效率。"方读此,勿慕彼;此未终,彼勿起"告诉我们读书要精力集中、专心致志,不可一心二用。

做一做

1. "读一本书时同时联想到另一本书"与"方读此,勿慕彼"有矛盾吗?说说你的理由。

2. 根据以下情境,实践体验。

读书,足不出户,可以畅游千山万水;无须登门,即可结交大师名流。读书,可以打开一个崭新的世界,可以深入一个人的内心,可以站在世界的制高点。读书,可以提高人的生活品位,可以改变人的气质,

第七章 改善学习

可以让人拥有不凡的谈吐与文笔,可以让我们从容应对时代的挑战,焕发创造的活力,实现人生的价值。

请你阅读一本书,然后写一篇读书体会。

发愤忘食,乐以忘忧,不知老之将至云尔。

——《论语》

读书破万卷,下笔如有神。

——杜甫

【学生体验】

读书的好处

刘芊芊

回到了在这里生活了六年的学校,见到了熟悉的老师,我感到格外亲切。就是在这里,在韩小,老师们给了我很大的帮助,同学们跟我一

体验《弟子规》

起成长,学校给了我锻炼的机会,给了我展示的空间。在我六年的小学时光里,我还有一个最亲密的朋友,几乎每天都离不开的朋友,这个朋友就是——书。

书,给了我很大的帮助,在我心情不好的时候,看一会儿书,书中精彩的故事情节会让我忘掉一切烦恼,心情也随之晴空万里,开朗起来。

书能使我很快安静下来。比如在课间,当我看见有同学在一起玩耍、聊天的时候,我就会很兴奋,迫不及待地想和他们一起玩,但是如果在这时候能打开书读,急迫的心情很快就会安定下来了。刚上完课,大脑也会疲劳,此时看看轻松的课外书,让大脑得到调节,不是比一下课就跟同学们打闹好很多吗?

看书,也让我积累了很多好词好句。写作文时,这些好词好句就会派上很大的用场。读书时,经常看一些写得很精彩的文章,时间长了就能培养很好的语感,写出通顺的甚至精彩的句子。读书时,还可以学习书中用到的修辞手法,比如一个很普通的句子,借助排比,不仅能增强语势,而且能给人留下鲜明强烈的印象。

最近,我读过的印象最深的书是《重返狼群》,这本书的作者是生长在川西的"80后"女画家,她在若尔盖草原写生时偶然救活了一只刚刚出生仅五天的小狼,从此开始了与狼共舞的生涯。她把小狼带回都市喂养,并为它起名"格林"。这匹小狼在城市里也给作者惹了不少麻烦,刚来到作者家就开始和一只名叫"狐狸"的狗打架,还趁作者不注意把家里弄得一团糟,有一次甚至还独自跑到了大街上……两个月后,格林狂野和嗥叫的狼性开始显现,同时也陷入了自我确定的茫然和没有同伴的孤独,对人类的不设防更让它的都市生活危险丛生。作者决定带它回到草原,让它重返狼群。作者在草原上安营扎寨长达半年时间,从夏到冬,带着格林寻找狼迹,数次遭遇猛禽与藏獒的攻击。天气突变,弹尽粮绝,长大的格林处处保护着作者。后来在朋友亦风的帮助下,格林终于得以野化重返狼群。

这本书中最让我感到吃惊的就是刚出生一个半月的小狼格林那惊人的观察能力和解决问题的能力,这种能力别说比狗,就是比一两岁小孩的智力都要强得多,它不断地试探着,学习着,分辨着,成长着……将它所认识的事物一一分类,把这些学习来的宝贵信息储存在脑海里。

我认为在生活中我们也应该不断去尝试,就像小狼格林那样,因为自身的体验往往比传授的经验更具意义。这是读这本书后我得到的启发之一。

读一本书,得到一本书的收获。读很多书,就能得到很多书的收获。希望同学们也能从读书中收获快乐,收获宁静,收获进步!

第三节 有疑就问

读一读

> 宽为限　紧用功　工夫到　滞塞通
> 心有疑　随札记　就人问　求确义

在制订读书计划的时候,不妨宽松一些,实际执行时,就要加紧用功。只要工夫到了,原先困顿疑惑之处就会迎刃而解。

心中有疑问,应随时做笔记,一有机会就向别人请教,以求确切的理解。

体验《弟子规》

凡事预则立,不预则废。学习有计划性,能克服学习的盲目性和随意性,能促进自己有效利用时间,这是提高学习效率的重要举措。计划定长远一些,自己能投入更多的时间与精力,功到自然成。

学习时,要善于发现问题,有了问题就要记下来,查找相关资料,力求自己解决。自己解决不了向人请教,也是解决问题的办法。

1. 生活中,你遇到疑难是如何解决的?
2. 根据以下情境,实践体验。

李政道有几句话讲得非常好,他说"求学问,需学问,只学答,非学问"。学"问",思考在其中;学"答",只是记忆在其中。学"答"学得再好,也只能是"青出于蓝而止于蓝"。学会提问,才能够做到

第七章 改善学习

"青出于蓝而胜于蓝"。要想"青出于蓝而胜于蓝",除学"思"、学"问"之外是没有别的办法的。

请你准备一个问题本,记下预习时遇到的问题,然后带着问题进课堂,带着问题去读书。

请你把最近遇到的问题写下来,同桌之间互相交换问题,两人合作,共同解决遇到的问题。

体验《弟子规》

日积月累

学而不思则罔，思而不学则殆。

——《论语》

读书，始读，未知有疑；其次，则渐渐有疑；中则节节是疑。过了这一番，疑渐渐释，以至融会贯通，都无所疑，方始是学。

——朱熹《朱子语类》

【学生体验】

学习的过程中，遇到不懂的问题，可以在自己独立思考的基础上请教家长、老师、同学……好学深思，有疑就问。

我为英语学习做出了努力

刘芊芊

六年的小学生活，我一直是在努力中度过的。

刚上小学时，我的英语学得不是很好，有时候考试只能得八十多分。

于是，妈妈为我买了一台点读机。我一回家就开始用点读机听英语，有时会用点读机做英语练习。刚做练习的时候感觉什么也不会，什么也听不懂。万般无奈的我只好请求妈妈的帮助。妈妈就抽出时间陪我一起学习英语。遇到不会的单词，妈妈会耐心地教我读，教我背。我就这样一点点地积累。

有一段时间，我每天中午放学都把英语书带回家，中午吃完饭后，有时间就读一会儿。

英语书上的单词很多。我记了这个又忘了那个，效率很低。于是就心里起急，可越急越背不下来。始终关注我学习的妈妈告诉我，我的学习方法不正确，不能死记硬背，建议我分类记忆。采用了这种方法后，我的记忆效率就高多了。

平时，我每天晚上写完作业，不管多累都要提前预习几遍英语课文，然后把一些不懂的句式和新单词画出来，上课时认真听老师讲。这样一来，我的进步就更大了。

因为我的英语水平有了提高，妈妈就给我买了一些英语方面的课外读物。每天放学写完作业以后，我就开始读妈妈给我买的课外读物。每一篇文章都要仔细读好几遍，读熟后会做一做后面的练习题。就这样，每天学一课。时间长了，我积累的单词也越来越多，无论是读英语课文，还是做英语练习，都感觉轻松多了。

小学毕业时，我已经读完了好几本英语课外书。我的英语成绩也从以前的八十多分提升到了九十多分。

现在我还会保持自己学习英语的好习惯，继续努力下去。因为我知道，努力养成好习惯，好习惯就能让自己继续坚持努力。不论是英语学习，还是其他科的学习，都是如此。

附录

《弟子规》全文及释义

dì zǐ guī
弟 子 规

zǒng xù
总 叙

dì zǐ guī　　shèng rén xùn　　shǒu xiào tì　　cì jǐn xìn
弟 子 规　　圣 人 训　　首 孝 弟　　次 谨 信

fàn ài zhòng　　ér qīn rén　　yǒu yú lì　　zé xué wén
泛 爱 众　　而 亲 仁　　有 余 力　　则 学 文

　　《弟子规》是依据圣人孔子的教诲编成的生活规范。在日常生活中，首先要孝顺父母，友爱兄弟姊妹；其次，言语行为要小心谨慎，诚实守信；和大众相处时要平等博爱，并且亲近有仁德的人，向他学习；如果这些事情做了之后，还有多余的精力，就应该好好地学习文化典籍。

体验《弟子规》

入则孝 (rù zé xiào)

fù mǔ hū　　yìng wù huǎn　　fù mǔ mìng　　xíng wù lǎn
父　母　呼　　应　勿　缓　　父　母　命　　行　勿　懒

fù mǔ jiào　　xū jìng tīng　　fù mǔ zé　　xū shùn chéng
父　母　教　　须　敬　听　　父　母　责　　须　顺　承

父母呼唤，要及时回答，不要慢吞吞地过了很久才应答；父母有事交代，要立刻去做，不可拖延或偷懒。

父母教导，必须恭敬地聆听；父母批评，必须顺从地接受。

dōng zé wēn　　xià zé qīng　　chén zé xǐng　　hūn zé dìng
冬　则　温　　夏　则　清　　晨　则　省　　昏　则　定

chū bì gào　　fǎn bì miàn　　jū yǒu cháng　　yè wú biàn
出　必　告　　反　必　面　　居　有　常　　业　无　变

冬天寒冷时，要照顾好父母，让他们感到温暖；夏天炎热时，要让父母享受到清爽凉快。早晨起床之后，应该先探望父母；晚上待父母睡下，子女才应该去休息。

外出离家时，必须告诉父母要到哪里去；回家后还要当面禀报父母自己回来了，让父母安心。平时起居作息，要保持往常的规律，做事有规矩，不要任意改变，以免父母担忧。

shì suī xiǎo　　wù shàn wéi　　gǒu shàn wéi　　zǐ dào kuī
事　虽　小　　勿　擅　为　　苟　擅　为　　子　道　亏

wù suī xiǎo　　wù sī cáng　　gǒu sī cáng　　qīn xīn shāng
物　虽　小　　勿　私　藏　　苟　私　藏　　亲　心　伤

附录 《弟子规》全文及释义

纵然是小事,也不要擅自作为;如果擅自作为,就容易出错,让父母担心,子女的孝行就亏损了。

公物虽小,不可以私自据为己有;如果私自据为己有,品德就有了污点,父母知道了一定很伤心。

| qīn suǒ hào | lì wèi jù | qīn suǒ wù | jǐn wèi qù |
| 亲 所 好 | 力 为 具 | 亲 所 恶 | 谨 为 去 |

| shēn yǒu shāng | yí qīn yōu | dé yǒu shāng | yí qīn xiū |
| 身 有 伤 | 贻 亲 忧 | 德 有 伤 | 贻 亲 羞 |

| qīn ài wǒ | xiào hé nán | qīn zēng wǒ | xiào fāng xián |
| 亲 爱 我 | 孝 何 难 | 亲 憎 我 | 孝 方 贤 |

父母所喜好的东西,应该尽力去准备;父母所厌恶的事物,要小心谨慎地去除(包括自己的坏习惯)。

如果孩子的身体受到伤害,会让父母担忧;如果孩子的品德有了污点,会让父母感到羞耻。

父母爱我,我孝敬父母,不是一件难事;父母憎恶我,我还能孝敬父母,这才是真正的贤惠。

| qīn yǒu guò | jiàn shǐ gēng | yí wú sè | róu wú shēng |
| 亲 有 过 | 谏 使 更 | 怡 吾 色 | 柔 吾 声 |

| jiàn bú rù | yuè fù jiàn | háo qì suí | tà wú yuàn |
| 谏 不 入 | 悦 复 谏 | 号 泣 随 | 挞 无 怨 |

如果父母有过失,要规劝其改过,劝的时候一定要和颜悦色,声调要柔和。

如果父母不听规劝,待父母情绪好时再规劝;如果父母还是不听规劝,以至于难过得哭泣,也要恳求父母改过;即使遭到父母责打,也不怨恨父母。

体验《弟子规》

qīn yǒu jí　　yào xiān cháng　　zhòu yè shì　　bù lí chuáng
亲有疾　　药先尝　　昼夜侍　　不离床

sāng sān nián　　cháng bēi yè　　jū chù biàn　　jiǔ ròu jué
丧三年　　常悲咽　　居处变　　酒肉绝

sāng jìn lǐ　　jì jìn chéng　　shì sǐ zhě　　rú shì shēng
丧尽礼　　祭尽诚　　事死者　　如事生

父母生病，父母喝的药自己要先尝一尝；一旦病情严重，要不分昼夜在父母身边照料，不离床半步。

父母不幸去世，要守丧三年，常常怀悲痛的心情思念父母；自己生活起居必须要调整改变，不能贪图享受，应该戒绝酒肉。

办理父母的丧事哀戚要合乎礼节，祭祀时要诚心诚意；对待去世的父母，如同生前一样恭敬。

chū zé tì
出则弟

xiōng dào yǒu　　dì dào gōng　　xiōng dì mù　　xiào zài zhōng
兄道友　　弟道恭　　兄弟睦　　孝在中

cái wù qīng　　yuàn hé shēng　　yán yǔ rěn　　fèn zì mǐn
财物轻　　怨何生　　言语忍　　忿自泯

做兄长要友爱弟弟，做弟弟的要尊敬兄长；兄弟和睦，孝道就在其中了。

与人相处，轻视财物，怨恨就无从生起；说话忍让，怨恨自然就消失了。

附录 《弟子规》全文及释义

huò yǐn shí　　huò zuò zǒu　　zhǎng zhě xiān　　yòu zhě hòu
或 饮 食　　或 坐 走　　长 者 先　　幼 者 后

zhǎng hū rén　　jí dài jiào　　rén bú zài　　jǐ jí dào
长 呼 人　　即 代 叫　　人 不 在　　己 即 到

不论用餐，还是就座行走，都要长者优先，幼者居后。

长者有事呼唤人，应代为传唤；如果那人不在，自己应该到长者面前询问是什么事，可以帮忙就帮忙，不能帮忙就代为转告。

chēng zūn zhǎng　　wù hū míng　　duì zūn zhǎng　　wù xiàn néng
称 尊 长　　勿 呼 名　　对 尊 长　　勿 见 能

lù yù zhǎng　　jí qū yī　　zhǎng wú yán　　tuì gōng lì
路 遇 长　　疾 趋 揖　　长 无 言　　退 恭 立

qí xià mǎ　　chéng xià jū　　guò yóu dài　　bǎi bù yú
骑 下 马　　乘 下 车　　过 犹 待　　百 步 余

称呼尊长，不可以直呼其名；在尊长面前，要谦逊有礼，不可以炫耀自己。

路上遇见长辈，应快步向前问好；长辈没有事时，就恭敬退后站立一旁，等待长辈离去。

无论骑马或乘车，路上遇到长辈，都要下马或下车问候；等到长辈离开，自己还要待在原地目送，只到长辈离去大约百步之后，再上马或上车。

zhǎng zhě lì　　yòu wù zuò　　zhǎng zhě zuò　　mìng nǎi zuò
长 者 立　　幼 勿 坐　　长 者 坐　　命 乃 坐

zūn zhǎng qián　　shēng yào dī　　dī bù wén　　què fēi yí
尊 长 前　　声 要 低　　低 不 闻　　却 非 宜

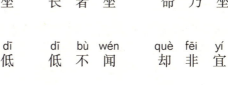

体验《弟子规》

jìn bì qū　　tuì bì chí　　wèn qǐ duì　　shì wù yí
进 必 趋　　退 必 迟　　问 起 对　　视 勿 移

shì zhū fù　　rú shì fù　　shì zhū xiōng　　rú shì xiōng
事 诸 父　　如 事 父　　事 诸 兄　　　如 事 兄

长者站着，幼者不可以坐，长辈坐定以后，吩咐坐下才可以坐。

与尊长交谈，声音要低，但声音太低让人听不清楚，也是不妥当的。

有事要到尊长面前，应快步向前，告退时，动作稍慢一些才合乎礼节；尊长问话，要站起来对答，不可左顾右盼。

对待叔叔、伯伯等尊长，如同对待父亲一样孝顺恭敬；对待同族的兄长，如同对待同胞的兄长一样友爱恭敬。

jǐn
谨

zhāo qǐ zǎo　　yè mián chí　　lǎo yì zhì　　xī cǐ shí
朝 起 早　　　夜 眠 迟　　　老 易 至　　惜 此 时

chén bì guàn　　jiān shù kǒu　　biàn niào huí　　zhé jìng shǒu
晨 必 盥　　　兼 漱 口　　　便 溺 回　　　辄 净 手

早晨要起得早点，晚上要睡得迟些，老年容易来到，要珍惜现在的光阴。

早晨起床后，务必洗脸、刷牙、漱口，大小便后，就要洗干净手。

guān bì zhèng　　niǔ bì jié　　wà yǔ lǚ　　jù jǐn qiè
冠 必 正　　　纽 必 结　　　袜 与 履　　俱 紧 切

附录 《弟子规》全文及释义

zhì guān fú　　yǒu dìng wèi　　wù luàn dùn　　zhì wū huì
置 冠 服　　有 定 位　　勿 乱 顿　　致 污 秽

帽子必须戴端正，纽扣必须扣好，袜子穿平整，鞋带应系紧。
放置衣帽，有固定位置，不要乱丢乱放，以免弄皱、弄脏。

yī guì jié　　bú guì huá　　shàng xún fèn　　xià chèn jiā
衣 贵 洁　　不 贵 华　　上 循 分　　下 称 家

duì yǐn shí　　wù jiǎn zé　　shí shì kě　　wù guò zé
对 饮 食　　勿 拣 择　　食 适 可　　勿 过 则

nián fāng shào　　wù yǐn jiǔ　　yǐn jiǔ zuì　　zuì wéi chǒu
年 方 少　　勿 饮 酒　　饮 酒 醉　　最 为 丑

衣服贵在整洁，不贵华丽；穿衣要遵循自己的身份，要符合家庭的经济状况。

对于饮食，不要挑食；饮食要适可而止，不可暴饮暴食，如果暴饮暴食就会损害健康。

年龄小，不要饮酒，喝醉了酒，最是丑态百出。

bù cōng róng　　lì duān zhèng　　yī shēn yuán　　bài gōng jìng
步 从 容　　立 端 正　　揖 深 圆　　拜 恭 敬

wù jiàn yù　　wù bǒ yǐ　　wù jī jù　　wù yáo bì
勿 践 阈　　勿 跛 倚　　勿 箕 踞　　勿 摇 髀

走路的步态要从容，站立的姿势要端正，作揖行礼要把身子躬下去，跪拜要表现得恭敬。

进门时脚不要踩在门槛上，站立时身子不要站得歪歪斜斜的，坐的时候不可伸出两腿像簸箕，腿更不可以抖动。

体验《弟子规》

huǎn	jiē	lián		wù	yǒu	shēng		kuān	zhuǎn	wān		wù	chù	léng
缓	揭	帘		勿	有	声		宽	转	弯		勿	触	棱

zhí	xū	qì		rú	zhí	yíng		rù	xū	shì		rú	yǒu	rén
执	虚	器		如	执	盈		入	虚	室		如	有	人

进门掀门帘要缓慢一点,不要出声;走路转弯要把弯转得大些,不要触碰物品的棱角,以免受伤。

拿着空的器具,如同里面装满了东西一样小心;进入无人的房间,如同有人在一样。

shì	wù	máng		máng	duō	cuò		wù	wèi	nán		wù	qīng	lüè
事	勿	忙		忙	多	错		勿	畏	难		勿	轻	略

dòu	nào	chǎng		jué	wù	jìn		xié	pì	shì		jué	wù	wèn
斗	闹	场		绝	勿	近		邪	僻	事		绝	勿	问

做事情不可太匆忙,因为匆忙容易出错;做事不要畏惧困难,也不要轻视所做的事。

打斗吵闹的场所,绝不要接近;邪恶下流、荒诞不经的事,绝不去追问,以免污染了善良的心性。

jiāng	rù	mén		wèn	shú	cún		jiāng	shàng	táng		shēng	bì	yáng
将	入	门		问	孰	存		将	上	堂		声	必	扬

rén	wèn	shuí		duì	yǐ	míng		wú	yǔ	wǒ		bù	fēn	míng
人	问	谁		对	以	名		吾	与	我		不	分	明

将要入门,应先问:"有人在吗?"将要进入客厅,声音要高一些,让屋里的人知道有人来了。

如果屋里人问"你是谁",应当回答名字,不能只说"我,我",使对方无法分辨我是谁。

附录　《弟子规》全文及释义

yòng rén wù　xū míng qiú　tǎng bú wèn　jí wéi tōu
用人物　须明求　倘不问　即为偷

jiè rén wù　jí shí huán　hòu yǒu jí　jiè bù nán
借人物　及时还　后有急　借不难

用别人的物品,必须明确地向物主提出请求;倘若不问别人就擅自取用,那就是偷窃了。

借他人的物品,要及时归还,以后若有急用,再借就不难。

信 (xìn)

fán chū yán　xìn wéi xiān　zhà yǔ wàng　xī kě yān
凡出言　信为先　诈与妄　奚可焉

huà shuō duō　bù rú shǎo　wéi qí shì　wù nìng qiǎo
话说多　不如少　惟其是　勿佞巧

jiān qiǎo yǔ　huì wū cí　shì jǐng qì　qiè jiè zhī
奸巧语　秽污词　市井气　切戒之

开口说话,诚信为先,欺骗或花言巧语,怎么可以呢?

说话多,不如说话少,因为言多必失,说话要实事求是,不可花言巧语。

奸诈取巧的语言,下流粗俗的话,以及街头无赖粗俗的习气,切记要戒除掉。

jiàn wèi zhēn　wù qīng yán　zhī wèi dí　wù qīng chuán
见未真　勿轻言　知未的　勿轻传

体验《弟子规》

<pre>
shì fēi yí   wù qīng nuò   gǒu qīng nuò   jìn tuì cuò
事   非   宜   勿   轻   诺   苟   轻   诺   进   退   错
</pre>

没有看到事情的真相，不要轻易发表意见；对事情了解得不够清楚明白，不要轻易传播。

不合理的事，不能轻易许诺别人；假如轻易许诺别人，做与不做都是错。

<pre>
fán dào zì   zhòng qiě shū   wù jí jí   wù mó hu
凡   道   字   重   且   舒   勿 急   疾   勿   模   糊

bǐ shuō cháng   cǐ shuō duǎn   bù guān jǐ   mò xián guǎn
彼   说   长   此   说   短   不   关   己   莫   闲   管
</pre>

凡是说话，要口齿清晰，语气舒缓，不要说得太快，也不要含糊不清。

遇到有人谈论别人的是非长短，如果与己无关就不要多管闲事。

<pre>
jiàn rén shàn   jí sī qí   zòng qù yuǎn   yǐ jiàn jī
见   人   善   即 思   齐   纵   去 远   以   渐   跻

jiàn rén è   jí nèi xǐng   yǒu zé gǎi   wú jiā jǐng
见   人   恶   即 内   省   有   则 改   无   加   警
</pre>

看见他人的优点或善行，要立刻想到向其看齐，纵然目前水平相差甚远，只要努力去做也会逐渐赶上。

看见别人的缺点或不良的行为，要立即自省，检讨自己是否也有这些缺失，有则改之，无则加勉。

<pre>
wéi dé xué   wéi cái yì   bù rú rén   dāng zì lì
唯   德 学   唯   才 艺   不   如   人   当   自 砺
</pre>

附录 《弟子规》全文及释义

ruò yī fu	ruò yǐn shí	bù rú rén	wù shēng qī
若衣服	若饮食	不如人	勿生戚

要重视自己的品德、学问和才艺的培养,如果感觉这些方面不如人,应当自我激励,奋发图强。

假若衣服、饮食不如他人,不要忧伤、自卑。

wén guò nù	wén yù lè	sǔn yǒu lái	yì yǒu què
闻过怒	闻誉乐	损友来	益友却

wén yù kǒng	wén guò xīn	zhí liàng shì	jiàn xiāng qīn
闻誉恐	闻过欣	直谅士	渐相亲

听到别人说自己的缺点就发怒,听到别人称赞自己就欢喜,那么不好的朋友就会来到你身边,有益的朋友就疏远退却了。

听见赞誉的话会感到不安,听见别人指责自己过错便欣然接受,正直诚信博学的人,就会渐渐和我们亲近。

wú xīn fēi	míng wéi cuò	yǒu xīn fēi	míng wéi è
无心非	名为错	有心非	名为恶

guò néng gǎi	guī yú wú	tǎng yǎn shì	zēng yì gū
过能改	归于无	倘掩饰	增一辜

无心做错了事,称为过错;若是有心做错事,便是罪恶。

如果犯了过错能够勇于改正,过错也就没有了;倘若掩饰自己的过错,那就是错上加错了。

 体验《弟子规》

泛爱众

凡是人　皆须爱　天同覆　地同载

凡是人，都要互敬互爱，因为我们共同生活在同一个天地间，只有大家互相友爱，才能维持这个共生共荣的生命共同体。

行高者　名自高　人所重　非貌高

才大者　望自大　人所服　非言大

品德高尚的人，名望自然高远，人们敬重的是他的德行，而不是外表容貌。

有才能的人，声望自然不凡，人们佩服的是他的才学，而不是他很会说大话。

己有能　勿自私　人所能　勿轻訾

勿谄富　勿骄贫　勿厌故　勿喜新

人不闲　勿事搅　人不安　勿话扰

人有短　切莫揭　人有私　切莫说

附录 《弟子规》全文及释义

自己有才能，不要自私；别人有才能，不要轻易诽谤。

不要去讨好巴结富有的人，也不要在穷人面前骄傲自大；不要厌弃老朋友，不要一味喜爱新朋友。

对于正在忙碌的人，不要去打扰他；当别人心情不好，身心欠安的时候，不要用闲言碎语干扰他。

别人有缺点，不要去揭穿；别人有隐私，切记不要去宣传。

dào rén shàn	jí shì shàn	rén zhī zhī	yù sī miǎn
道人善	即是善	人知之	愈思勉

yáng rén è	jì shì è	jí zhī shèn	huò qiě zuò
扬人恶	即是恶	疾之甚	祸且作

shàn xiāng quàn	dé jiē jiàn	guò bù guī	dào liǎng kuī
善相劝	德皆建	过不规	道两亏

赞美他人的善行，就是行善；对方听到称赞之后，必定会更加勉励行善。

宣扬别人的过失或缺点，就是一种恶行；如果宣扬得过分，会惹出祸患。

朋友之间应该互相劝善，共同建立良好的品德修养；如果有错不能互相规劝，两个人的品德都会有亏损。

fán qǔ yǔ	guì fēn xiǎo	yǔ yí duō	qǔ yí shǎo
凡取与	贵分晓	与宜多	取宜少

jiāng jiā rén	xiān wèn jǐ	jǐ bú yù	jí sù yǐ
将加人	先问己	己不欲	即速已

ēn yù bào	yuàn yù wàng	bào yuàn duǎn	bào ēn cháng
恩欲报	怨欲忘	抱怨短	报恩长

体验《弟子规》

财物的取得与给予，一定要分辨清楚，给予要多，拿得要少。

事情将要强加给别人，先问问自己喜不喜欢；如果连自己都不喜欢，就要立即停止。

受人恩惠要时时想着报答，对别人的怨恨要尽快忘记；抱怨的时间越短越好，报恩的时间越长越好。

dài bì pú	shēn guì duān	suī guì duān	cí ér kuān
待婢仆	身贵端	虽贵端	慈而宽

shì fú rén	xīn bù rán	lǐ fú rén	fāng wú yán
势服人	心不然	理服人	方无言

对待地位低下的人，要注重自己的品行端正；虽然品德端正很重要，但是仁慈宽厚更可贵。

用势力压服人，对方口服心不服；以理服人，对方才会心服口服，无话可说。

qīn rén
亲 仁

tóng shì rén	lèi bù qí	liú sú zhòng	rén zhě xī
同是人	类不齐	流俗众	仁者希

guǒ rén zhě	rén duō wèi	yán bú huì	sè bú mèi
果仁者	人多畏	言不讳	色不媚

néng qīn rén	wú xiàn hǎo	dé rì jìn	guò rì shǎo
能亲仁	无限好	德日进	过日少

附录 《弟子规》全文及释义

<pre>
bù qīn rén   wú xiàn hài   xiǎo rén jìn   bǎi shì huài
不 亲 仁   无 限 害   小 人 进   百 事 坏
</pre>

同样是人，但人的素质却是良莠不齐，跟着潮流走的俗人多，仁慈博爱的人少。

真正的仁者，大家都会敬畏他，因为他直言不讳，从不阿谀奉承。

能亲近仁者，会有无限的好处，自己的品德会日日增进，过失会一天天减少。

不亲近仁者，会有无限的害处，因为小人会乘虚而入，什么事都会因此而败。

yú lì xué wén
余 力 学 文

<pre>
bú lì xíng   dàn xué wén   zhǎng fú huá   chéng hé rén
不 力 行   但 学 文   长 浮 华   成 何 人

dàn lì xíng   bù xué wén   rèn jǐ jiàn   mèi lǐ zhēn
但 力 行   不 学 文   任 己 见   昧 理 真
</pre>

如果不身体力行，一味死读书，就会增长浮华不实的习气，成什么人？

如果只是一味地做，不肯读书学习，就容易依着自己的偏见行事，蒙蔽了真理，这也是不对的。

<pre>
dú shū fǎ   yǒu sān dào   xīn yǎn kǒu   xìn jiē yào
读 书 法   有 三 到   心 眼 口   信 皆 要
</pre>

体验《弟子规》

　　fāng dú cǐ　　wù mù bǐ　　cǐ wèi zhōng　　bǐ wù qǐ
　　方　读　此　　勿　慕　彼　　此　未　终　　彼　勿　起

　　kuān wéi xiàn　　jǐn yòng gōng　　gōng fu dào　　zhì sè tōng
　　宽　为　限　　紧　用　功　　工　夫　到　　滞　塞　通

　　xīn yǒu yí　　suí zhá jì　　jiù rén wèn　　qiú què yì
　　心　有　疑　　随　札　记　　就　人　问　　求　确　义

　　读书的方法有三到，即眼到、口到、心到，三者缺一不可。

　　正在读这本书，不要羡慕别的书，这本书没读完，就不要去读另一本。

　　在制订读书计划的时候，不妨宽松一些；实际执行时，就要加紧用功。只要功夫到了，原先困顿疑惑之处就会迎刃而解。

　　心中有疑问，应随时笔记，一有机会就向别人请教，以求确切的意义。

　　fáng shì qīng　　qiáng bì jìng　　jī àn jié　　bǐ yàn zhèng
　　房　室　清　　墙　壁　净　　几　案　洁　　笔　砚　正

　　mò mó piān　　xīn bù duān　　zì bú jìng　　xīn xiān bìng
　　墨　磨　偏　　心　不　端　　字　不　敬　　心　先　病

　　liè diǎn jí　　yǒu dìng chù　　dú kàn bì　　huán yuán chù
　　列　典　籍　　有　定　处　　读　看　毕　　还　原　处

　　suī yǒu jí　　juàn shù qí　　yǒu quē huài　　jiù bǔ zhī
　　虽　有　急　　卷　束　齐　　有　缺　坏　　就　补　之

　　fēi shèng shū　　bǐng wù shì　　bì cōng míng　　huài xīn zhì
　　非　圣　书　　屏　勿　视　　蔽　聪　明　　坏　心　志

附录 《弟子规》全文及释义

wù	zì	bào	wù	zì	qì	shèng	yǔ	xián	kě	xún	zhì
勿	自	暴	勿	自	弃	圣	与	贤	可	驯	致

书房要清静,墙壁要干净,书桌要整洁,笔墨纸砚要放整齐。

墨条磨偏了,是因为心不在焉,写出来的字歪歪斜斜,是因为心浮气躁,静不下心来。

摆放书籍,有固定的地方,书读完后,要放回原处。

即使有急事,也要把书整理好,书有破损的地方,就要及时修补。

不是圣贤书,应摒弃不要看,以免蒙蔽人的聪慧,败坏人的心志。

学习遇到困难或挫折,不要自暴自弃,圣贤的境界虽高,但只要循序渐进地学习,也是可以达到的。

体验中华优秀诗歌

张英华 著

北京理工大学出版社
BEIJING INSTITUTE OF TECHNOLOGY PRESS

版权专有　侵权必究

图书在版编目（CIP）数据

体验中华优秀诗歌 / 张英华著 . —北京：北京理工大学出版社，2020.6
（体验中华优秀传统文化 / 刘猛，张英华，郭冬红主编；3）
ISBN 978-7-5682-8498-1

Ⅰ．①体…　Ⅱ．①张…　Ⅲ．①古典诗歌—中国—青少年读物　Ⅳ．① I222

中国版本图书馆 CIP 数据核字（2020）第 087586 号

出版发行 / 北京理工大学出版社有限责任公司
社　　址 / 北京市海淀区中关村南大街5号
邮　　编 / 100081
电　　话 /（010）68914775（总编室）
　　　　　（010）82562903（教材售后服务热线）
　　　　　（010）68948351（其他图书服务热线）
网　　址 / http://www.bitpress.com.cn
经　　销 / 全国各地新华书店
印　　刷 / 保定市中画美凯印刷有限公司
开　　本 / 710毫米×1000毫米　1/16
印　　张 / 28.25　　　　　　　　　　　　　责任编辑 / 申玉琴
字　　数 / 408千字　　　　　　　　　　　　文案编辑 / 申玉琴
版　　次 / 2020年6月第1版　2020年6月第1次印刷　责任校对 / 刘亚男
定　　价 / 98.00元（全3册）　　　　　　　　责任印制 / 李志强

图书出现印装质量问题，请拨打售后服务热线，本社负责调换

"体验中华优秀传统文化"
丛书编委会

丛书主编： 刘　猛　张英华　郭冬红

丛书编委：

刘　猛　张英华　郭冬红　武维民　张怀安　王徜祥

边　红　李京文　苏万青　张学艳　孙立英　齐学东

赵汉海　郭洪生　陈　勇　王永禄　王　坡　赵文红

史瑞琴　冯守清　任彩云　金　海　张庆国　刘芊芊

丛书绘图： 刘芊芊

总 序

中华优秀传统文化是中华民族积淀和传承下来的至今仍发生积极作用的文明成果,是中华民族的根和魂,是中国特色社会主义植根的文化沃土。实现中华民族伟大复兴,必须结合新的时代条件传承和弘扬中华优秀传统文化。

"体验中华优秀传统文化"丛书是为了培养具有家国情怀的时代新人而系统构建的一套丛书,包括《体验〈弟子规〉》《体验中华优秀诗歌》《体验〈论语〉》。本套丛书是国家级子课题"分学段弘扬中华优秀传统文化课程资源开发与应用研究"成果。

本套丛书以习近平新时代中国特色社会主义思想为指导,坚持马克思主义的方法,坚持古为今用,推陈出新,将中华优秀传统文化与现实生活有机融合,培养孩子的家国情怀。

什么是家国情怀?家国情怀是以仁爱为核心的家国责任担当。家国情怀的具体内容包括:孝亲敬长、修身正己、乡愁旅思、歌颂祖国、壮志报国、忧国忧民等。

培养家国情怀,可以经由"亲亲、仁民、爱物"的历程。从爱亲人到爱他人、爱国家,从承担家庭责任到履行社会义务、承担社会责任。

就爱亲人而言,从《诗经·蓼莪》中的"哀哀父母,生我劬劳"表现的孝亲之情,到《论语》中有子所说"孝弟也者,其为仁之本与",再到汉代的"举孝廉","求忠臣必于孝子之门"……在家尽孝,为国尽忠,在一代代志士仁人的传承中,逐渐成为中华民族的优良传统。对国家的爱其实是对亲人、家乡之爱的拓展与深化。正是这样扎根于中华人民孝亲爱乡之心的爱国之情,让中华民族表现出巨大的民族凝聚力,每每在国家危急存亡之时,都能拧成一股巨大的力量,抗击外侮,延续文明。

为了推动中华优秀传统文化"家国情怀"的创造性转化，我们开发了这套"体验中华优秀传统文化"丛书，通过"读一读""品一品""做一做"的内容设计，打通传统文化与现实生活的联系，使之与现实文化相融相通。

中华优秀传统文化博大精深，我们仅从《弟子规》、中华优秀诗歌、《论语》中精选了与培养孩子"家国情怀"有关的内容做了研究，难免挂一漏万，不足之处，还请读者批评指正！

前言

嗯,是的,我为诗狂。

从什么时候被诗迷倒,并为之而狂的?

打开记忆的通道,我首先看到时光的远处:童年的我被小人书迷住,少年的我被故事书缠住,再大一点,开始被大部头的小说卷走心神;等到上大学的时候,有一段时期则开始将眼光投向外国的经典小说——尝试让自己去感受异域文化的魅力……

那么,究竟是从什么时候被诗迷倒,并为之而狂的呢?

再次向记忆的通道望去,望去……

哦,我望到了自己近二十年的教师生涯,望到了这近二十年的时光中每一次轮回的春秋冬夏,每一次轮回的春秋冬夏的课堂上都有一段时间,哪怕很少很少,也是留给她的。

她清瘦得不堪一目,她简约得无以富赡,她轻灵得让你不知如何捉摸,然而她的深情啊,却让你品之不尽,感慨不已,欲罢不能,欲弃不舍,低回长吟,余味不绝……

是的,她就是诗啊!

不跟小说比长,不跟动辄要求800字以上的习作比新,不跟记叙文比啰嗦,不跟议论文比板脸,不跟漫画比搞怪,不跟网络比时尚……她只做她自己,她只是诗:被大唐奉为时尚的时候,她是诗;被大宋加上理味的时候,她是诗;被文人改装得长短不齐叫词的时候,她是诗;被元朝打扮得俚俗被人称曲的时候,她是诗;被五四的新文化一棒子打掉了后人所谓格律的镣铐之后,被肆意地加长、分行、扔掉叫韵的脚……之后,她还是诗……

哪怕被排斥在无数学子考场上的文体之外,也无法排斥掉她作为诗的存在与精彩!

　　是的,她存在。她存在于历史给她留下的从《诗经》流出的长长的时代,她存在于那些曾经繁盛得无与伦比也凄凉得无以言说的更迭的朝代,她存在于每一颗捧着心给她的诗人的灵魂,她也存在于每一颗带着真诚与欣赏走近她的读诗之人的心。

　　是的,她精彩。她可以叠加"枯藤""老树""昏鸦",在你的眼前幻化生命的枯寂、衰飒与黯淡,同时让你感受到人不如"鸦"的凄凉;她可以让你从"春花秋月"的美好中看到一份"不堪回首"的彻骨的悲凉与涌动得如一江春水般无法抑止的深愁;她还可以让你从床头屋漏、儿踏被裂、长夜沾湿、无由入睡的老人的心中看到一份用"广厦千万间"来"大庇天下寒士俱欢颜"的辉耀千古的中国梦!……

　　所以,我为诗狂!

　　上面的文章是我几年前写的,是用"我为诗狂"作题目的。当几年时间如水流过,现在的我还在为诗而"狂"吗?我问自己。我的内心告诉我,好像"狂"劲已过,增添了许多理性的思索,已经将"狂"化成了心灵深处的清流,默默地滋养着在艰辛中坚持努力的我。

　　是的,现在的我已经将对诗的狂热化作了深深的热爱,化作了心灵深处前进的动力,也在理性的思索中,重新认识诗的美、诗的丑、诗的力量、诗的局限。爱而赏其美,爱而识其丑,爱而传扬其力量,爱而超越其局限……

　　这本书中所赏作品都是缘于这样的热爱,缘于热爱激发出的欣赏。从2013年起,7年时间匆匆而逝。幸好有这些作品,给我单调、艰辛,甚而有时不免痛苦的人生注入真诚动人的力量,让我能不断地从诗的真、诗的美、诗的善中汲取温暖心灵的滋养,得到继续努力前行的力量。

　　希望这些动人的诗歌也能带给拨冗阅读这本书的你以力量!

目 录

第一章 自然美景篇——四时风光入眼新 ………………………001

第一节 万紫千红总是春 ………………………002

春草绿时归不归？
　　　——王维《山中送别》赏读 ………………………002
红花灿烂白花娴
　　　——张舜民《东湖春日》赏读 ………………………004
春风轻寒人不眠
　　　——王安石《夜直》赏读 ………………………006
垂杨起舞万点声
　　　——刘攽《雨后池上》赏读 ………………………008
昨日春光今难久
　　　——辛弃疾《粉蝶儿·和赵晋臣敷文赋落花》赏读 ………010
粼粼春水流花香
　　　——张炎《南浦·春水》赏读 ………………………012
杨柳春风桃花笑
　　　——元好问《杨柳》赏读 ………………………014

第二节 炎炎夏日诗意长 ………………………016

夏日风起蔷薇香
　　　——高骈《山亭夏日》赏读 ………………………016

第三节 秋光亦有动人处 ………………………019

斜日大雁点寒空
　　　——庾信《晚秋》赏读 ………………………019
绿雾凉波霞光好
　　　——李贺《江南弄》赏读 ………………………021

桐风冷雨诗魂香

　　——李贺《秋来》赏读……………………………………024

秋山夕照飞鸟归

　　——王维《木兰柴》赏读…………………………………027

梧叶声里时光逝

　　——朱熹《偶成》赏读……………………………………029

秋窗秋夜秋情长

　　——《红楼梦》第四十五回《秋窗风雨夕》赏读…………031

第四节　冬寒季节诗如雪……………………………………033

雪满千山门何处？

　　——《水浒传》第十回选文赏读…………………………033

第五节　风烟起处有佳景……………………………………036

绝顶风光无限奇

　　——王褒《云居寺高顶》赏读……………………………036

第六节　花的心事有谁知……………………………………038

绝世秀色谁为传

　　——李白《古风（其二十六）》赏读………………………038

月色清明花无影

　　——张先《木兰花·乙卯吴兴寒食》赏读…………………041

到底惜花不惜花？

　　——刘克庄《卜算子》赏读………………………………043

第七节　一轮明月清如水……………………………………046

弦月高悬满青天

　　——杜甫《月》赏读………………………………………046

青枫白水月明船

　　——杜甫《舟月对驿近寺》赏读…………………………048

幽人独夜山吐月

　　——苏轼《江月五首(其二)》赏读…………………………050

团圆之意存心间

　　——《红楼梦》第四十九回中的诗歌《月》赏读…………052

第八节　青山常在仁者心··········055
登楼含笑对君山
　　——黄庭坚《雨中登岳阳楼望君山（其一）》赏读··········055

第二章　人生感悟篇——玉铸心魄梅为魂··········059
第一节　书卷多情似故人··········060
别有春色溢书外
　　——于谦《观书》赏读··········060
鸟声树影里，沧桑意无穷
　　——元好问《西窗》赏读··········062

第二节　此情可待成追忆··········064
溶溶月色淡淡风
　　——晏殊《无题》赏读··········064
桃花杨柳莺声柔
　　——元好问《杨柳》赏读··········066

第三节　仁人志士堪与俦··········069
石上孤松映寒流
　　——卢仝《逢郑三游山》赏读··········069

第四节　梅兰馨香寓真情··········072
幽兰薰香清风中
　　——陶渊明《饮酒（其十七）》赏读··········072
匝路早秀适断肠
　　——李商隐《十一月中旬至扶风界见梅花》赏读··········074
寒梅和月香依旧
　　——朱淑真《菩萨蛮·咏梅》赏读··········076
清月瘦梅情韵长
　　——陈亮《点绛唇·咏梅月》赏读··········078
草细烟冷梅花香
　　——姜夔《除夜自石湖归苕溪十首（其一）》赏读··········081
踏雪叹梅瘦
　　——《三国演义》第三十七回节选赏读··········083

第五节　闲适自在赏美景 085

船漂山顶自在行
　　——袁枚《由桂林溯漓江至兴安》赏读 085

隔荷笑语风飘香
　　——李白《采莲曲》赏读 087

夜雨潇潇，空茫静寂
　　——苏轼《雨夜宿净行院》赏读 090

满湖萤火映天河
　　——何绍基《慈仁寺荷花池》赏读 092

夕阳流水落花香
　　——马致远《寿阳曲·远浦帆归》赏读 094

第六节　一弦一柱凝深情 097

乐中深情一万重
　　——白居易《夜筝》赏读 097

第七节　情志寓于外物中 099

木槿朝荣暮零落
　　——阮籍《咏怀八十二首（其七十一）》赏读 099

海燕乘春暂归来
　　——张九龄《归燕诗》赏读 102

他年风采搅阵时
　　——李贺《马诗（其十二）》赏读 104

西望长安江水流
　　——李白《秋浦歌》赏读 106

骏马何处逐英雄？
　　——李贺《马诗（其十）》赏读 108

不羡千金歌舞，自有珠玉生涯
　　——苏轼《绝句》赏读 110

绿净香幽惜流光
　　——王安石《岁晚》赏读 113

云间青山慰行人
　　——张耒《初见嵩山》赏读 115

无数青山烟雨中
　　——辛弃疾《菩萨蛮·金陵赏心亭为叶丞相赋》赏读……117
棹歌声里片月轻
　　——朱熹《渔艇》赏读……119
一树流莺齐婉转
　　——徐元杰《湖上》赏读……121
冰玉精神梅花魂
　　——《红楼梦》第三十七回林黛玉《咏白海棠》赏读……123

第三章　社会状貌篇——家国情怀动人心……127

第一节　桃花源里人家乐……128

杏树坛边桃花源
　　——王维《田园乐（其三）》赏读……128

第二节　幽居生涯意如何？……130

山居日暮人惆怅
　　——王维《归辋川作》赏读……130
心随沙鸥飞何处？
　　——杨万里《昭君怨·赋松上鸥》赏读……132
云护千峰景如画
　　——辛弃疾《丑奴儿近·博山道中效李易安体》赏读……134
诗酒生涯山斋画
　　——张可久《水仙子·山斋小集》赏读……137

第三节　邻里相处情意深……139

秋水野航伴南邻
　　——杜甫《南邻》赏读……139

第四节　浓浓友情溢诗中……141

古树秋声思君情
　　——李白《沙丘城下寄杜甫》赏读……141
万重思藏春茧里
　　——皮日休《和鲁望风人诗》赏读……143

第五节　人性蕴于个性中 ······ 146

佳人将暮奈之何
　　——曹植《杂诗七首（其四）》赏读 ······ 146
这个宝玉不寻常
　　——《红楼梦》第三回《西江月》赏读 ······ 148

第六节　家国情怀在心底 ······ 150

绵绵葛藟思悠悠
　　——《诗经·王风·葛藟》赏读 ······ 150
黍离式微心伤悲
　　——曹植《情诗》赏读 ······ 153
风起欲雨，人在旅途
　　——何逊《相送》赏读 ······ 155
清溪如镜清我心
　　——李白《清溪行》赏读 ······ 157
白雪如花花似雪
　　——范云《别诗》赏读 ······ 159
相亲相近弈钓情
　　——杜甫《江村》赏读 ······ 161
去帆影似客心悬
　　——柳中庸《夜渡江》赏读 ······ 164
千里长河论功过
　　——皮日休《汴河怀古（其二）》赏读 ······ 166
遥闻家乡牡丹香
　　——陈与义《牡丹》赏读 ······ 168
千古江山挂心头
　　——李清照《题八咏楼》赏读 ······ 170
天涯有人叹兴亡
　　——邓剡《唐多令》赏读 ······ 172
高台月明悠思长
　　——刘辰翁《柳梢青·春感》赏读 ······ 175
拨乱扶危，德才兼备
　　——《三国演义》第一百零四回元微之赞孔明诗赏读 ······ 177

跋 ······ 180

第一章
自然美景篇——四时风光入眼新

"春有百花秋有月,夏有凉风冬有雪。若无闲事挂心头,便是人间好时节。"宋朝无门慧开禅师的这首诗道出了四时风光跟人的关联:没有闲事挂心的时候,风花雪月就可以让人享受到生活的美好。言外之意则是:有闲事挂碍于心的时候,风花雪月的美景也不会让人感受到生活的美好。

然而,人生路上,怎么可能天常晴,风常和呢?当风雨来临的时候,你也可以像苏轼一样,"何妨吟啸且徐行",以平常心坦然迎对风雨,于是,风雨就会变成人生的风景。

生长于大自然当中的我们,四时风光常入眼。当入眼的景象与诗人真诚美好的心灵相遇之后,一首首好诗便在时光的长河中闪烁着动人的魅力……

体验中华优秀诗歌

第一节　万紫千红总是春

春草绿时归不归？
——王维《山中送别》赏读

读一读

山中送别

（唐）王　维

山中相送罢，日暮掩柴扉①。

春草明年绿，王孙归不归？

注释

① 扉：门。

品一品

　　题目告诉我们，送别的故事发生在"山中"。送别之时，应是春意盎然：小草已悄悄地从土里探出头来，铺染得满眼都是。

　　送走的是谁？他要往哪里去？相送之时的景象如何？两人一路上都说了些什么？送走友人之后，诗人的心情怎样？随你想去吧！因为诗卷展开的时候，被送的"王孙"早已不知何往；只知道一条从柴门延伸开来的曲曲弯弯的小路上，曾经有两人相伴而行；走着走着，一个人站定，一个人继续走向远方。当一个人的身影渐行渐远只剩茫茫山野的时候，另一个人的身影再度沿着这条曲曲弯弯的小路静静地返回。

　　太阳渐渐沉向西方，返回者的身影渐走渐长。送走"王孙"的诗人，

第一章 自然美景篇——四时风光入眼新

就这样在黄昏时分的阳光里,走回敞开的柴门,返身轻轻地将柴门关上。

不知道柴门关合的时候,是否曾发出"吱——"的声响?

也许会有这轻如叹息般的声音在幽静的深山中响起,也许诗人关门时依然寂然无声,只是关门的时候,刚刚经历的送别让诗人不由得再次将眼光投向柴门外曲曲弯弯的小路,让诗人的脑海中再次回放屋内与路上曾经响起的欢声笑语,让"王孙"的形象再次鲜活地浮现……

然而此时,夕阳的余晖中,眼前所见只是漫山遍野的嫩绿。

这绿色很快就会在秋天变黄,在冬天枯萎,但是到了明年春天,依然会是生机满眼、绿遍山野。那时候,送走的"王孙"会不会回来呢?

没有答案的疑问,带给人无尽的回味:诗人对"王孙"悠长而深远的牵挂,诗人在山中幽静而美好的生活,诗人对明年相聚的深深期待……都藏在问句里了。

短短的小诗中蕴含了多么丰富的味道啊!没有寻常离别诗浓得化不开的伤感,有的只是宁静自然与温馨美好并存的画面,画面中也许会融有一丝送别之后的孤单,但是这孤单似乎早已融在夕阳的微光与绿草的勃勃生机里,融在诗人宁静与期待同在的心灵里……

这首《山中送别》似乎就是诗人生活中的一幕普通的场景,诗句淡到不闻关门时的声响,只有"明年"可见的"绿"色,却表现了如此宁静自然、美好和谐的生活状态,让人读之忘俗。

"春草明年绿,王孙归不归?"表达了诗人怎样的情感?

解答示例

这两句诗表达了诗人盼望离开山中的"王孙"回归山中的情感,也表达了在山中生活的闲适自得之感。

(发表于2019年第4期《作文》,有改动)

体验中华优秀诗歌

红花灿烂白花娴
——张舜民《东湖春日》赏读

东湖春日

（宋）张舜民①

湖外红花间白花，湖边游女驻香车。
秋千对起花阴乱，蹴鞠②孤高柳带斜。
无数小鱼真得所，一双新燕宿谁家？
故园风景还如此，极目飞魂逐暮鸦。

注释

① 张舜民：北宋文学家。
② 蹴鞠（cù jū）：我国古代的一种足球运动。

春天的东湖，在微风中调皮地漾着层层笑纹，湖岸上红的、白的花儿簇簇朵朵，溢散着淡淡的清香。到湖边游赏风景的女孩子们，纷纷从华美的车子中袅袅婷婷地走出来，走近花枝，轻抚香瓣，细嗅花香。

花丛中，秋千活泼起来了！此起彼伏，衣裙翻飞，欢声笑语。忽然，一个圆圆的"鞠"不知被谁一蹴而起，高高地飞向空中，映衬着斜斜的柳带，画出了一道优美的弧线……

湖岸边游人如织，一片欢笑声，湖水里，无数小鱼或成群嬉游，或随意来往，或快如迅箭，自得其乐，乐得其所。晴朗碧蓝的天空之下，一双新燕翩跹飞舞。在这暖暖的春日里，它们从何而来，又将栖于谁家？

故园的春天也像眼前风景一样的美丽，然而作者身在异乡，穷尽目力，也难见故园啊！

转眼黄昏已至，成群的乌鸦正飞往高枝上的巢穴之中。诗人的魂魄似乎也跟着它们飞起，飞起，飞向故园那里……

这首诗如果只有前两联的话，展现在读者眼前的是多么鲜艳生动的东湖春景图啊！如果只有后两联的话，那"得所"的小鱼与不知"栖谁家"的新燕，反衬出的则是一种栖依无所的犹疑。而追逐"暮鸦"的"飞魂"则随着"故园风景"的追想而增添了无尽的悲凉……

明末清初的思想家王夫之在《姜斋诗话》中说："以乐景写哀，以哀景写乐，一倍增其哀乐。"是的，在这首《东湖春日》里，眼前所见的明丽鲜活的春景，触发的却是成倍的思念故园的悲凉之情。

欢喜与悲伤，就这样在诗中相融相生……

"无数小鱼真得所，一双新燕宿谁家？"一联蕴含了怎样的情感？请简要说明。

解答示例

这联诗蕴含了孤独无依的情感。无数的小鱼与成双的燕子反衬了诗人的孤独，"宿谁家"的疑问，暗藏了诗人无亲可依的悲凉。从尾联中"故园风景"一词，也可感受到诗人对故园的深深思念之情。

（发表于2018年第3期《作文》，有改动）

体验中华优秀诗歌

春风轻寒人不眠
——王安石《夜直》赏读

 读一读

夜 直^①

（宋）王安石

金炉香尽漏声残，翦翦^②轻风阵阵寒。
春色恼人眠不得，月移花影上栏干。

注释

① 直：通"值"。
② 翦翦：形容风轻且带点寒意。

 品一品

那个夜晚距离现在有九百多年了。九百多年前汴京城庄严的皇宫里，静静的值班室中，浓浓的夜色笼罩下，如豆的灯火执著地发出热情的光芒，与一个沉思的身影、一炉苒苒的烟香相伴……

不知何时，香已杳，炉已冷，漏声滴答处，壶中水量所剩无几，而灯火也在油尽力竭之时悄然退场，只剩下他……

微寒的风儿轻轻挤过瘦瘦的门缝，拂动他的衣襟，他不由得打了个寒噤。

夜深人静时分，诗人起身向外。月光下，花儿摇曳着动人的风姿；轻风微拂，花香弥漫。

花影中，月色下，一个静静的身影徘徊着，一颗炽热的心儿跳动着，一种新思想萌动着，直到月色偏西，直到花影绘上栏杆……

第一章 自然美景篇——四时风光入眼新

在这个于皇宫里值班的夜晚，就是这动人的春色惹得诗人不眠吗？从诗的前两句看，诗人并不是一直都被这春色所吸引，而是好像还拥有一个独特的心灵世界。那是一个怎样的世界呢？

那个夜晚来临的时候，诗人在人生路上已行走了将近50个年头。大约在10年前，在长达万言的《上仁宗皇帝言事书》里，他明确提出了自己变法的主张。然而几年时间一晃而逝，当年的主张由于种种原因未能实施。直到年轻的神宗皇帝即位，诏命他为翰林学士兼侍讲，认同他的主张……

那个春天的夜晚，值班的王安石是要在第二天面见神宗皇帝吧？铜炉香里，烛光之下，他在深思明天面见皇帝时要说的话吧？变法的主张在他的心中激荡，春天生机勃勃的景象在他的眼前展现着动人的风光，虽然保守派反对的意见如阵阵春寒，而明天，明天的他将和皇帝一起，用变法的春雷让这片困境重重的大地焕发春天般的生机……

明月之下娇娆的花影固然会撩拨得人情绪激昂，变革求发展的思想则是看不见的春潮，在诗人的心中翻涌不已。

于是，那个夜晚，他，注定无眠……

"春色恼人眠不得，月移花影上栏干"中的"恼"是什么意思？这两句诗表达了诗人怎样的情感？

解答示例

"恼"在这里有"惹""撩拨"的意思。这两句诗表达了诗人欣喜、激动的思想感情。

（发表于2019年第3期《作文》，有改动）

体验中华优秀诗歌

垂杨起舞万点声
——刘攽《雨后池上》赏读

读一读

雨后池上

（宋）刘　攽

一雨池塘水面平，淡磨明镜照檐楹①。
东风忽起垂杨舞，更作荷心万点声。

注释

① 楹：厅堂前的柱子。

品一品

绵密兴奋的雨点在池塘上"嘈嘈切切"错杂弹奏了一番长长的琵琶曲之后，池塘的水面迎接了天空送来的"大珠小珠"之后，堤岸的高度已不再让水面仰望啦！

长长的堤岸呢？只见池塘清清的水面一如安静下来的天真的孩童大睁着的明澈的眼睛。这动人的眼睛与岸齐平，似乎是好奇堤岸上的风光，想凑到岸边看个够。

是的，此刻，跟雨点嬉闹过的水面仿佛一面刚刚被轻轻磨过的玉镜。不远处在晴空下高高翘起的屋檐被玉镜请进了池塘里！人家厅堂前高高的柱子也让玉镜移到了池塘里！池塘里的蓝天白云之上，垂杨柔柔的枝条点缀在屋檐旁、柱子边，别有一番风光。

忽然间，东风起，垂杨舞。是被垂杨的舞蹈打动了吗？池塘里生机盎然犹如绿伞的荷叶怎么突然响起了数以万计的鼓点般的掌声？

原来，舞动的枝条将刚才攒蓄的雨珠随意地抛掷给了池塘，给了池塘里片片幽静的荷叶；荷叶于是欢快地跟随着垂杨的舞蹈，让点点清响应和成池塘的掌声。

刚刚从雨珠弹奏的激动中平静下来的水面，仿佛突然间又被谁胳肢了一番似的，也再度调皮地随风漾起一个个开心的笑涡，笑涡不断扩散开去，越漾越远，好像水面越笑越欢……

那在东风中自在起舞的枝条可没想到自己的表演竟然让旁边的池塘展现如此热闹的动感景象，动作不由得缓和下来，仿佛因惊扰了池塘而有些羞涩。

然而，那娇柔的枝条可曾知道，她们潇洒起舞时抛掷的雨滴中有几点竟然大胆地冲向了池边静静伫立的诗人。诗人蓦地一惊之后，不由微微一笑，让眼前的风景化成了动人的小诗。

诗中那满蓄一泓清水的池塘，那池塘上垂杨起舞逗起荷心万点声的一幕，可曾让你感受到大自然动静合宜、生动活泼的美丽？可曾让你的记忆闪回熟悉的一幕？

感谢诗人用绝妙的诗笔捕捉住了大自然如此动人的一幕，让我们可以借助文字，在不断重温这生动的景象中，感受生命的美好……

"东风忽起垂杨舞"为什么能"更作荷心万点声"？

解答示例

因为诗中描写的是雨后池上的景象，刚刚下过雨，垂杨的枝条上还凝聚着不少雨滴，东风一吹，枝条一摆，就会让无数雨珠洒到池塘的荷心处，从而响起"万点声"。

（发表于 2019 年第 6 期《作文》，有改动）

体验中华优秀诗歌

昨日春光今难久
——辛弃疾《粉蝶儿·和赵晋臣敷文赋落花》赏读

粉蝶儿·和赵晋臣①敷文赋落花
（宋）辛弃疾

昨日春如，十三女儿学绣。一枝枝、不教花瘦。甚无情，便下得，雨僝风僽②。向园林，铺作地衣红绉③。

而今春似，轻薄荡子难久。记前时、送春归后。把春波，都酿作，一江醇酎④。约清愁，杨柳岸边相候。

注释

① 赵晋臣：辛弃疾的朋友。
② 雨僝（chán）风僽（zhòu）：形容风雨交相摧折。
③ 绉（zhòu）：一种有皱纹的丝织品。
④ 醇酎：醇酒。

从题目看，这是一首与朋友唱和之词。既为唱和，则必然要增添一份朋友之间言语交际的情趣。从题目看，所赋之物为"落花"。"落花"的意象里蕴含有曾经的美丽与而今的凋零。美丽的花朵凋零的景象当然容易引发伤感之情。既要有与朋友唱和之趣，还要对凄美的落花含深切之情，这次第，该如何落墨？

对于大家妙笔而言，落墨原来可以如此轻巧自若，朴拙成趣，情意深含。

第一章 自然美景篇——四时风光入眼新

词的上阕从"昨日"写起,将春天走过的一段路轻轻地转成了近时间近距离的"十三女儿学绣"的一段情。十二三岁的女孩子学绣的花朵如何?词人说,一枝枝都"不教花瘦"。不瘦者,肥也。那么小女孩手下一枝枝肥肥的花朵该呈现出多么饱满鲜润的美丽!可惜,很快便被"甚无情"的风雨僝僽得铺成了园林里地面上褶褶皱皱的红色绸布!无尽惜花意,尽含"红绉"中。

昨日之春如彼,那今日之春呢?

哦,下阕中,词人告诉我们:现在的春啊,就像轻薄荡子一样,已能看出他的感情是明显不能持久啦!明知君要走,欲留怎能留?对于痴情的爱春之人来说,内心该胀满何等深切的痛楚呀?于是,爱春之人便回忆起当初送春天归去之后,那巴巴的眼神,那恋恋的心情,将眼前的一江春波都酿作了一江春天的醇酒!醉了眼,醉了心,却解不了春归带来的"清愁"!解不了"清愁"该当如何?词人便约上"清愁"在杨柳岸边等候,等候春天归来……伴着凄清的淡愁,偕同心意相通的杨柳,多少痴情在其中!

看,被归入豪放派的英雄词人辛弃疾就这样用其生花妙笔,和出了如此婉约谐趣的落花无情人有意的佳作。

这首词开头的"昨日春如,十三女儿学绣,一枝枝、不教花瘦"展现了昨日之春怎样的特点?全词用了怎样的表现手法,表达效果如何?

解答示例

(1)"昨日春如,十三女儿学绣,一枝枝、不教花瘦"展现了昨日之春花开朵朵,饱满鲜艳,美丽动人的特点。

(2)全词运用了比喻、比拟、对比等表现手法,将昨日之春比做

"十三女儿学绣",将今日之春比做"轻薄荡子难久",还要约"清愁"在杨柳岸边一起等候春天归来,比喻生动,比拟新颖,对比鲜明,形象深切地表现了作者的无尽惜花惜春之情。

(发表于2013年第10期《作文》,有改动)

粼粼春水流花香
——张炎《南浦·春水》赏读

 读一读

南浦·春水

(宋)张 炎

波暖绿粼粼,燕飞来,好是苏堤才晓。鱼没浪痕圆,流红去,翻笑东风难扫。荒桥断浦,柳阴撑出扁舟小。回首池塘青欲遍,绝似梦中芳草①。

和云流出空山,甚年年净洗,花香不了?新绿乍生时,孤村路,犹忆那回曾到。余情渺渺,茂林觞咏如今悄。前度刘郎②归去后,溪上碧桃多少?

注释

① 梦中芳草:南朝钟嵘《诗品》引《谢氏家录》说,谢灵运梦见弟弟谢惠连,从而写出了"池塘生春草"之诗。

② 刘郎:《幽冥录》载,汉明帝时,刘晨、阮肇入天台山,迷路,食尽,饥饿多日,看见山中桃树果实累累,摘食后,立刻止饿;数日后出山,山外已是晋代。

 品一品

阳光弹跳在西湖的粼粼绿波之上,闪闪烁烁,暖意融融。轻灵的小

第一章 自然美景篇——四时风光入眼新

燕子如黑白的音符，在晴空中自在地飞舞，偶尔停落在苏堤之上嫩嫩的柳枝间，仿佛小小的休止符。诗人呢？诗人的眼光被碧波中突然跳出的鱼儿吸引了！那活泼的锦鲤倏然间跃入明媚的阳光之中，眨眼间又没入深深的西湖之中，腾起欢笑的浪花，画出一波一波圆圆的波痕。

圆圆的水波之上，片片红红的花瓣载浮载游，流向远方。古桥横卧，水聚成塘。野草蔓生，一片荒芜。袅袅的柳枝低拂水面，忽然间，一叶扁舟出现于视野之中，水波摇曳处，风景动人心。

走过古桥，远离断浦。回首望去，池塘周围，青草遍地。"池塘生春草，园柳变鸣禽"，这该是大诗人谢灵运梦中所见的景象吧？青青芳草遍池塘，盎然春意映眼帘！

看哪，白云朵朵，悠悠飘动，溪水淙淙，流出空山，花瓣溢香，随水漂浮。年复一年，清流洗过山石，洗过树影，洗过四季……却洗不去年年飘溢的花香啊！

那一年，春天的嫩芽泛绿之时，幽僻的孤村小路之上，诗人的脚步就曾经被这淙淙的流水声吸引：那清清的溪水就是这样一路歌唱、一路花香……

春水流香来，引发诗人无限感慨，几百年前东晋年间那个三月的一天，群贤毕至会稽山阴之兰亭旁边，树林繁茂，青竹耸翠，生机盎然，一带清流，曲曲折折，载着酒杯，浮于文人雅士之旁，清诗佳句随之琅然于清水之上……那情那景已渺茫于时光的深处，却在诗人心中荡起微微的涟漪。诗人的思绪继续翻飞，又想到溪水旁边，桃树结满果子，丰硕鲜美。那误入天台山而迷路的汉朝的年轻人啊，饥而食之，从此不再饥饿。而几天之后出山时，却已非汉而晋！溪边的几天，原来竟是人世的几百年！不知如今那仙境般的山溪边，碧桃结有多少呢？

诗人一度是西子湖畔的雅客。可是随着南宋王朝的灭亡，诗人的闲雅生活已不再，然而那在诗人笔下流着花香的春水啊，却一直在昭示着和平的美好……

体验中华优秀诗歌

这首词题目为"春水",词中表现了"春水"哪些特点,寄寓了诗人怎样的情感?

解答示例

词中"春水"的特点有:暖,绿,清;水中有游鱼,水面漂花香;可负载小船,能滋润芳草;有云相伴,流程悠长;历时久远,佳话流传。寄寓了诗人欣赏、喜悦、孤傲的情感。

(发表于2017年第4期《作文》,有改动)

杨柳春风桃花笑
——元好问《杨柳》赏读

杨　柳
(金)元好问①

杨柳青青沟水流,莺儿调舌弄娇柔。
桃花记得题诗客②,斜倚春风笑不休。

注释

①元好问(1190—1257),字裕之,号遗山。金、元时期著名诗人。
②题诗客:据孟棨《本事诗·情感》载,唐崔护游长安城南,经过一人家,渴而求饮,这户人家的女儿端水给他,站在桃花树下,眉目有情。次年,崔护再到此地,却见门户紧闭,不见去年的少女;于是在此家门上题诗曰:"去年今日此门中,人面桃花相映红。人面不知何处去,桃花依旧笑春风。"

第一章 自然美景篇——四时风光入眼新

品一品

在中国的古典诗歌里,"杨柳"常常是春天的符号。这首诗开头,杨柳就呈现出"青青"一片的盎然生机。春天的生机当然不止这个。听,旁边沟渠里,潺潺的水流声不倦地唱响,演奏着春天的旋律。还有黄莺儿在树枝上啁啾不休,仿佛在炫自己的口舌功夫。于是,那娇嫩轻柔的音色便融入春天的乐章中啦!

诗人似乎觉得这样的春色图还不够浓艳,便又请出了桃花仙子。瞧,那欹斜的树枝上,团团簇簇粉红娇艳的桃花,正在煦暖的春风中露齿而笑呢!你看她们笑得没完没了的,到底是为什么呢?

诗人告诉我们,那是因为桃花记起了当年题诗的那个人呀!

到此为止,你可否被诗人描摹的这幅声色兼具、情辞并茂的"杨柳"春景图迷住?你的心中是否洋溢着一种由盎然的春意带来的轻松与欢娱?你或许会揣测诗人写此诗时心中荡漾着春天给予的快乐。

但是,还是不要那么快就被醉倒呀!触摸着诗句的经脉,再往诗人的内心深处走一走吧。

看"题诗客"三字呀!表面上,诗人似乎是在暗指唐朝时那位在桃花树旁有过一段艳遇的崔护,"记得"二字却告诉你,诗人实际是在借"桃花"的记忆,借崔护题诗时花依旧人不在的伤怀之情,表述一种物是人非、昔日不再的沧桑时变哪!所以,你再留心细察的话,桃花"不休"的"笑"容后面,藏着的或许是诗人含泪的心事……只不过,这流泪的心被生机勃勃的春景给深深地迷醉了,一时忘记了伤痛,却在不经意间,让岁月沧桑带来的伤感显现于"题诗客"三字之中。

那么诗人会有怎样的伤感呢?生活在金、元时期的诗人,经历过兵祸之苦、丧亲之哀、毁家之悲,感受过乱离之世生活的悲苦;国之难,家之失,都会让他的内心经受深深的变易之痛。虽然这首七言诗,别具一种清新俊雅的特点,却依然有一种内在的沧桑感悄悄地由诗句的"心脏"处传递出来……

赵翼在《题遗山诗》中写到"国家不幸诗家幸，赋到沧桑句便工"。在这首小诗中，你，感应到那美丽动人的景象下沧桑的"脉搏"了吗？

这首诗的最后两句运用了怎样的修辞手法，表现了诗人怎样的情感？

解答示例

这首诗的最后两句运用了拟人的修辞手法，表现了诗人轻松愉悦的情感以及时世变化的沧桑感。

（发表于2014年第6期《作文》，有改动）

第二节　炎炎夏日诗意长

夏日风起蔷薇香
——高骈《山亭夏日》赏读

山亭夏日
（唐）高　骈[①]

绿树阴浓夏日长，楼台倒影入池塘。
水晶帘动微风起，满架蔷薇[②]一院香。

注释

① 高骈（821—887），字千里，唐末大将，南平郡王崇文孙。幽州（今北京西南）人。

② 蔷薇：一种观赏性植物，茎长似蔓，须建架供其攀援生长。夏季开花，有红、白、黄等色，美艳而香。

先来解题。"山亭"：地点。这地点引人遐想：是怎样的山野？是何等精美的亭子？"夏日"：时间。带给人炎热之感。而"山亭"与"夏日"相连，便觉有微微的凉意在"山亭"下慢慢舒展，让"夏日"少了不少酷热，多了些许清凉。

再看诗中描绘的景致：一棵棵茂盛的绿树撑着一把把叶形各异的绿伞，在热情似火的骄阳下遮挡出一片片浓浓的阴凉，任那贪恋白昼的太阳在高高的天空中盘桓。清清的池塘里，楼台的影子正轻轻柔柔地随着水的笑纹荡漾、荡漾……

晶莹美丽的帘子也开始随着微微的风儿轻轻地荡悠、荡悠……透过帘子看去，只见院子里搭成的架子上，红如火黄如金白如雪的蔷薇正开得欢欢腾腾、热热闹闹。微风拂过，清香扑鼻：整个院子都弥漫了蔷薇的香气……

那香气岂止溢满小院？竟一直从这首七绝中飘出，香入长长的历史，香入读诗者心中。

要怎样愉悦的心灵才能嗅到这小院中的清香？要怎样闲适的双眸才能捕捉到这夏日清凉、宁静、安适且弥散着馨香的美景？

不妨让目光穿越到晚唐时期那个长长的夏日，遥想一所盖在山林中的院落，院落中一所幽雅的房间，房间门口垂挂着精美的水晶帘儿，帘内的靠椅上，安坐着静静读书的诗人。偶将书本放下，抬起头来，只见

体验中华优秀诗歌

院中炽烈的阳光下，浓绿的大树匝地的阴影将丝丝凉意遥送给他，而池塘清涟之中精美楼台摇曳弄影的动感，则轻轻撩拨他宁静的心湖。而那晶莹润泽的帘儿不由自主地摆弄风姿之时，蔷薇也随着调皮的风儿掀帘而入，将幽幽的芳香浸入诗人的身心，浸满小院……

大自然美丽的风光就这样与诗人的心相融相得，相惜相赏，多么和谐美好的画面，多么清新动人的小诗！

然而这首清新旖旎的小诗的作者高骈，竟然是晚唐时期曾经叱咤沙场的将军！

谢蟠《杂说》中写道："唐高骈幼好为诗，雅有奇藻，属情赋咏，横绝常流，时秉笔者多不及之。"盛赞高骈之诗不同流俗。

"水晶帘动微风起，满架蔷薇一院香"描摹了怎样的画面？从画面中可以体会到诗人怎样的心境？

解答示例

这两句诗描摹了这样一幅画面：水晶帘儿在微风中轻轻飘动，院中架子上的蔷薇盛开，花香满院。从画面中可以体会到诗人愉悦的心境。

（发表于2015年第5期《作文》，有改动）

第三节　秋光亦有动人处

斜日大雁点寒空
——庾信《晚秋》赏读

晚　秋

（北周）庾　信①

凄清临晚景，疏索②望寒阶。
湿庭凝坠露，抟风卷落槐。
日气斜还冷，云峰晚更霾。
可怜数行雁，点点远空排。

注释

① 庾信（513—581），字子山，北周南阳新野（今河南新野）人。
② 疏索：疏落萧条。

庾信原本于南朝时期的梁朝宫廷任职，却在南北朝的战乱中，被迫羁留北方，直到隋初去世。人生的变故带来诗风的变化。世事沧桑融于笔底，自然有一种动人心魄的魅力。即如这首《晚秋》。

表面看来，诗人在题目中点明的是自然界的晚秋。其实，诗里蕴含更多的也许是人生的"晚秋"况味吧。

体验中华优秀诗歌

晚秋的景象自然会多一些萧瑟与凄凉。诗一开篇,便笼罩上了"凄清"的氛围。而凄清之感则源于面对傍晚的景象。哦,且慢,此处的"晚景"其实还有"晚年的景况"之意。那么,开篇的"凄清"便融合有身体衰老、心境凄凉等复杂的感受吧。

此时诗人站在台阶之上,寒意从脚下上传,由近而远望去,一片疏落而萧条的景象。

庭院中槐树上的露水不知何时坠落地面,地面湿漉漉的;而那一阵猛刮的旋风则将飘落于地的槐花席卷而去……清露坠地,如何再清?而落槐无根,运命何托?那牵引了诗人视线的露珠与落槐,莫非触动了诗人的心事:心在家乡,而身在异地,每每泪湿如坠露?根在南方,而羁留北国,漂泊凄苦如落槐?

诗人又将目光投向西斜的太阳,而那斜阳投来的黄黄的光芒依旧带给人凄冷的感受;傍晚时分,远处山峰上云朵四合,更显阴霾之气沉沉。其实,"冷"的哪里只是日气,"霾"的哪里只是云峰,还有羁留他乡放眼远望不见故乡的凄冷沉重的心境啊!

是的,在冷冷的斜阳余晖里,在重重的云峰雾霾下,诗人望不见自己的家乡。

他望见的是点点大雁在辽远的空中排成行,飞往它们想去的地方……他觉得这排飞往远方的大雁是多么"可怜"啊!

此处的"可怜"意为"可羡"。是啊!雁有双翅,有友伴,可以飞向山高水远想要到达的地方,而诗人呢?只有徒自孤独而已,徒自思乡而已,只有在这人生的晚年于一个晚秋的薄暮之际徒自伤怀而已!

多少心事寓诗中,寄慨深深一重重!

杜甫在《咏怀古迹(其一)》中深情地评价庾信道:"庾信平生最萧瑟,暮年诗赋动江关。"

从《晚秋》来看,"动江关",诚然!

第一章 自然美景篇——四时风光入眼新

 做一做

这首诗中"可怜数行雁,点点远空排"描绘了怎样的景象,寄寓了诗人怎样的情感?

解答示例

"可怜数行雁,点点远空排"描绘了点点大雁在辽远的空中排成行飞翔的景象。这样的景象让诗人羡慕不已,其中寄寓了诗人渴望回归家园而不得的凄苦情感。

（发表于2015年第10期《作文》,有改动）

绿雾凉波霞光好
——李贺《江南弄》赏读

 读一读

江南弄

（唐）李 贺

江中绿雾起凉波,天上叠巘红嵯峨。
水风浦云生老竹,渚暝蒲帆如一幅。
鲈鱼千头酒百斛,酒中倒卧南山绿。
吴歈越吟未终曲,江上团团贴寒玉。

 品一品

深绿的江面上,水雾团团漫起,雾色一如江色,绿意朦朦,萦于眼

前。江面上波涛起起伏伏之间，清凉之感不知何时已透入肌肤。

迷蒙的绿雾之中，渐渐映现出别样的红色幻景。抬头望去，只见西边的天空已经烧成了层层叠叠的山峰。那鲜红的云霞啊，凝聚成变幻不定的峰峦，高不可攀，峻拔奇险。西坠的太阳将这山峦点染出深浅不同的红色，燃烧成绚烂的模样。奇丽而不凡！

眼睛正被这大自然鬼斧神工般的画作深深吸引，耳畔蓦地窜入飒飒的声涛。回目望去，只见江边成片的竹林，正随风摇曳，竹叶轻舞，触处成声。那青青翠竹，经历过岁月的风霜，苍劲挺直，干如龙骨，节如坚石，摆臂时风起波涌，挥手处云起浦中。

浦中渚边，已浸于渐渐昏暗的暮色之中。远远近近张着蒲帆的船儿正慢慢地驶向岸边。在黄昏的天色里，那些蒲帆看起来就像只有一幅似的。

靠岸的船只里，蹦跳着一条条鲜活的鱼儿。这些可都是味道鲜美的鲈鱼啊！伴随着捕鱼人脸上满足的微笑，一头又一头的鲈鱼滑进了商肆，跳进了油锅，溢出了清香……上千头鲈鱼激动着口腹的渴望，上百斛美酒飘散着醉人的气息。品尝着美味的鲈鱼，畅饮着可口的佳酿，不知不觉中，人就软倒于地，而眼前的酒杯里正漾动着南山浓浓的绿意……

醉梦之中，还能依稀听到周围不知何人吟唱的甜美的吴越小调吗？那歌声悠扬轻快，如林籁泉韵，动人心扉。一曲尚未听完，不远处的江面之上，已经静静地贴上了一枚圆圆的月亮，晶莹玉润，寒光闪闪。

抬起头，一轮清亮的圆月正从高高的天空俯临大地，辉光遍洒，柔情无尽……

在诗人李贺的眼里，江南就是如此美丽！江天风光，四时常新；竹青云白，鱼肥酒美；柔歌清月，醉人心魂……

李贺一生，仕途不顺，功名无成，哀愤之心，与日俱深。妻子病故之后，被忧郁之情缠绕的他一度病重，回老家昌谷休养了一段时间。之后，他不甘心让自己的人生总是处于低谷之中，又南游吴越一带，希望

第一章 自然美景篇——四时风光入眼新

能在那里一展才华。这首《江南弄》应该就是南游时期写就的吧？

这里的山水物态，这里的民俗风情，给这位一生坎坷的诗人留下了多么奇特明丽的印象，带来了多么新鲜动人的感受！

读着他意象鲜明生动的诗句，不由得想到白居易的三首《忆江南》：

"江南好，风景旧曾谙。日出江花红胜火，春来江水绿如蓝。能不忆江南？"

"江南忆，最忆是杭州；山寺月中寻桂子，郡亭枕上看潮头。何日更重游！"

"江南忆，其次忆吴宫；吴酒一杯春竹叶，吴娃双舞醉芙蓉。早晚复相逢！"

在白居易的记忆里，江南有火红的江花，有深绿的江水，有月下桂子迷人的清香，有郡亭旁边如山的潮头，有醉人的美酒，有动人的歌舞……所以他怀念江南，想重游江南。

而李贺诗中的江南，鲜丽峻奇如山的红霞，苍绿劲健如龙的老竹，雾绕云生的江浦，鱼跃酒香的生活，也别具一种独特的魅力。

或许与李贺苍凉的身世相关，那绿雾的迷茫感，那波涛的清凉意，那如寒玉般的月色，或许隐藏着他淡淡的忧伤……而当这忧伤被裹入江南动人的景象之中时，便融化为一道美丽的风景……

"江中绿雾起凉波，天上叠巘红嵯峨"描绘了一幅怎样的画面？引发了你怎样的感慨？

解答示例

"江中绿雾起凉波，天上叠巘红嵯峨"描绘了这样的画面：深绿的江面上，水雾团团漫起，绿意朦朦，萦于眼前；江面上波涛起起伏伏之间,清凉之感顿生。只见西边的天空中鲜红的云霞,凝聚成变幻不定的峰峦,高不可攀,峻拔奇险,西坠的太阳将这山峦点染出深浅不同的红色,燃烧成绚烂的模样。

这样的景象让我有奇丽而不凡之感。

(发表于2017年11月6日第41期《语文报》,有改动)

桐风冷雨诗魂香
——李贺《秋来》赏读

秋 来
(唐)李 贺

桐风惊心壮士苦,衰灯络纬啼寒素。
谁看青简一编书,不遣花虫粉空蠹?
思牵今夜肠应直,雨冷香魂吊书客。
秋坟鬼唱鲍家诗,恨血千年土中碧。

飒飒,飒飒,飒飒飒……雨声?风声?风雨声?声声敲窗而入。窗内,一盏小小的油灯摇曳。灯芯半枯,灯光微弱。微弱的灯光,却将他的身影拉得长长的。这长长的身影突然间变得更长了,活动起来了,移到窗边了!

窗帘移开,窗外摇动的梧桐树叶扑入眼中:飒飒,飒飒,飒飒飒……原来，让他心头一惊的声音就是这风吹桐叶的声音！桐叶已枯，风声萧瑟。夏光已逝，秋凉已至。青春韶华也会像这乍然来到的秋风一般乍然消逝吗？飒飒，飒飒！会的，会的！风中摇摆的桐叶似乎在回答他心中的疑惑。

是的，春去秋会来，青春不常在。窗内的诗人不由回想起自己白天骑驴觅诗的艰辛，一字一句，都是心血凝就。灯光之下，翻检诗作，细思深虑，执笔成篇，如此呕心沥血，不觉时光如梭，青春韶华似乎转瞬即过……

唧唧，唧唧唧唧……纺织娘正在这寒意已起的秋夜里不停地纺织吗？唧唧，唧唧唧唧……仿佛有洁白的生绢从眼前闪过。唧唧，唧唧唧唧……这样的寒夜里，不眠的纺织者勤苦地纺织中，一匹匹生绢可以实实在在地显现，可以制衣，衣能御寒……而寒夜青灯下，不眠的书生殚精竭虑写就的诗歌呢？

有谁能用心阅读这用无尽的赤诚凝就的一句句诗歌，不让花虫将这青青的简牍白白地蠹蚀成粉？

微弱的灯光下，墨迹如飞舞的龙蛇，似翻腾的波涛，笔笔蕴藏着诗人的心血。这心血会无人欣赏空自寂寞吗？会变成蠹虫啃食后的粉末吗？今夜诗稿新成，墨色鲜亮，诗情洋溢，诗人激昂。千年万年之后呢？这浓浓深情酿就的诗作可还能墨色依然？可还能拨动读诗人的心弦？或许早已成灰，成烟，湮没无痕，杳然无闻……想到这里，诗人回肠百转，痛不可言。深切的痛楚似乎已将柔肠牵拉而直！直肠溢悲，悲从中来。

扑嗒，扑嗒……窗外飒飒的风声不知何时已变为淅淅沥沥的雨声，点点滴滴，如泣如诉。冷冽之气透窗而入。与这冷气相伴，似乎有一缕香魂也随雨而至，安慰这秋风冷雨之中心生凄苦的诗人：寂寞只是眼前事，好诗自有高人识！

"赍我长恨意，归为狐兔尘"。怀着无尽的遗憾，化为狐兔洞穴中的尘土……距离诗人三百多年前，那位出身贫寒而才华超卓的大诗人鲍照的诗句似乎响在了诗人的耳边。

秋野荒坟中,连鬼都被这真情充盈的诗句感动了吧!连鬼都在传唱这鲍家的诗句吧!

想当年,周王朝刚直忠正的臣子苌弘被杀之后,血流入地,三年之后,化为碧玉。那些传唱鲍家诗的诗鬼们,一腔怨血,也已在土中化作碧玉了吧?这怨情,千年难消;这歌声,感人肺腑……

扑嗒,扑嗒……秋风起,秋雨至,秋意寒凉诗人苦。生于中唐的诗人,在藩镇割据、宦官专权的时代,家道中落,家境贫寒,诗名远播,仕途坎坷,怀才不遇,抑郁感伤。在这秋寒袭人的夜晚,面对自己凝铸心血的诗作,诗人心中一时兴起了无人赏识的悲凉,也生出了心血凝就的诗作总会得到传唱的自信……

是的,"恨血千年土中碧",蕴含真情的佳作也会千年传诵,让后人品赏不已。

桐风冷雨,诗魂留香……

"思牵今夜肠应直"一句运用了怎样的表现手法,抒发了诗人怎样的情感?

解答示例

"思牵今夜肠应直"一句运用了夸张的表现手法,抒发了诗人因虑及倾注自己心血的作品的命运而极其愁苦的情感。

(发表于2018年12月3日第45期《语文报》,有改动)

第一章 自然美景篇——四时风光入眼新

秋山夕照飞鸟归
——王维《木兰柴》赏读

木兰柴①

（唐）王　维

秋山敛余照，飞鸟逐前侣。
彩翠时分明，夕岚②无处所。

注释

① 柴（zhài）：有篱落的村墅。
② 岚：山林间的雾气。

绚烂的晚霞铺展开来的时候，西方的天空正醉着。醉酒的夕阳虽然只剩半轮，依然在秋山之上显露着酡红的容颜。

大山似乎在劝说："醉成这样了，快回去休息吧！"夕阳好像在挣扎："不！不！我没醉，我没醉！让我再待一会儿……"然而夕阳的脸已在秋山的推劝中越变越小……

晚霞舍不得溶掉明媚的妆容，恋恋不舍地在天空中变幻着愈来愈淡的彩绘。

黄昏的微光中，一只鸟儿一掠而过，又一只鸟儿紧随其后，好像在追赶它前方的伴侣。前方有它们共同的家，在丛密的山林里。

最后一抹夕阳的红光涂在了山林之上，不同颜色的树叶，五彩斑斓；夕阳的光芒也绘出了鸟儿鲜明如画的彩羽，艳丽华美。彩羽一闪而过，转眼就隐入傍晚山林的雾气之中，不见其踪……

多么鲜活生动的秋山夕照鸟归图！

秋山有力，逐渐收束夕阳之光；鸟儿高飞，先后相随归巢；青黛的山色，愈来愈深；夕阳的鲜红，越来越淡；树叶五彩缤纷，光鲜亮丽；鸟羽颜色鲜明，一闪即逝；雾气淡白朦胧，隐隐上浮……

一千多年前的一个傍晚时分，从木兰柴里观赏到的片刻美景，就这样在诗人的笔下变成了永恒的风景。

苏轼评价王维的诗说："味摩诘之诗，诗中有画。"这首小诗描摹的就是一幅幅动态的秋晚图：秋山夕阳渐沉图，飞鸟先后归巢图，夕阳光里多彩图，傍晚雾气上浮图。画中动态，宛然可见。

"图画叙述动作时，必化动为静，以一静面表现全动作的过程；诗描写静物时，亦必化静为动，以时间上的承续暗示空间中的绵延。"在《诗论》中，朱光潜先生这样比较诗与画的不同。正是因为"化静为动"，诗中这幅秋山夕照鸟归图才具有了一种比画更为生动的魅力。

如果将"秋山敛余照，飞鸟逐前侣"句中的"敛"与"逐"两词换掉，你会用什么词来替换？你用的词跟原词相比，有什么不同的效果？

解答示例

我会用"含""随"来替换。跟"含"相比，"敛"更有力量，能表现出秋山逐渐收束夕阳余光的动态，表现力更强；"逐"和"随"相比，更能显现出傍晚时分飞鸟急欲相伴归巢的情态。

（发表于2018年第11期《作文》，有改动）

梧叶声里时光逝
——朱熹《偶成》赏读

偶 成
（宋）朱 熹

少年易老学难成，
一寸光阴不可轻。
未觉池塘春草梦①，
阶前梧叶已秋声。

注释

① 觉：醒。池塘春草：化自东晋诗人谢灵运"池塘生春草，园柳变鸣禽"。

青春年少时，总觉得时光富足，总以为有大把大把的时间可以挥霍。然而，时光的脚步总是于无声无息中不停地往前挪移，就像早晨的太阳很快便会行至正午，没多久便西沉入山一样，年少之人转眼便会步入老年。老年人苦于时日无多，而又想在学问上有所成就，便会回望少年时代，发出如此感慨：一寸光阴都不可轻易抛掷啊！是啊，人生易老，岁月易逝。对于想在学问上有所成就的人来说，越是学得深入，越能感受到学习之乐，也就越发觉得人生短暂，光阴可贵。

写此诗时，想必诗人正处于人生的暮年，正在学问之路上努力登攀，攀登的过程中感受着学习之乐，同时却发觉人生时光已如此有限，

体验中华优秀诗歌

不由感喟少年时光那么快就成了过往,感悟光阴实在不应轻易抛掷。而诗句也不由得从心中自然流淌而出。可是这样的诗句未免有说教之气。于是诗人转而描摹了两幅动人的画面。

溶溶春水,春光荡漾;池塘四围,春草萌生。绿绿的草芽儿舒展着娇嫩的叶片,在春阳中泛着鲜绿润泽的生命之光。春意可人,春容正美。陶醉在无边的春色之中,梦想随着春云飞……

秋风四起,秋凉袭人。阶前的梧桐叶渐黄渐干枯;它们轻轻离枝头,窸窣有秋声。春色已成昨,秋意转眼至!

春之鲜嫩,秋之干枯;春之温暖,秋之悲凉;春之梦想,秋之凋零……一春一秋,转瞬之间!

诗人就这样将无尽的话语转换成了鲜明的画面,画面中藏着诗人深沉的人生感悟:春天不及时播种,秋天就只能收获无尽的悲凉;如果只是让大好春光浸泡于空幻的梦想,那么很快到来的秋天就只能萧瑟一片……

春光转眼逝,年少要惜时!

诗人就这样将自己的人生体悟化成了这一首情真意切且寓理于景的小诗之中。小诗看似"偶成",实则融进了诗人丰厚的人生体验。

诗人朱熹其实还有更多的名号——宋朝著名的理学家、思想家、哲学家、教育家、闽学派的代表人物、儒学集大成者。世人尊称他为朱子。从这些名号中,已可以揣想他的成就之大。这样的成就从何而来?必是来自"一寸光阴不可轻"的惜时,来自刻苦自励的笃学……

是的,"一寸光阴不可轻"!珍惜春光,珍惜人生,方可学有所成!

这首诗后两句"未觉池塘春草梦,阶前梧叶已秋声"描绘的景象中蕴含着怎样的深意?它跟前两句有什么关联?

第一章 自然美景篇——四时风光入眼新

解答示例

这首诗后两句描绘的春草秋声之景表现了时光流逝之快,暗含了珍惜时光之意,以生动的画面形象地诠释了前两句表达的人生感悟。

(发表于2015年第12期《作文》,有改动)

秋窗秋夜秋情长
——《红楼梦》第四十五回《秋窗风雨夕》赏读

秋窗风雨夕

秋花惨淡秋草黄,耿耿秋灯秋夜长。
已觉秋窗秋不尽,那堪风雨助凄凉!
助秋风雨来何速?惊破秋窗秋梦绿。
抱得秋情不忍眠,自向秋屏移泪烛。
泪烛摇摇爇短檠①,牵愁照恨动离情。
谁家秋院无风入?何处秋窗无雨声?
罗衾不奈秋风力,残漏声催秋雨急。
连宵霢霢复飕飕,灯前似伴离人泣。
寒烟小院转萧条,疏竹虚窗时滴沥。
不知风雨几时休,已教泪洒窗纱湿。

注释

①爇(ruò):烧。短檠(qíng):矮灯架。借指小灯。

体验中华优秀诗歌

品一品

　　林黛玉这首诗仿用的是唐朝诗人张若虚的《春江花月夜》。在《春江花月夜》中,"春""江""花""月""夜"这五个字的不断重复出现,反复、对偶、对比等手法的巧妙运用,使得全诗意境清朗动人,道理意味深长,情感缠绵不尽。这首诗从题目"秋窗风雨夕"就可以看出仿作之痕啦!并且诗中也通过"秋""江""风""雨""夕"几个字的重复出现,渲染气氛。虽是仿作,但别具情怀,新意自在诗中。

　　"秋"字入眼皆是,让人想见那凄惨暗淡的花儿该呈凋零枯萎之状吧?而那一度生机勃勃的草则是枯黄一片了,善感的人心该因此泛起多少时光流逝、好景不长的愁苦呢?美丽多情的黛玉辗转难眠,只觉得灯烛太亮,秋夜好长!

　　秋窗之外,凋零破败的秋色该是无边无际、无所不在吧!而淅淅沥沥的雨声竟然也在秋窗之外敲响,仿佛在给那凄凉之意助力一般!叫人如何能够忍受?

　　风雨来得如此迅疾,秋窗之内,梦境正泛着春光遍野的青绿之色,转眼间就被滴滴嗒嗒的秋雨惊得破碎了。

　　秋天的萧瑟之情涨满胸臆,再也不忍心安然休息,于是向秋屏处移动正滴洒泪珠的蜡烛。摇曳的烛火在灯架上燃烧着,哭泣着,泪珠点点坠落着,牵动着忧愁,照亮了遗憾,触动了离别的伤感。

　　有谁家的院子里没有秋风侵入?有哪一处的窗户没有秋雨声袭进?薄薄的丝织的被子禁不起秋风的寒意啊!残漏声声催促得秋雨越发急促。

　　整个晚上满是这连绵的雨声敲打,满是这飕飕的风声哀吟,似乎是在灯前陪伴离别的人儿悲泣。

　　小院里烟雾迷蒙,寒意四起,花草衰败,一片萧条,稀疏的竹叶上,不断的滴沥声穿窗而入。不知这风声雨声何时休止,却已让人的眼泪不知不觉滴洒而下,沾湿窗纱……

　　这泪里只是伤感吗?只是凄怨吗?不,不!其实更多的是对美好年

第一章 自然美景篇——四时风光入眼新

华的珍视，是对欣欣向荣的生机的向往！

秋窗秋夜秋情长，风雨声声助凄凉。多少珍惜年华意，尽在窗内泪光里……

做一做

结合诗意及你对《红楼梦》中林黛玉形象的了解，品析"惊破秋窗秋梦绿"一句中"绿"的内涵。

解答示例

"惊破秋窗秋梦绿"中的"绿"是生机、希望的象征，暗含了处在复杂的大观园中孤苦的林黛玉对爱情的希望和对健康美好生活的向往。

（发表于2016年第5期《作文》，有改动）

第四节 冬寒季节诗如雪

雪满千山门何处？
——《水浒传》第十回选文赏读

读一读

那雪越下的猛，但见：

凛凛严凝雾气昏，空中祥瑞降纷纷。须臾四野难分路，顷刻千山不见痕。银世界，玉乾坤，望中隐隐接昆仑。若还下到三更后，仿佛填平玉帝门。

体验中华优秀诗歌

大意

  雪越下越猛,只看到天地间雪片速坠,严寒袭人,昏蒙一片。须臾之间,四野遍白,不辨路途所在。转眼之际,山峦只剩一片银白,哪里还有山的形象?这银装玉砌的世界,远远望去,似乎跟昆仑山相连。这雪如果下到三更之后,大概连玉帝的门都要填平了吧!

  东京八十万禁军教头林冲,武艺高强,家庭和美。不想高俅高太尉的干儿子高衙内看上了林冲之妻。林冲的好友陆谦和高衙内的帮闲富安助纣为虐不成,竟唆使高俅陷害林冲,故意派人招引林冲带刀进入白虎堂,想置林冲于死地。幸遇耿直好善的孙孔目仗义执言,使府尹将林冲刺配沧州,却又遭陆谦拿金钱贿赂公人,意欲于途中杀害林冲。幸遇鲁智深营救,又得柴进资助,林冲方能到得沧州牢城营。而陆谦、富安二人竟然再次买通牢城的管营、差拨,意欲将林冲烧死在草料场,没想到反被夜宿于山神庙的林冲偶然听知他们合谋毒害自己的密计。于是,忍无可忍的林冲怒火中烧,不可遏止,冲出庙门,除掉恶人。之后,林冲一路提枪而行。

  此时此地,此情此景,作者让雪猛烈地飘落。这雪还是之前的雪,却不再如之前的雪"正下得紧""到晚越下得紧了"。那时的紧,让人仿佛想见雪之密、雪之速、雪之急,想见即将遭遇恶人陷害的林冲的命运,让人内心纠结。而此时此地的林冲在雪地上前行,看到的却是猛烈的大雪:

  那大雪弥天漫地,将天地罩于雾蒙蒙的昏暗之中,一如那个奸佞当权、良民被逼得无以为生的社会!那大雪凝就了摆不脱的寒冷之气,一如林冲内心被这险恶的世界冰得一无热气!

  抬头看去,空中的大雪依然纷纷而降。在百姓眼中,这是来年五谷丰登的祥瑞之兆；在林冲眼里，这是除恶之后人生重新开始的瑞兆吗？

转眼间，四野茫茫，千山万峦银白一片。这素银白玉裹就的世界啊！你似乎与那高高的住着神仙的昆仑山相接，可那神仙世界远在不可知的高处啊，如何能够接近？

这不住飘飞的雪啊！你莫非还要下到三更以后？你难道还要把玉帝的门填平不成？

连玉帝的门都填平的话，林冲又能走向哪里呢？

林冲只是茫茫然地提枪往东而走。他有家，可是以此被诬陷罪之身，如何能回？他有国，可是国中当权的高俅及其为虎作伥的手下却一而再再而三地要他的命啊！更何况，眼下所除之恶，正是当权者眼中的红人！

作者就这样让那雪从紧变猛，落向人间，让雪的洁白反衬着小说中社会的丑恶，让雪的猛烈昭示着铲除邪恶的力量。而除掉恶人的林冲，在那时那地，却有家难回，有国难奔，无路可走……

雪满千山门何处？对林冲而言，只能是走投无路往梁山！

"若还下到三更后，仿佛填平玉帝门"两句运用了怎样的表现手法，有什么表达效果？

解答示例

"若还下到三更后，仿佛填平玉帝门"两句运用了虚构与夸张的表现手法，突出表现了雪下得很大并且持续时间很长，也暗含了林冲此时走投无路的悲愤无奈的情感。

（发表于2017年第1期《作文》，有改动）

第五节　风烟起处有佳景

绝顶风光无限奇
——王褒《云居寺高顶》赏读

云居寺高顶
（北周）王　褒

中峰云已合，绝顶日犹晴。
邑居随望近，风烟对眼生。

在战乱频仍的南北朝时期，王褒出生于南朝，成长于南朝，做官于南朝，却在南北朝的战乱中被迫羁留北朝，然后做官于北朝，最终卒于北朝。南北环境的变迁也让他的诗风发生了深刻的变化：一洗宫体诗的绮丽之风，而显苍劲悲凉之气。这首写于他在北朝仕宦期间的《云居寺高顶》一诗，透显的便是此种气概。

诗从中峰云雾会合之景落笔，凌空而起，夺人眼目，自是不凡。惟有到高顶之上，方能俯瞰中峰云雾聚拢之状。所以起句暗扣题目中"高顶"二字。想必题目中所提及的"云居寺"也便在这中峰云雾出没之处了。从高顶下望，云雾已经呈围合之势了。可以想象中峰一带云裹雾绕的阴沉之状。诗人的内心是否也蒙上了阴阴的云影呢？

但是接下来，诗人却将绝顶的晴明之景推到了读者眼前：看，绝顶之上，日光万丈，还是朗朗晴天哪！

盛唐时期伟大的现实主义诗人杜甫年轻时所写的《望岳》一诗中曾用"阴晴众壑殊"来表现泰山的壮观，然而怎么个"殊"法？这五个字并未直接显现其状貌。王褒诗中"中峰云已合，绝顶日犹晴"描摹的阴晴变化之景则可做此句的注脚。

诗的前两句里，一"已"字引带之下，一"犹"字凸显之中，云之合与日之晴便形成了鲜明的对比。

大自然将如此奇美壮观的景象呈现在诗人眼前，而诗人仅用十个字便描摹出了这等奇丽之景：阴暗与晴明的交相映衬，中峰与绝顶的高低不同，在身处绝顶的诗人心中碰撞交织⋯⋯

此时诗人的内心该是怎样的一种况味呢？

诗人的心事不见，只见诗人的眼光再次投向绝顶下的远方：远方城镇的居所随着视线所及似乎变得很近了：屋顶在眼，幢幢间间。诗人想从中找到自己平日所居之处吗？然而此时，风拂过，烟飘至，眼前顿时风烟弥漫，邑居不见⋯⋯

诗句到此戛然而止，却留下不尽的回味于诗间：一山之间，而阴晴有别；随望所及，而乍现乍隐。在大自然的奇谲变化之外，诗人还想表露什么？是想表明人世间南北分裂的局面亦如这中峰与绝顶一般阴晴两重天吗？是想表现自己渴望回到南方家园而不得的苦闷之情吗？

绝顶风光无限奇。诗人只是将这奇谲的风景在短短的20字中描摹出来而已，何曾透显多少情感？然而这样独特的景象，却引人思绪翩飞：人间的沧桑或如此景，世事的莫测当如此景，心愿的难了当如此景⋯⋯

南宋诗论家严羽在《沧浪诗话》中评价盛唐诗人的妙处："如空中之音，相中之色，水中之月，镜中之象，言有尽而意无穷。"宋代诗人梅尧臣认为，诗人能"状难写之景，如在目前；含不尽之意，见于言外"，"然后为至矣"。这首诞生于诗歌之花璀璨盛放的盛唐之前的南北朝时期的小诗，却也颇富这样的意蕴无穷之妙。诗人截取的不过是登上

体验中华优秀诗歌

绝顶之后所见的变化之景象而已,却可以让读者从中透视出诗人情感的起伏跌宕之变——由沉重到明朗,从喜悦到惆怅……还可以让读者透过大自然奇诡的景象感受到人世间莫测的沧桑巨变……言浅近,而味深厚,苍劲悲凉之气蕴于其中。

结合全诗和你的生活体验描绘"风烟对眼生"让你联想和想象到的画面。

解答示例

从云居寺高顶望去,只见袅袅的烟雾随风升腾,飘卷起舞,像画一样展现在眼前,刚才所见的邑居全都隐在烟雾迷茫之中,不见踪影了。

(发表于2016年5月2日第17期《语文报》,有改动)

第六节 花的心事有谁知

绝世秀色谁为传
——李白《古风(其二十六)》赏读

古风(其二十六)
(唐)李 白

碧荷生幽泉,朝日艳且鲜。
秋花冒绿水,密叶罗青烟。

第一章 自然美景篇——四时风光入眼新

秀色空绝世，馨香谁为传？
坐看飞霜满，凋此红芳年。
结根未得所，愿托华池边。

这首以"古风"为题的古体诗，实可看作一首咏荷诗。

看，荷叶片片碧绿，生自深幽之泉。在明媚的朝阳映照之下，朵朵荷花娇艳鲜润，夺人眼目。

时令已至清秋，绿幽幽的水面之上，愈显亭亭上长的花朵颜色之丽；密密的碧叶之上，淡淡地弥漫着青色的薄雾，仿佛给美丽的荷花们披上了一层朦胧的轻纱。

看到幽泉上如此冠绝人世的娇荷秀色，大诗人李白不由心生感慨——在这样的幽僻之地，如此的绝世秀色不是在白白虚掷自己的美丽吗？她清雅的芳香为谁弥散？转眼间就会看到飞霜满地，转眼间这些红艳艳的花儿就会在岁月的流逝中枯萎、凋零。唉，遗憾哪！这些秉持着绝世之美的花朵啊，所生非地呀！真希望她们能够生长在世人得以欣赏其美的芳华之池边。

读到这里，如果你只是和诗人一起看到荷之美，只是和诗人一起慨叹荷花托身之地的幽僻、荷花之美与花香之不传，只是和诗人一起希望荷花生长于繁华之地，得到更多人的称赏，那么，你就仅只是和诗人一起赏了赏花而已，发了点感慨而已，你还未曾走进诗人的心灵深处。

诗人的内心如何？元代萧士赟说："此篇荷花与华池，比也。谓君子有绝世之行，处于僻野而不为世所知，常恐老之将至，而所抱不见于所用，安得托身于朝廷之上而用世哉？是亦太白自伤之意也欤！"此为走进诗人内心者之语也。

是的，你若从"荷花"的"绝世""秀色"中读出李白的绝世才华，你若从"空绝世"与"谁为传"中读出李白"履洁怀芳"而不得安身立

体验中华优秀诗歌

命之处的自伤,你若从"华池"中读出李白思遇明主而成就功名的入世之意愿,你便从表面的"碧荷"之绝世秀色走进了诗人的心灵深处了,你便看到了诗人"比兴"手法中内在的意蕴了。

然而,若止于此,你又何尝品咂出此首题为古风实为咏物的诗歌更为丰厚的意蕴了呢?

你要打通你的思维之路,你要从拥有绝世秀色的荷之不遇想到李白的绝世才华不得遇,你还要从中体味到无数像这拥有绝世之秀色的荷、像这拥有绝世之才华的李白一样的贤哲之士,不遇的悲凉……于是,你的思绪便会由诗中心的"荷"一圈圈荡漾开去,荡漾开去,你或许会想到李白之前的有不世之才华与高洁之品行的屈原,想到东晋末年那个动乱的年代里不与世同浊的高蹈远举的陶渊明,想到与李白同一时代的才华同样卓绝也一样落魄潦倒却至死不忘"致君尧舜"的杜甫,想到那个差点因诗歌而被置于死地的苏东坡,想到那个一心谋求收复大业却几乎被闲置至死的英雄词人辛弃疾……你的情怀也便会在诗句的滋润下澎湃,在澎湃中低回,在低回中丰富……

"秀色空绝世,馨香谁为传"抒发了诗人怎样的情感?

解答示例

"秀色空绝世,馨香谁为传"抒发了诗人对像荷花一样空怀绝世之才而得不到赏识、称扬的叹惋之情。

(发表于2014年11月3日第41期《语文报》,有改动)

第一章 自然美景篇——四时风光入眼新

月色清明花无影
——张先《木兰花·乙卯吴兴寒食》赏读

木兰花·乙卯吴兴寒食

(宋)张　先

龙头舴艋吴儿竞,笋柱秋千游女并。芳洲拾翠暮忘归,秀野踏青来不定。　行云去后遥山暝,已放笙歌池院静。中庭月色正清明,无数杨花过无影。

听,鼓声咚咚敲得欢,喊声阵阵响得亮,艘艘龙船争向前!

长长的河道上,一艘艘蚱蜢似的龙船上,一名名青年男子正使出浑身劲头齐心协力划着桨,向前,向前,快向前!划到前面的,个个脸上笑开颜;落在后面的,人人鼓劲向前赶……鼓声、喊声、划桨声,声声震撼;人影、船影、云天影,影影动人。

九百多年前吴兴的寒食节,就这样以热闹的形式开场了!

这惊天动地的欢快场景不只吸引了无数观赛的人们。那青青的高山似乎也加入了助威的队伍,那河里跳跃的水花仿佛也期待着看到最终竞赛的结果……

已经年过八十的老诗人的内心深处,也被这鼓点激荡起青春的豪兴,走进吴兴的春天里了吧?

是的,春天已经将吴兴打扮得花枝招展的了。

草绿绿,花艳艳,枝繁叶茂,鸟儿啁啾。踏青游春的人们三三两两点缀在长长的堤岸上,徜徉在绿草香花间。游人的脸上盛开着花一样灿烂的微笑，游人的衣裳鲜亮着花一样动人的颜色……

自在地走着，随意地谈着，开心地笑着。就这样走着谈着笑着的时候，眼前忽然飞过一架秋千，耳边飘来清脆的笑声。原来，有不少美丽的女孩子们正在这里荡秋千玩呢。那竹制的秋千上，双双轻盈的倩影正飞来飞去，衣裙飘飘，笑声琅琅。

荡秋千的乐在其中，观看荡秋千的也欢欣不已。

欣赏着那欢快地飞跃在青枝绿叶间的身影，八十多岁的老诗人可否回想起自己年少时期在这样的节日荡秋节的潇洒英姿？

沙洲上鲜花盛开，郊野中绿草如茵。花香草香，在春风里酝酿成醉人的气息，让前来采集百草的女子们忘记了暮色中的家园，迟迟不愿踏上回家的路。

太阳渐渐西移，光线慢慢暗淡。还是有轻轻的脚步声在这秀丽动人的画面之中回响。这画面中应该也有诗人流连忘返的身影吧……

可惜沉沉的暮色已经让那些美丽的女孩子们像云朵般飘散于无尽的空茫之中了，远远的山峦也已经披上暗幽幽的衣裳。悠扬的琴声已息，动听的歌声不再。曾经欢笑喧闹得似乎要沸腾的院子现在正乖乖地在夜色中安静着，仿佛是在闭目养神。而那一池不再有谁来顾影的清水，则正在春天轻柔的风中无声地微笑，漾起圈圈笑纹，装点这静谧的夜晚……

这个寒食节的夜晚是寂寞的吗？

不！已经有清亮的月辉来光顾这宁静的夜色了！

看，院子当中已经有月亮画就的形状各异的影子：树枝的、花朵的、房子的、诗人的……这些影子在微风中变幻出动漫的效果，与满地清明的月色交相辉映，构成了一幅动人的中庭月夜图。

大概是觉得这样的图画还不够生动，调皮的春风开始请出朵朵形如丝绸、轻若无物的柳絮，在月光中漫天飞舞，舞得轻盈，舞得自在，舞得看不出一丝月光下的影子……

这无影的柳絮之舞可曾惹出年迈的诗人飞扬的思绪？

当然！要不，怎么会有这么动人的一首关于吴兴寒食的词作呢？

九百多年前吴兴的寒食节，就这样以热闹的形式开场，由轻快的秋千荡起欢快的旋律，让拾翠的女孩子与来来往往踏青的游人上演整整一天的出游之乐，更留下无尽的回味……

那么我们是不是得感谢这美好景象的大导演——已经八十多岁的北宋词人张先呢？

"中庭月色正清明，无数杨花过无影"描绘了怎样的景象，融入了诗人怎样的情感？

解答示例

"中庭月色正清明，无数杨花过无影"描绘了庭中月色清澈明亮，一团团、一朵朵形如丝绵轻若无物的柳絮在月色中随风飘扬，却看不到其影的景象，融入了诗人闲适、喜悦的情感。

（发表于2019年3月18日第11期《语文报》，有改动）

到底惜花不惜花？
——刘克庄《卜算子》赏读

卜算子
（宋）刘克庄[①]

片片蝶衣轻，点点猩红小，道是天公不惜花，百种千般巧。
朝见树头繁，暮见枝头少，道是天公果惜花，雨洗风吹了。

体验中华优秀诗歌

注释

① 刘克庄（1187—1269），南宋词人，字潜夫，号后村居士，福建莆田人。他的词作，大多洋溢着浓郁的爱国情怀，以豪放的风格见称于世。

是蝴蝶的纱衣？片片轻盈，似要乘风飞舞。是鲜艳的胭脂？点点红晕，小巧可爱。谁说天公不惜花？你看、一朵一朵，大小各异，色调有别，花瓣精致，百样娇媚，千种秀雅。若非天公爱花，怎会让这花儿如此多样，这般动人？

清晨阳光下，树上繁花照眼明；傍晚暮色中，枝头叶肥花却瘦……你说这天公果真爱花的话，怎么这些花会让雨洗、让风吹，眨眼间，就见不到多少花影了呢？

周密所编《绝妙好词》中，此词题为《海棠为风雨所损》。当那迅猛的暴雨接连砸在花枝上时，当那狂烈的大风肆意揪扯花瓣时，那曾经在阳光下轻盈如蝶鲜红似火的海棠花，瓣瓣飘坠，朵朵香消，一树繁花，只剩空枝……诗人则由赏转爱，因爱生怜，由怜生疑：天公到底是何等心意——怎么能有如此丰富、巧妙、强大的创造力，创造出让人叹赏不已的至美花朵？却又忍心施以残酷无情的极大破坏力，将自己创造过的美破坏殆尽？天公到底是惜花呢，还是不惜花呢？

其实，无论天公惜花否，花的美丽与凋零，总能让人感受到美景的短暂与自然的无常，从而让人产生对美与生命的珍重及珍爱之情。

川端康成在《花未眠》中写自己："凌晨四点醒来，发现海棠花未眠"，"觉得它美极了"。他文中写："如果说，一朵花很美，那么我有时就会不由得自语道：要活下去！……自然总是美的。不过有时候，这种美只是某些人看到罢了。"

是的，自然中总有美在，即如那"片片蝶衣轻，点点猩红小"的海

棠。而作者的眼睛不只能捕捉到其美，还能感受到这美消殒的伤悲。因为他还有一颗悲悯的仁心。花的美丽可以让人欣赏，可以给予看到这美的人活下去的力量；花的凋零则会让人伤怀，让悲悯这凋零的人珍惜眼前的自然美，珍爱有限的人生。

川端康成在文中写："自然的美是无限的，人感受到的美却是有限的……"

其实，如果从狭义的角度来看：短时间内，花的美是有限的——风雨无情，春花转眼即凋零。然而，人却可以让这有限的美走向无限的永恒。像画家那样，用画笔描摹其美，像诗人那样，借文字描摹其美，自然美不就有永恒的机会了吗？就像这首精巧动人的词能一直流传下去那样。

那么，天公惜花还是不惜花，又有什么要紧？只要人有惜花意，只要怀有仁者心，只要能珍爱有限的生命，美就会永在人心，常在人世。

作者认为"天公""不惜花"还是"果惜花"，为什么？

解答示例

看到精巧的花瓣像蝴蝶一般轻灵，一般鲜艳美丽，作者认为天公是惜花的；看到傍晚时早晨的一树繁花经过雨洗风吹已变得稀少，作者便认为天公不惜花。

（发表于2017年第5期《作文》，有改动）

第七节　一轮明月清如水

弦月高悬满青天
——杜甫《月》赏读

月①

（唐）杜　甫

万里瞿唐月，春来六上弦。
时时开暗室，故故②满青天。
爽合风襟静，高当泪脸悬。
南飞有乌鹊，夜久落江边。

注释

① 诗为大历二年（767年）六月初旬所作。
② 故故：常常，频频。

写这首五律时，杜甫已经走到了人生的第五十五个年头，却依然漂泊流离，困居夔州。

首联告诉我们，这年（767）的六月初旬，万里漂泊来到瞿塘的诗人，仰望头顶如钩之月，不由感慨：从今春以来，已经是第六次见到这样的上弦弯月了。这钩弯月不只一次见证了诗人的漂泊流离，目睹了诗人的忧苦难眠。此时，诗人与弯月默默对视，诗人万里漂泊的苦楚、时不我待的酸辛,弯月都感应到了吗?

弯月无语,而诗人有感。于是,颔联里,诗人似乎在对月低语:你的清辉常常能给阴暗的屋子带来光亮,你的银光屡屡洒满深蓝的天幕。而这清辉,这银光,带给诗人究竟是怎样的况味呢?

颈联里,诗人运用了变序的语言向我们传达了这一况味。将这十个字还原过来,应该是:合风襟爽静,当泪脸高悬。这是一个多么清爽宁静的月夜啊!但是,那高高悬挂于深蓝天幕的弯月啊,照见的为什么是诗人老泪纵横的面容呢?

在尾联,诗人让我们看到了这样的场景:从南边飞来一只乌鹊,在这深沉的夜晚,孤独地栖息在清冷的江边。时隔一千多年,我们无须追问当时已经老弱多病的诗人是当真看到了一只深夜孤栖的乌鹊,还是在那个孤独寂寞的月夜幻想自己如同一只深夜孤栖的乌鹊,因为那种悲凉孤寂的况味已经借助那年的那弯上弦月浓浓地传递了一千多年,并且还将永久地传递下去。那是一只怎样的乌鹊呢?它从曹操的《短歌行》中飞来,曾在"月明星稀"之夜,向南而飞,它曾经"绕树三匝",而不知"何枝可依",但那时的它还能得到如山"不厌高"、如海"不厌深"的周公般的曹操的欢纳啊!可现在,它只能于夜久之时,孤栖于偏远的瞿塘江边,"无枝可依"也无枝能依。这是何等深沉悲凉的孤独啊!当诗人的人生之烛已经濒临最后的闪亮的时候,他的一腔报国之志最终也如这江边的乌鹊一般鼓着"可依"的希望之帆却很难再有"可依"之希望,只能对月洒泪,孤"落江边"……

1. "时时开暗室,故故满青天"描绘了怎样的景象?这联诗在结构上有什么作用?

2. "南飞有乌鹊,夜久落江边"运用了怎样的修辞手法,表现了诗人怎样的情怀?

解答示例

1. 这联诗描绘了月光常常照亮阴暗的房屋、总是洒满深蓝的天幕的景象。这联诗在结构上承接上联"春来六上弦",对所见上弦月展开细致的描绘,同时为下联的抒情做了充分的铺垫。

2. 这两句诗运用了化用诗句及借喻的修辞手法,化用曹操《短歌行》中"月明星稀,乌鹊南飞,绕树三匝,何枝可依"的诗句,表现了漂泊流离的诗人孤独寂寞、志不得伸的悲苦之情。

(发表于2013年第5期《作文》,有改动)

青枫白水月明船
——杜甫《舟月对驿近寺》赏读

舟月对驿近寺①

(唐)杜 甫

更深不假烛②,月朗自明船③。
金刹青枫④外,朱楼⑤白水边。
城乌啼眇眇⑥,野鹭宿娟娟⑦。
皓首江湖客⑧,钩帘独未眠。

注释

① 选自《杜甫诗歌精选》。此诗当作于大历三年(768年),作者乘船东下时于舟中对月而作。对驿近寺,是说小船对着驿站,靠近寺庙。
② 不假烛:不借烛光来照明。

③明船：是说月光照亮了船舱。
④金刹：指佛寺宝塔。青枫：苍翠的枫树。南方江边多种此树。
⑤朱楼：指驿站。
⑥眇眇：形容啼声细小，隐约。
⑦娟娟：姿态柔美的样子。
⑧江湖客：浪迹江湖的人，诗中为作者自称，其中蕴含身世慨叹。

　　这首五律写于诗人暮年乘船漂泊之时。那时，小船暂泊，夜色已深，皎月入舱，寺静楼寂，乌啼隐约，鹭宿安稳，唯有苍颜白发的诗人，难以成寐，独自出舱，卷帘望月……

　　诗的首联便告诉读者：此时已经到了深夜，朗月清辉，遍洒人间；不需烛光，船中自明。但我们不应该问一问为什么只有诗人能清醒地沐浴那一晚已到深夜的皎皎清辉吗？或许那一夜，也只是诗人无数个失眠之夜中的普通一夜罢了。只不过，那晚的月色太过清明，格外美好，以至于让诗人不由得便步出船舱，放眼四望。

　　于那夜的明月之下他望到了怎样的景致呢？

　　看颔联：青青的枫林外是那金光闪烁的佛寺宝塔，泛着银白光辉的水波边是驿站里那朱红色的小楼。它们都在这皎洁的月光抚慰下静静地安睡着。

　　听颈联：隐隐约约从城里传来的乌鹊的啼声，还是那只寻找"可依"之枝的"乌鹊"吗？用心聆听的诗人好像没能捕捉到乌鹊的身影。而收回视线，他却看到了岸边安然卧宿的野鹭：那羽毛柔顺的野鹭睡得好香甜哪，偶尔发出的窸窣声应该是它梦中的呓语吧？

　　睡不着的恐怕只有浪迹江湖白发满头的诗人了！在尾联里，诗人说，在这个月明星稀的夜晚，坐在帘儿高挂的船舱之内，难以成眠。无眠的诗人在那个皎月朗照的夜晚，在青灯古刹的驿站，想些什么呢？想国事未安？想亲朋离散？想壮志难酬？想人生苦短？……

体验中华优秀诗歌

1. "金刹青枫外,朱楼白水边"有怎样的表达效果?
2. "皓首江湖客,钩帘独未眠"表现了诗人怎样的情怀?

解答示例

1. 这两句诗从视觉角度描绘了皎洁的月光之下青青的枫林外佛寺宝塔似乎被镀上了闪烁的金光,朱红色的驿楼旁水波泛着银白光辉的景象。所选用表现颜色的字眼"金""青""朱""白",极其鲜明,突出表现了月色的明朗以及月下景象的美好。

2. 这两句诗表现了浪迹江湖的诗人忧苦难眠的孤独寂寞之情。

(发表于2013年第6期《作文》,有改动)

幽人独夜山吐月
——苏轼《江月五首(其二)》赏读

江月五首(其二)
(宋)苏 轼

二更山吐月,幽人①方独夜。
可怜人与月,夜夜江楼下。
风枝久未停,露草不可藉。
归来掩关卧,唧唧虫夜话。

注释

① 幽人：幽居之士。

这首诗的写作时间大约在绍圣二年（1095年），此时的苏轼被贬至惠州。其时，其地，其心，若何？于诗中可见。

这首五律从二更写起：当夜幕降临，远处山峰起伏的轮廓线上，清亮的月儿款款现身，好像大山微微张开嘴儿，将之轻轻吐出一样。

就在这样的山形月辉之下，"幽人"的形象出现了。这个幽居之士在这有月亮的夜晚跟月亮一样孤独着。就像诗人在他的另一首诗中所写的那样："谁见幽人独往来，缥缈孤鸿影"，如孤鸿般独往独来。

接下来，在诗的颔联，诗人用"可怜"一词，直接点出了自己对那人与那月的怜惜之情：那个幽独的人啊，那轮幽独的月啊，一夜又一夜，就在这江楼之下，孤独地徘徊着自己的徘徊，忧伤着自己的忧伤，皎洁着自己的皎洁，清亮着自己的光辉，无人理解，有谁欣赏？

有谁欣赏那个如月般高洁幽独的人呢？颈联里说，那风吹拂下的树枝久久地停不下来。唐朝的戴叔伦在《客夜与故人偶集》诗中写道："风枝惊暗鹊，霜草覆寒蛩。"在这样动荡不定的树枝之上，什么样的鸟儿能够安栖？在这样动荡不定的环境之中，什么样的心灵能够安适？而那草地上闪闪的露水啊，即便能回映天上清清亮亮的月之光华，又能凭依多久呢？

于是，诗人在尾联写道，回来掩关独卧，耳旁唯有虫声唧唧，热闹地夜话。但热闹是虫儿的，诗人有什么呢？诗人什么也没有。

诗人有的只是孤独而已，只是如月儿一般的高洁而已，只是无以安定此身此心的深藏着的忧伤而已。

诗歌的颈联"风枝久未停,露草不可藉"两句中"风枝"与"露草"的意象有怎样的内蕴?试做赏析。

解答示例

"风枝"表面上指风吹拂下的树枝,结合诗人写作此诗时被贬、不被信任且听候安置的背景来看,实际象征不安定的环境;"露草"表面是指露水濡湿之草,实际则象征无法长久依靠的力量或环境,暗含着诗人在被贬之所孤独无依的悲苦之情。

(发表于2014年第10期《作文》,有改动)

团圆之意存心间
——《红楼梦》第四十九回中的诗歌《月》赏读

话说香菱见众人正在说笑,她便迎上去,笑道:"你们看这一首。若使得,我便还学;若还不好,我就死了这作诗的心了。"说着,把诗递与黛玉及众人看时,只见写道是:

精华欲掩料应难,影自娟娟魄自寒。
一片砧敲千里白,半轮鸡唱五更残。
绿蓑江上秋闻笛,红袖楼头夜倚栏。
博得嫦娥应借问,缘何不使永团圆!

众人看了，笑道："这首不但好，而且新巧有意趣。可知俗语说'天下无难事，只怕有心人。'社里一定请你了。"

大意

幼时被拐子拐去，后被卖给薛蟠的香菱跟随宝钗到大观园去住，见过众人之后，就忙着跟黛玉学诗。黛玉教她读诗、悟意，又以月为题，让她作诗。香菱苦思冥想，满心作诗，竟于梦中得了八句好诗，得到众人的佳评。诗中处处歌咏明月，咏月之清辉，咏月之孤寒，咏月光之下的人世凄凉，却又似处处在写自己，写自己的才貌之美，写自己的孤单凄寒，写自己不能与亲生父母相聚的悲苦，写自己渴望团圆的心意……

在香菱的诗中，月儿纯净动人的光辉清清悠悠，遍洒在空旷无垠的大地上。谁能遮掩得住呢？估计很难。

有谁会赏识月的清雅与美好呢？她孤独地彳亍于高远的天幕之上，清寂寒凉之意伴随那动人的月华洒向人间。

嘭，嘭，嘭嘭……人间捣衣的砧声处处响起。千里江色如白练，江畔洗衣人举起的捣衣槌，上上下下，舞着月辉，伴着月影，直至夜深……

夜已深，夜将尽，至五更，鸡高唱。那偏至西天的月儿似被五更时分那一声长长的鸡鸣惊得惨白，清辉渐消，半轮残存。

这长长的清秋月夜之中，何人无眠？

那披着绿蓑衣的老翁在江边垂下长长的钓丝，耳畔响起的是谁家的玉笛之声？那高高的楼头孤独地倚在栏杆旁的袅娜身影，静静地沐于月辉之中，心中贮满了怎样的期待与忧伤？

那高高孤悬的月轮中美丽的嫦娥仙子何在？若能见到那个永葆青春

的仙子啊，一定要问一问她，为什么不让月儿长圆不缺呢？为什么不让人间离散的人家团圆呢？

多么动人的一问！问得新，问得巧，问得富有意趣：问出了香菱的心声，问出了天下渴望团圆者的心声。

香菱还能记起幼时那个元宵夜吗？热闹美丽的社火花灯中，被放在人家门槛上坐着的小小的女娃儿，转眼之间，就消失在茫茫人世间，连同那个引人怜爱的"英莲"之名，再也不能听到父母提起。

跟随拐子生活的岁月里，她的人生经受了多少人世的苍凉？在被拐子一卖再卖的际遇里，她的内心注入了多少失去自由的悲哀？跟随"呆霸王"薛蟠的日子中，她又如何让自己伤痕累累的内心不断生长着温润美好的诗意？而她的心底深处，可还留有那个慈祥和善的父亲甄士隐的影子，可还留有牵挂她的封氏母亲的爱抚？而那个因她丢失而无颜见其父母的霍启啊，又飘零在人间的哪个角隅？

渴盼团圆的心意就这样融进这首感人的咏月之诗，让人回味不尽……

结合《红楼梦》中香菱的身世回答，"博得嫦娥应借问，缘何不使永团圆"两句隐含了作诗人怎样的遭遇，抒发了怎样的情感？

解答示例

"博得嫦娥应借问，缘何不使永团圆"两句隐含了香菱年幼即被拐子拐走跟父母离散的遭遇，抒发了她渴望与家人团圆的情感。

（发表于《作文》2016年第6期，有改动）

第八节 青山常在仁者心

登楼含笑对君山
——黄庭坚《雨中登岳阳楼望君山（其一）》赏读

 读一读

雨中登岳阳楼望君山（其一）
（宋）黄庭坚[①]

投荒[②]万死鬓毛斑，
生入瞿塘滟滪关[③]。
未到江南先一笑，
岳阳楼上对君山[④]。

注释

① 黄庭坚（1045—1105），洪州分宁（今江西修水县）人，北宋文学家。
② 投荒：作者曾在四川谪居六年。
③ 滟滪关：瞿塘峡口的险滩。
④ 君山：在洞庭湖中。

 品一品

这首七绝的题目告知我们的信息有环境——雨中，有事件——登岳阳楼望君山。

体验中华优秀诗歌

有注本谓此诗为黄庭坚"往分宁时途经岳州作"。分宁是作者的家乡。诗人曾于1095年被贬到四川涪州任职；1100年始得放还。多年谪居一朝回，可想而知，诗人的心情应该不会平静。后人在《山谷先生年谱》中记载，连续多天的阴雨阻挡了诗人的行程。而此行经过李白、杜甫、范仲淹等先贤题写诗文的岳阳楼自然会引发诗人登楼之兴，楼前洞庭湖中的君山也必然会入诗人之眼。于是，雨中登楼望山便成了诗人情感迸发之因。

诗歌第一句便包蕴了深深的沧桑感：回想自己被投放到偏僻荒远的地方，经历万死一生，备尝多少艰险？时光匆匆过，鬓毛今已斑；往事不堪回首，而生命已现老态……多么沉重的情感！

接下来，诗人则让我们跟着他的记忆返回沿途经过的瞿塘滟滪关：长江三峡之一的瞿塘峡，两岸悬崖，峭壁竖立，水流湍急，其险可知。瞿塘峡口的滟滪堆，更以险著称。有《滟滪歌》写道："滟滪大如象，瞿唐不可上。滟滪大如牛，瞿唐不可留。滟滪大如马，瞿唐不可下。"而自己还能活着经过滟滪关，又是何等之幸！东汉时任西域都护的班超年老思乡，给皇帝所上疏中有"臣不敢望到酒泉郡，但愿生入玉门关"之句，抒其渴望回乡之念。诗人在此亦用"生入"二字，不也包蕴了浓浓的思乡之味吗？而诗人不只"生入""滟滪关"，而且"生出""滟滪关"，于是诗句也暗含着一种如愿之喜。

接下来，诗歌从第三句陡然一转，奇境顿现：虽然还没有回到江南，但已可先发一笑；此时已登上先贤登过的岳阳楼，放眼远望，君山在眼……

多么晴朗的"一笑"！让过往的"万死"之险全都化为云烟！给今后的归途带来希望：哪怕山长水远，经历过"万死"的我又有何惧？

这首小诗，也因这"一笑"而别具一种阳光的味道。

第一章 自然美景篇——四时风光入眼新

　　此诗的第三句写到"未到江南先一笑",这个"笑"字传达了诗人怎样的情感?请结合诗意简要回答。

解答示例

　　诗中的"笑"字传达了诗人对自己能生还家乡的欣慰之情、抹去往事辛酸的旷达情怀,以及对今后的人生怀有美好期待的情感。

（发表于2014年第12期《作文》,有改动）

第二章
人生感悟篇——玉铸心魄梅为魂

"瞻彼淇奥，绿竹猗猗。有匪君子，如切如磋，如琢如磨。"(《诗经·卫风·淇奥》)一位谦和温润的君子，从弯弯的淇水边，从青青的绿竹林，静静地走出来了！他的学问在切磋中越发渊博，他的品德在琢磨中愈见高洁……

对君子人格的追求，是《论语》的要义之一。君子的形象应该是怎样的？孔子给出的回答非常丰富：君子是"不器"的，是"喻于义"的，是"坦荡荡的"，是"不忧不惧的"，是"博学于文，约之以礼"的，是"文质彬彬"的……

《礼记》记载，"君子比德于玉焉"。是的，君子是以玉为魄、以梅为魂的！君子有玉的温润、梅的坚贞，有玉的谦和、梅的傲岸，有玉的高洁、梅的芳馨……

这样的君子哪里可见？从史册上可见：孔子、屈原、杜甫、苏轼……从诗文中可见：当仁人志士将他们的人生感悟发而为诗的时候，诗中便流溢出君子人格的魅力……

体验中华优秀诗歌

第一节　书卷多情似故人

别有春色溢书外
——于谦《观书》赏读

观　书

（明）于　谦①

书卷多情似故人，晨昏忧乐每相亲。
眼前直下三千字，胸次全无一点尘。
活水源流随处满②，东风花柳逐时新。
金鞍玉勒寻芳客，未信我庐别有春。

注释

① 于谦（1398—1457），字廷益，号节庵，明代诗人。
② 活水源流：由朱熹《观书有感》（其一）中的诗句"问渠那得清如许，为有源头活水来"化用而来。

当清晨的阳光洒向诗人的庭院，当余晖留下一缕灿烂，他手中的书卷总是不舍他凝注的双眼；烦忧时，书卷中一行行文字似乎能抚平他紧皱的双眉；快乐时，他似乎能感受到文字之中浮动着的轻快的音韵……

当数千汉字如瀑布般从眼前飞流直下的时候，仿佛澡雪一般，胸中所有的尘滓似乎都被一洗而空！这次第，怎一种清爽了得？

每打开一本书，就好像挖开一道清渠一样，天光云影就在这清渠中表演着动人的风光。当一道道清渠随着打开的一本本书被挖通之后，那随处涌动的流水映现的是多么绚烂的风景啊！

当东风柔柔地拂过垂柳的时候，当春阳暖暖地抚过鲜花的时候，那垂柳便摇曳着别样的风姿，那鲜花便绽放着别样的妩媚。大自然的美丽总是在一年当中的春季鲜亮登场。而书呢？书中时时处处都有明媚的春光，都有绚丽的风景，都有无穷无尽的动人与美好……

那些金鞍玉勒装饰的宝马之上的权贵之人，每每出外寻觅花开似锦的盛景，他们不会相信诗人的书房里另有一种人间找不到的大好春光！

书中别有春光在，别有春色溢书外！

看，读书，就是这样能带给人无尽的美好！

是啊，那无言的书卷能时时处处与你相伴，解你之忧，享你之乐；能让你心中的尘垢在文字的淋浴中一洗而空；能在你的眼前涌现大千世界多样风光；能让动人的春光时时再现，不管当下是秋还是冬……

当我们像于谦一样，沉浸于书中的世界时，不也能领略到无尽的春光吗？

应该是那朝夕相伴的书卷，洗出了于谦刚直不阿的品性，给予了于谦匡扶时局的智慧，留住了于谦千古不朽的美名……

是啊，与好书相伴，能沐浴友爱的温暖；与好书相近，能洗出纯净的心灵；与好书相亲，能感受到无时无处不动人的大好春光……

那还等什么？打开书，读吧！

在你的阅读经历中，哪一本书曾经让你深受感动？写出这本书带给你的美好感受吧。

体验中华优秀诗歌

解答示例

  在我的阅读经历中,《大地的儿子》曾经让我深受感动。读这本书,我感受到了周恩来总理年少时勤俭好学的品质,我感动于他"为中华之崛起而读书"的远大志向以及他"鞠躬尽瘁,死而后已"的精神……我的心中从此留下了周总理美好的形象。

(发表于2018年第5期《作文》,有改动)

鸟声树影里,沧桑意无穷
——元好问《西窗》赏读

 读一读

西 窗

(金)元好问

西窗鸟声千种好,树影离离动微风。
青山满前掩书坐,欲话怀抱无人同。
花枝不笑绿鬓改,尊酒自与黄金空。
少年乐事总消歇,落日澹澹天无穷。

 品一品

  "西窗"之题取自诗句之首,颇有《诗经》之余韵。

  "西窗"其实也可以看作诗人挑选的一个取景框!首先透过这个框的是动听的鸟啼声:啁啁啾啾,不绝于耳,千娇百柔,盈耳动心。肯定是这婉转的鸟鸣声叫醒了诗人的眼睛。于是,诗人让目光穿过了西窗:

第二章 人生感悟篇——玉铸心魄梅为魂

西窗外,近处繁茂浓密的树叶儿,正摇曳弄影,在明媚的阳光下,在微微的和风里;远处连绵起伏的青山,高高地抬着线条起起伏伏的头,在这个框里,在繁枝绿叶的罅隙里,留下了他们伟岸的形象。

西窗外,声好景美。西窗内呢?

好吧,还是让我们随着诗人给我们选定的"西窗"的取景框向内看吧:窗内应该有一张垒着厚厚书本的桌子,其中一本打开的书正被反掩着放在桌上;桌旁呢?桌旁坐着的被鸟儿叫醒的诗人,已经将目光投向了"西窗"上方远远的青山映现的形象上。或许是远处的青山高大连绵的形象让诗人想到了自己心中高远的志向,触发了诗人倾诉的愿望,然而举目四顾,有谁能懂得诗人的志趣所在呢?

处身于金、元时期的诗人,写作此诗之时,应该经历了河山破碎之痛、逃难拘囚之苦,身为金朝遗民,在元朝统治之下,在自己的家乡,他立志保存金朝国史,编纂金代诗歌总集《中州集》和金代君臣言行录《壬辰杂编》。

这首《西窗》中的诗人形象,或许就是正在着手实现自己编纂故国诗文集之志的诗人形象。当西窗外动听的鸟声让诗人的眼光暂从书本外移,当婆娑的树影打动了诗人的心灵,当高远的青山在西窗外勾画出的轮廓引发了诗人"欲话怀抱"的意愿,"无人同"的孤独寂寞之感便随之而至。

在这种惆怅的心境中,看到窗外烂漫如笑的花枝,诗人感觉到的竟只是它们的严肃,并从它们青春的容颜中,意识到自己曾经如漆的黑发而今已经暗变为白;环顾四壁,樽中之酒与家中黄金一样,都空空如也。而年少时的欢乐之事也全都停留在往昔了。

现在呢?现在的诗人从西窗向外望去,红红的夕阳正悠悠然向西山那边缓缓坠落,长天寥廓,意蕴无穷……

诗人曾经以"一语天然万古新,豪华落尽见真淳"推崇陶渊明的诗。从这首题为"西窗"的七律诗里,你可否品味出鸟声树影山形中的"天然"之美?你可否感受到"无人同""绿鬓改""尊酒""空""乐事""消""天无穷"之中的"真淳"之意?

是的,西窗外风景天然美,西窗内"怀抱"见真淳!

体验中华优秀诗歌

从"青山满前掩书坐,欲话怀抱无人同"两句诗中,你读出了一个怎样的诗人形象?

解答示例

从"青山满前掩书坐,欲话怀抱无人同"两句诗中,我读出了一个面对青山掩书孤坐,想跟人谈谈志向却没有志同道合者的诗人形象。

(发表于2014年9月1日第33期《语文报》,有改动)

第二节 此情可待成追忆

溶溶月色淡淡风
——晏殊《无题》赏读

无 题

(宋)晏 殊

油壁香车不再逢,峡云无迹任西东。
梨花院落溶溶月,柳絮池塘淡淡风。
几日寂寥伤酒后,一番萧瑟禁烟中。
鱼书①欲寄何由达,水远山长处处同。

注释

① 鱼书：书信。

 品一品

这个相遇的故事很可能发生在春天：青青的田野之上，芬芳的花朵灿然盛放。当那辆油壁香车缓缓驶过花丛的时候，诗人的目光或许只是随意追了过去。恰在此时，车帘被纤纤素手撩起，令人惊艳的容颜凝住了无限春光；明眸闪动处，似乎一下子便摄走了诗人的魂魄；嫣然一笑后，车帘在风中荡漾成一种摇曳的风景，渐渐淡出诗人执著不移的视线……

又是一年春好处，油壁香车不知处。诗人将眼光投向远处。远处峡谷中飘飘摇摇的云朵，忽东忽西，转眼就不见踪迹，只留下一抹怅然在诗人眼里……

一轮清月升起，在庭院里与梨花相伴，散香弄影。淡淡的轻风拂过，调皮的柳絮儿追梦一般翩翩起舞，拿一池清水当镜子，顾影自怜，继而黏住清水，相依相随……

寂寥的依然是诗人。春色恼人眠不得，酒不醉人人自醉。醉中能得几时乐？清醒再度伤怀。何况时逢清明，不见烟火之气，唯觉冷落凄凉。

哦，不。诗人的心底依然有一幅暖暖的油壁香车图！那车中人儿美丽动人的形象深深地刻在诗人的记忆里，在诗人脑海中徘徊萦绕，让诗人难以释怀。要不，给她写封信吧！写一写自己对她刻骨铭心的思念吧！

然而这封信怎么送给她呢？她到底住在哪里呢？水缓缓地流向远方，山连绵不绝，静默不语，到处都是难以通达她所在之处的阻碍啊！怅惘之情，再度弥漫……

体验中华优秀诗歌

"无题"二字,蕴含了多少意在言外的追求美好人生的情感?

这首诗的最后一联写道:"鱼书欲寄何由达,水远山长处处同。"这联诗表达了诗人怎样的情感?你认为诗人最终会寄出这封鱼书吗,为什么?

解答示例

这联诗表达了诗人对鱼书难以寄达的怅惘之情。

我认为诗人最终不会寄出这封鱼书。因为从诗中可以看出他跟"油壁香车"中的女孩子可能只见过一次面,他应该不知道这个女孩子家住何处,只不过是借写信来慰藉自己罢了。(当然,也可以有不同的回答,能阐明其理即可。)

(发表于 2018 年第 6 期《作文》,有改动)

桃花杨柳莺声柔
——元好问《杨柳》赏读

杨　柳
(金)元好问

杨柳青青沟水流,莺儿调舌弄娇柔。
桃花记得题诗客,斜倚春风笑不休。

第二章 人生感悟篇——玉铸心魄梅为魂

品一品

春天的剧场已经拉开大幕!

看,首先上场的是青青的杨柳。只见她袅袅婷婷,随风起舞,缓摆柔腰,轻舒绿臂,或前或后,婀娜多姿。旁边淙淙流淌的沟水,是可以让她顾影自赏的镜面,让她时时看到自己柔媚的姿容;也是她常相为伴的乐师,做她曼舞时动听的伴奏。或许水中还偶有活泼泼的鱼儿,迷恋她动人的影姿,边游玩边回头……

不由想起贾平凹在《生活一种——答友人书》一文中开头的几句话:"院再小也要栽柳,柳必垂。晓起推窗,如见仙人曳裙侍立;月升中天,又似仙人临镜梳发。蓬屋常伴仙人,不以门前未留小车辙印而憾。能明灭萤火,能观风行。三月生绒花,数朵过墙头,好静收过路女儿争捉之笑。"在贾平凹眼里,杨柳一如仙人,晨光里拖曳裙裾,月色中梳理长发,美态尽情显现;还能让萤火虫明灭其间,让风儿的动静尽见眼前;而当柳絮飘飞之时,还能暂时留驻那些争捉绒花般的柳絮的女孩子的笑……

看来,杨柳确是春天的剧场上不能缺少的风景了!

不过在诗人元好问面前,这风景只是开场。

接下来,登场的是大自然的音乐大师黄莺儿。听!她已经本色出演了!只闻她调舌弄音,一声声,婉转娇柔,似乎在歌唱着春天的明丽,或者在赞叹着生命的美好。

在青翠的柳枝之上,应该不只一位大师在演奏吧?有两个黄鹂鸣于翠柳之上?抑或有三个、四个?

百啭千声,随意而发。没有金笼的约束,只有自然的宽广。在这水流树绿的清幽之地,有善良的诗人做唯一的听众,莺儿们的演出该多么随兴而动人啊!

先别忙着陶醉啊,还有一幕盛景正在演出。瞧!路边花团锦簇、粉面如霞的桃花姑娘们正在春风中微微而笑呢!风儿轻轻拂过她们的家

园，她们个个扬着粉嫩的笑颜，千般娇媚，万般旖旎。想象一下，如果将她们的笑声扩大无数倍播放出来的话，会是怎样的呢？嘻嘻嘻？咯咯咯？还是依旧为女孩子那种优雅的无声之笑？

这么动人的笑，因何而起？

诗人说，她们还记得那个题诗客啊！

是的，唐朝时那个叫崔护的题诗客，曾经在一个春风澹荡的日子里，经过长安城南一户人家。口渴欲饮，敲门求水。门开之后，送水给他的一位美丽的少女，掩映于灿若云霞的桃花丛中，注目于他，颇有情意。春去冬来春又至。等到第二年春天再次来临的时候，想起那位美丽的女孩子的崔护，故地重游，却只见桃花不见人。于是，他在这户人家的门上题诗道："去年今日此门中，人面桃花相映红。人面不知何处去，桃花依旧笑春风。"

而现在，站在美丽动人的桃花姑娘们面前的，则是金元时期的大诗人元好问。桃花姑娘们静静地笑着，笑着……是笑那位美丽的送水姑娘早已成为历史的过客了吗？是笑此诗人非彼诗人吗？是笑此诗人心中怀念之人已不能再成为眼前之人？还是笑物是人非之感，代代都有？

笑中意味自深深……

诗人元好问生活于金、元时期，金朝统治时期内忧外患交加，天灾战乱连年。亡国前后，诗人目睹过侵略者的杀戮暴行，体验过阶下囚的痛苦，可谓饱经患难，历尽沧桑。他的一部分诗作的风格颇具杜甫沉郁顿挫之风。而这首小诗，则清新明快，优美动人。诗中的花木禽鸟，别有一种生动鲜活的魅力。

这魅力应该就是大自然生生不息的力量之显现吧！

"莺儿调舌弄娇柔"一句引发了你怎样的想象？请将你由诗句引发的想象描绘出来。

解答示例

我仿佛听到莺儿娇美柔和的啼声,时而清脆欢快,时而轻柔舒缓,千变万化,婉转动听。

(发表于2018年3月5日《语文报》,有改动)

第三节 仁人志士堪与俦

石上孤松映寒流
——卢仝《逢郑三游山》赏读

逢郑三游山

(唐)卢 仝

相逢之处花茸茸,石壁攒峰千万重。
他日期君何处好?寒流石上一株松。

"啊?是你,郑三!真想不到,能在这里遇见!"
"哦?卢兄!原来是你!难得!难得!好久不见了!"
行走在空寂的山林深处,不期而遇的两位朋友脸上盛开着喜出望外的微笑,一如路边烂漫盛放的野花,暖意融融。
相互拱手作揖行礼之后,二人就近坐在笑盈盈的山花旁边,热切地聊起近况。

体验中华优秀诗歌

这是距今大约一千二百多年的一次出行相遇。遇见郑三时，名叫卢仝的唐代诗人大概正在他隐居的少室山中行吟。他原本是初唐四杰卢照邻的嫡系子孙。而今虽家贫屋破，却拥有满架图书。平日里，他刻苦攻读，写诗作文，乐在其中。

眼前的山野之中，花簇簇，草茸茸，树木丛生，溪水淙淙。高耸的峭崖绝壁，重重叠叠，怪石峥嵘，奇峻不凡。这样偏僻幽静的山林之地，并非人人都愿踏足之处。大概只有那些寻幽览胜者，避世离俗者，安贫乐道者，心态闲适者，才愿意到这样的幽僻之处，感受别样的清寂人生吧。

而这一天，就在这山花含笑、层峦耸立的幽寂之地，诗人卢仝竟然遇到了自己的老朋友！

两人席地而坐，倾情长谈。言笑之间，又到了要分别的时候了。

旁边山谷里，一泓清清的溪水淙淙流着。大概这流水也感受到了两个老朋友别离的忧伤，一路涌流，一路升腾着凛凛的寒意。水流边乱石堆聚，峭壁拔起。山崖上，石缝中，一株枝劲叶秀的松树正傲然卓立于天地之间，不屈不挠，张扬着生命长青的旗帜。

临别之时，两人颇有些不舍。卢仝一手拉着郑三，一手指向山崖上的青松，深情地说道："今后不管你到哪里，都希望你能过得好，希望你像这清寒的水流旁边峭石之上的松树一样，无论在怎样艰苦的环境下，都能坚强地活下去，有韧性，有气节……"

是啊，寒流边，岩石上，卓然挺立的松树，是多么动人的风景啊！处身僻壤而显现英姿，扎根山石而迎接风雨；四季常青，坚贞不渝。这不正体现了像卢仝这样的文人的风骨吗？

卢仝清贫一生，"食无求饱，居无求安"，读书作文，清正耿直，实在就是他诗中的"寒流石上一株松"的形象。想来郑三在游山的过程中，看到那石上之松与这人间之"松"，应该会萌生如松一般的坚贞之意吧。

第二章 人生感悟篇——玉铸心魄梅为魂

是的,行走在大自然中,读山读水读花读树,总能读出别样的意蕴。魏晋时期的诗人刘桢眼中的松树能在狂风之中表现出坚劲的力量;诗人左思眼中,那高大茂盛的松树却只能屈居于涧底,一如被埋没的人才;盛唐时期的诗人王维眼中的松会与明月相伴,带来一种别样的恬静与幽美;李白则会在炎炎夏日,摘下头巾挂于石壁,一任从松间摇来的清风拂过头顶,潇洒自得,超脱不凡;卢仝与郑三眼中的"松",则可以激励人于逆境中活出傲岸不屈的气节。

清代诗人龚自珍所写的《己亥杂诗》中有一首赞美陶渊明的,这样写道:"陶潜酷似卧龙豪,万古浔阳松菊高;莫信诗人竟平淡,二分梁甫一分骚。"诗人用松菊的意象来赞美陶潜的高风亮节,并深刻地洞察出陶潜平淡的诗风与为人当中蕴藏的渴望施展才华的情怀。

是啊,眼中之景往往显现心中之志。以此来看,卢仝诗中坚强地生长于寒流旁石缝中的松,是不是在高洁之中也深蕴着一种影响世俗的力量呢?

石上孤松映寒流,生于石上亦不忧。迎风送霜叶长碧,仁人志士堪与俦!

"寒流石上一株松"寄寓了诗人对郑三怎样的期许?

解答示例

"寒流石上一株松"寄寓了诗人对郑三在困境中也要像松树一样保持坚贞不渝的品性的期许。

(发表于 2017 年 12 月 11 日第 46 期《语文报》,有改动)

第四节　梅兰馨香寓真情

幽兰薰香清风中
——陶渊明《饮酒（其十七）》赏读

饮酒（其十七）
（晋）陶渊明

幽兰生前庭，含薰待清风①。
清风脱然至，见别萧艾中②。
行行失故路，任道或能通。
觉悟当念迁，鸟尽废良弓。

注释

① 薰：香气。
② 萧艾：杂草。

屋前的院子里，是杂草的地盘。这里一丛蒿草，那里一簇艾草，或者蒿与艾错杂生长，你不让我，我不让你，肆意地占据着院子里能占的空间。在这挨挨挤挤的杂草中，一株兰花静静地舒展着碧玉般的叶片，叶片泛着温润的光泽。长长的叶片环护中，一朵鼓鼓的含蕴着无尽清香的花苞似乎在等待着什么。

第二章 人生感悟篇——玉铸心魄梅为魂

旁边的艾呀，蒿呀，在兰花的旁边挤着，推着，似乎在争吵。

忽然艾草摇动起来！左晃一下，右摆一番。蒿草也跟着摇摆起来了！右斜一下，左撞一番。艾的叶与蒿的叶互相碰来撞去，蒿的手臂与艾的手臂彼此挥来挡去。一阵清风缓缓拂过，艾与蒿的争战就这样立刻开始。

清风缓缓前行，滑过兰花碧玉般的叶片，抚过叶片间精巧动人、含蕴着无尽清香的花苞。

"清风来了！"叶片感激地弯腰致敬。"清风来了！"花苞轻轻张开欣喜的眼睛。美丽的花瓣在清风中徐徐展开，缕缕馨香仿佛是送给清风的礼物，随着风儿弥散开来……

在丛集的大片大片的艾蒿中，诗人的眼光被那不同凡俗的清香吸引到了幽兰之上：再多的杂草，也掩不住兰花的芳香；多荒凉的地方，兰花都可以展现君子一般温润动人的风采。

芳香四溢的兰花在诗人的眼中静静地绽放着，诗人的心灵则随着兰花的清香飞往自己曾经身处的官场——那如艾、蒿丛生般芜秽的地方，曾经让他的心灵迷失了方向；那展现幽兰芳姿的荒僻之地就是他的心灵向往的地方吧？沿着心灵指引的方向，离开那芜秽之地吧！那里的喧闹与争斗中隐藏着难以言说的凶险！

生活在东晋末年，经历了东晋王朝与南朝宋代的更替，陶渊明所处社会的残酷，恐怕是和平年代的人们难以想象的。从飞鸟尽良弓藏的现实中醒悟过来的诗人，不是可以"藏"在幽僻的田园之中吗？不是可以静静地做一株幽兰，等待清风，弥散清香吗？

清风徐来，幽兰自开。

"幽兰生前庭，含薰待清风。清风脱然至，见别萧艾中"表现了幽兰怎样的特性？诗中的"幽兰"引发了你怎样的联想？

解答示例

表现了幽兰不同凡俗的美好特性。诗中的"幽兰"让我联想到了那些在恶劣的环境中坚贞不渝、保持高洁情操的君子,比如诗人陶渊明。

(发表于2019年第5期《作文》,有改动)

匝路早秀适断肠
——李商隐《十一月中旬至扶风界见梅花》赏读

十一月中旬至扶风界见梅花

(唐)李商隐①

匝路亭亭艳,非时裛裛②香。
素娥惟与③月,青女④不饶霜。
赠远虚盈手,伤离适断肠。
为谁成早秀?不待作年芳。

注释

①李商隐(约813—约858),晚唐诗人。因处于牛李党争的夹缝中,一生很不得志。
②裛裛(yì yì):香气袭人的样子。
③惟与:只给。
④青女:霜神。

第二章 人生感悟篇——王铸心魄梅为魂

品一品

唐宣宗大中五年（851年）秋天，李商隐接受剑南节度使柳仲郢的邀请，到四川任职。

行至扶风界的诗人眼前忽然一亮：沿路鲜亮美丽的花儿烂漫盛放，光彩灼灼，耀满双眼。而梅花浓郁的清香，也丝丝缕缕沁入驻足于梅枝旁的诗人心间。

然而，诗人的眼里却飘过了一抹忧伤！

在美丽芳香的梅花之旁，诗人哀叹：这梅花开得太早了吧！这馨香多不合时宜啊！夜晚来临的时候，天宫的嫦娥给她们的只有一片溶溶的月色而已，不增其色，不益其香；而秋天的霜神则会毫不客气地摧之以霜！

想到这里，诗人情不自禁地采摘了满手盈盈盛放的梅枝。他意欲将这偶遇的美丽赠送给远方的亲人吗？然而他贤惠的妻子已于今年春夏间病逝——这满把美丽的梅花还能赠给谁呢？只能是白白地握在手中罢了！一思一伤悲，令人肠寸断！

梅花在诗人的眼前盛放，痛楚在诗人的心中泛滥，诗人不由向梅发问：你们到底是为了谁而早早盛放？为什么不能等新年到来再绽放美丽，散发清香？那时的你们才能得到应该得到的欣赏啊！

在这样饱含怜爱之情的发问里，诗人收束了这首感人的五律。

而你呢？从中读出的只是诗人对这路边早梅的欣赏、爱怜、惋惜、伤痛之情吗？

如果你了解李商隐早年被属于牛僧孺党派的令狐楚赏识，后来做了李德裕党派中王茂元的幕僚，进而成了王茂元的女婿，并由此陷入牛李党争的漩涡，备受排挤，困顿不得志的经历，如果你知道这位"五岁诵经书，七岁弄笔砚"，16岁左右即显现早秀之才的诗人极不顺遂的人生的话，你肯定还能从诗中的早秀之梅里读出其人生的感伤：生不逢时，才华难施。

是的,诗人咏的是梅,是自己眼中的梅,也是跟自己经历相像的心中的梅,故情真、意切、动人。

这首诗的尾联"为谁成早秀?不待作年芳"蕴含了诗人怎样的情怀?

解答示例

"为谁成早秀?不待作年芳"表面上感慨梅花开得早,不能在年节之时得到人们的称赏,实际上蕴含了诗人年少时期即显露才华却不被赏识的感伤之情。

(发表于2015年第7-8期《作文》)

寒梅和月香依旧
——朱淑真《菩萨蛮·咏梅》赏读

菩萨蛮·咏梅
(宋)朱淑真

湿云不渡溪桥冷,蛾寒初破东风影。溪下水声长,一枝和月香。人怜花似旧,花不知人瘦。独自倚栏杆,夜深花正寒。

第二章 人生感悟篇——玉铸心魂梅为魂

品一品

九百多年前，一个看似普通的夜晚。云在天上凝，水在桥下流。桥上的人儿啊，在弥漫的水气中，在夜晚渐重的清寒里，独自沉浸在这无尽的冷意中……

她静静地傍依着冷冽的桥身。微寒的东风拂过，天上湿重的云层渐渐消融于无际的深色的夜空，一弯蛾眉般的新月悄悄送出清朗的光辉，而水面上横斜的疏影则摇曳着动人的风姿。与静默的她相伴的，只有那清明的月儿，只有那幽幽的梅花！

桥下溪水淙淙，不息不休地一径长流而去，而溪边那一枝清瘦的疏影却伴随着一抹清辉，溢着淡淡的清香……

水边，桥上，花香与月辉相伴，人影同水声俱长……

长长的水声中，她的思绪或许飘到了去年今日：那时的她也许与人同游至此，曾惊艳于这枝盛放于水边的梅，恣意横斜的疏枝，洁净如玉的花朵，淡淡细细的芳香……

此时此地，花开依旧，花香似昔，而花却不知桥上的人已然消瘦。

今年花如去年好，今年人比去年瘦。

如水流逝的岁月啊，让桥上的女子经历了怎样的坎坷与伤悲？

在这样一个孤寂的夜晚，只见她独自凭依栏杆，不管夜已深，任凭寒意侵。寒意浸浸之中，弯月清辉之下，小桥流水之旁，梅花傲然开放，清香丝丝飘散……

寒梅和月香依旧！而散发清香的哪里只是那寒夜之梅呢？当那夜、那月、那水、那桥、那梅，被那个孤独不眠的女子捕捉进词里的时候，那词便伴同词作者一起散发如梅的清香。

词中那个孤独不眠的女子姓朱，名淑真。大概生活在北宋南宋之交。有记载道，她"自号幽栖居士"，"工诗，嫁为俗吏为妻，不得志殁"。"幽栖"二字，道尽孤独况味。"工诗"之评，见其卓然才华。而

体验中华优秀诗歌

"嫁与俗吏",可想其艰窘之状。虽学术界评断其自号为伪托,但与其生平多么相合!

据说淑真过世后,其父母将她生前的文稿付之一炬。现在留传于世的《断肠诗集》《断肠词》,是幸存的佳作。"断肠"二字,可让人想见她内心藏有多么深重的巨痛!唯有夜深独倚栏,相伴梅月共孤寒!

那晚的蛾眉月依然洒着淡淡的清辉,那晚的淙淙溪水依然在时光深处悠悠长流,那晚的小桥依然是她不变的依靠,那晚的水边,依然有一枝寒梅在月下横斜着疏影,散发着淡淡的孤傲的清香,一如她动人的词章……

"人怜花似旧,花不知人瘦"运用了怎样的表现手法,抒发了怎样的情感?

解答示例

"人怜花似旧,花不知人瘦"运用了拟人和对比的表现手法,抒发了诗人感慨时光流逝、孤独憔悴的寂寞与感伤之情。

(发表于2017年第10期《作文》,有改动)

清月瘦梅情韵长
——陈亮《点绛唇·咏梅月》赏读

点绛唇·咏梅月
(宋)陈 亮

一夜相思,水边清浅横枝瘦。小窗如昼,情共香俱透。 清入梦魂,千里人长久。君知否？雨僝①风僽②，格调还依旧。

注释

①僝（chán）：摧残；折磨。
②僽（zhòu）：急骤。

 品一品

清月在天，瘦梅映水。水涵月影，影依梅枝。枝横瘦梅，梅浸月辉。夜色朦胧之中，天上的月，水边的梅，辉光相映，清影相倚，脉脉相思互诉……

那银白清亮的月辉啊，盈满诗人的窗户，溢进诗人的眼眸……透窗而入的还有那清沁肺腑的暗香，丝丝缕缕，似有若无，似淡还浓。那香里化有清月与瘦梅之间相依相伴的情愫，绵绵如丝，悠悠长长，而又清纯如玉，不掺尘埃。

伴着这清香入梦，梦也清朗动人啊！梦中飞至千里之外，千里月辉共梅香，愿与知音共！

清明的月儿啊，你知道吗？即便有雨的折磨、风的打击，我也相信，你的高洁还在，梅的清香不变，不俗的格调依旧！

这高洁不屈的梅月之魂，不就是诗人心灵的化身吗？

诗人身处风雨飘摇的南宋时期，北方沦陷的山河时时刺痛着诗人远望的双目。这位南宋时期著名的思想家、文学家，才华横溢，喜谈军事，关心国事。他考查过历代古人用兵成败的原由，他探究过历代王朝兴衰的规律，他反对南宋朝廷议和的主张，他力主抗击侵占大宋山河的金王朝。"尧之都，舜之壤，禹之封。于中应有，一个半个耻臣戎。"在《水调歌头》一词中，他就这样热切地期盼着中州大地上能有耻于向戎敌称臣的铁骨铮铮的英雄！他高远的追求不就如天上那一轮清明而高洁的皎月吗？

体验中华优秀诗歌

诗人26岁那年，南宋朝廷与金朝谈和，诗人则力排众议，认为不可，以布衣身份，向朝廷上《中兴五论》之书，却被朝廷置之不论；35岁那年，诗人又一次连续上书朝廷，批评朝廷苟安于一隅，批评书生空谈而误国。其昂扬奋发之状，不就如傲寒的梅花蕊绽芬芳、花溢细香吗？

这枝清香漫溢的梅花，很快便遭遇了"雨僝风僽"的洗礼：他因直言遭遇忌恨；他被控以"犯上"之罪而被捕入狱。他在酷刑之下，一度体无完肤。被皇帝免死之后，他再次因家童杀人事件而被控告入狱……然而，他依然魂系中原，志在收复国土！

45岁那年，诗人登上镇江多景楼，将"不须反顾，寻取中流誓"的慷慨之气寓于《念奴娇》一词之中。"中流誓"是何等豪迈的誓言啊！当年东晋的祖逖率领部下渡江至中流，敲击船桨，让掷地有声的誓言响彻今古：不收复中原，誓不生还！经历种种波折与打击，诗人依然坚守着这样金石般坚贞的誓言，坚守着梅花一般的高格调，不屈魂！

看，清月朗照之下，一株瘦梅孤傲而立，缕缕暗香四溢；狂风骤雨之中，瘦劲的梅枝依然坚守着不屈的魂魄……

"雨僝风僽，格调还依旧"中的"格调"是什么意思？这两句诗寄寓了诗人怎样的情感？

解答示例

"格调"的意思是品格，在词里是将月拟人化，指月高洁的品格。这两句诗寄寓了诗人即便遭遇摧残、折磨，也不改高洁品格的情感。

（发表于2017年第7-8期《作文》，有改动）

草细烟冷梅花香
——姜夔《除夜自石湖归苕溪十首（其一）》赏读

除夜自石湖归苕溪十首（其一）
（宋）姜 夔①

细草穿沙雪半消，吴宫烟冷水迢迢②。
梅花竹里无人见，一夜吹香过石桥。

注释

① 姜夔：字尧章，号白石道人，南宋著名文学家。
② 吴宫：春秋时吴国王宫遗址。

石湖岸边，沙地软软，积雪半消。错杂的雪色与沙色之上，除夕的暮色之中，一行脚印渐行渐长。似乎是觉得脚下传来的感觉，不同于沙的瘦硬与雪的轻柔，这脚印忽然止住。一双好奇的眼睛看向这被雪水濡湿的松软的沙地。在黄昏的微光里，在细细的沙土中，一茎茎穿沙而长的草芽，隐约可见。雪意尚寒，沙砾亦冷，然而，那一茎茎细长的草芽却已精神抖擞地潜滋暗长了！诗人的眼睛里不由充盈着草芽带来的暖意，前往苕溪的归程平添了清新的活力。

从石湖到苕溪，烟冷冷，水迢迢。当年吴王住过的宫殿，在荒芜中寂寞着它的寂寞，凄凉着它的凄凉。历史的兴衰更迭中，曾经的盛世繁华早已不见踪影。枯树冷烟里，恍惚可以听到岁月深处急管繁弦伴奏的欢歌之声，似乎可以看到灯红酒绿、觥筹交错的宴席旁醉舞之影。时光

体验中华优秀诗歌

悠悠，荒野寂寂，吴宫娇娃与吴国奢华都已化成了流水旁一声长长的叹息。夜色深深，冷烟袅袅，水声哗哗……

从哪里飘来一缕缕淡淡的清香，一路相伴？夜色幽微中，只见石桥之畔，竹影婆娑里，盘曲横斜的枝丫若有若无。隐身入竹林之中的梅花就这样静静地送出不同凡俗的幽幽芳香，随风飘洒，让诗人回归苕溪的路上诗意芬芳。

在这个辞旧迎新的不眠之夜，多少人家灯火绚烂，软语笑声不断，多少街市鼓乐喧阗，欢欢喜喜，热热闹闹，不同一般！然而从石湖到苕溪的漫漫归程路上，诗人却让我们看到了另一番除夕景象：荒寂的沙雪地上，小草正热热闹闹地准备以绿色的盛装出席春天的集会；悠长的流水旁边，一度繁盛的朝代已退缩成岁月深处一抹寂寞的冷烟；而幽静的石桥之畔，隐身在竹林深处的梅花正随风送出清雅的芳香……

数百年前的冬天，年近四十的姜夔来到苏州，跟赏识他的范成大相见，并写诗唱和，踏雪赏梅。那一年的除夕之夜，姜夔在大雪之中乘船从石湖返回苕溪，沿路写作十首七绝，这首小诗就是其中的第一首。

诗中那不屈服于严寒的生命力，那朝代盛衰更迭的启迪，那傲霜斗雪的灵魂的芳香，让这个数百年前的除夕夜独具一种清空高雅与耐人寻味的魅力……

原来，旅途中的除夕夜，也别有动人心魄的美丽……

"梅花竹里无人见，一夜吹香过石桥"两句引发了你怎样的想象？请简要描述。

解答示例

夜风飘来一缕缕淡淡的清香，伴随诗人经过长长的石桥。这清香来自哪里？只见夜色之中，石桥之畔，竹影婆娑里，盘曲横斜的梅花正隐身于竹林之中，静静地散发着淡淡的清香。

（发表于2018年第12期《作文》，有改动）

踏雪叹梅瘦
——《三国演义》第三十七回节选赏读

方上马欲行，忽见童子招手篱外，叫曰："老先生来也。"玄德视之，见小桥之西，一人暖帽遮头，狐裘蔽体，骑着一驴，后随一青衣小童，携一葫芦酒，踏雪而来；转过小桥，口吟诗一首。诗曰：

一夜北风寒，万里彤云厚；长空雪乱飘，改尽江山旧。仰面观太虚，疑是玉龙斗：纷纷鳞甲飞，顷刻遍宇宙。——骑驴过小桥，独叹梅花瘦！

导引

"我是皇家后代，平定汉家山河的重任舍我其谁？"汉末战乱中，刘备大概常常这么想。志向远大的他，求贤若渴。徐庶向他推荐诸葛亮后，名士司马徽更是大赞诸葛亮的雄才大略，将他比作兴周八百年的姜子牙、旺汉四百年的张子房。于是刘备决意亲自登门求贤。他带上结义兄弟关羽、张飞，拜访诸葛亮。没想到诸葛亮不在家。一次不成，两次。第二次前往拜访诸葛亮的时候，正值天寒地冻的大雪天气。这次遇到了诸葛亮的三弟，却还是未能一睹诸葛亮的风采。刘备只好留下书信一封，上马回还。没想到此时有一骑驴携酒踏雪吟诗的老先生远远而来……

体验中华优秀诗歌

 品一品

"老先生来啦!"这一声热切的呼喊,大概一下子就让寒风中的刘备心里一暖:"该不会就是我日思夜想急于一会的诸葛先生来了吧!"

他炯炯的目光瞬时射向前方。

看不见那人的面貌,只看见一顶暖帽、一袭狐裘,随着一匹驴儿缓缓走近。近了,近了;能看到后面跟随的青衣小童,小童手中携着的一个大大的酒葫芦。近了,近了!看,他们已经转过小桥!听,动人的吟诗声已在耳边响起。

北风呼啸,夜气严寒,彤云厚铺,一望万里:异常的天象,蕴蓄着异常的变化;就像汉灵帝御座上突现的长蛇,就像种种天灾酝酿着汉末的大乱。

长空无际,雪花乱飘,江山旧貌,一变全无:想那大汉王朝,延续四百来年,到献帝之时,却被种种乱象变得面目全非,帝不成帝,臣不像臣,你争地盘,我抢大权,哪里还有堂堂大国气象?

抬头看那浩渺无边的太空,感觉像是有玉龙在争斗:看那满天飞舞的,岂不是玉龙之鳞甲吗?鳞甲片片,转眼之间洒遍宇宙。"战罢玉龙三百万,败鳞残甲满天飞。"一片茫茫中回旋飘荡的,原来是玉龙散落的片片鳞甲!又哪里是玉龙散落的片片鳞甲?明明是皇家被剥蚀得不成样子的威严、权势与气象的碎片!

路畔梅花正怒放,缕缕清香细不闻,花瓣雪中却显瘦!骑驴人踽踽行过小桥,不由得一声长叹:这江山可容得下一株梅花独自香?

是啊!江山已非昨,梅花傲霜雪。

有着梅花般傲骨、与严寒对抗的,不就是刘备极力想寻觅的诸葛先生吗?而这踏雪叹梅的老先生可是他渴慕一见的诸葛亮呢?

于是,他的心与他的眼热切地投向了骑驴的老者……

第二章　人生感悟篇——玉铸心魄梅为魂

简要赏析"骑驴过小桥,独叹梅花瘦"中"瘦"的内涵及表达效果。

解答示例

"骑驴过小桥,独叹梅花瘦"中的"瘦"以拟人化的手法表现风雪中的梅花开得不多,暗指风雪摧伤了梅花,但梅花依然在风雪严寒中不屈地傲放。这个词用得形象生动,含蓄蕴藉。

(发表于2016年12期《作文》,有改动)

第五节　闲适自在赏美景

船漂山顶自在行
——袁枚《由桂林溯漓江至兴安》赏读

由桂林溯漓江至兴安
(清)袁　枚

江到兴安水最清,青山簇簇水中生。
分明看见青山顶,船在青山顶上行。

诗人在这首七绝的第一句所用的"最"字似乎打开了长长的水路

体验中华优秀诗歌

图：船行桂林山水间，水色尽入诗人眼；清清江水随船绕，江到兴安水最清。

何以见得此处的江水最为清澈？你得往下读读，方可决定是否认同诗人之语。

看，接下来，诗人用如画之笔描摹道：那一簇簇青山分明是在水中生长着的啊！那巍巍青山的高顶分明就在眼前，而小船竟然是在青山顶上行驶！

不是最清的水，何以映得青山之顶如此分明？不是江水最清，小船何以如漂山顶自在行？

而与这清水秀山相伴的诗人心中的愉悦自然可想而知了。

情蕴景中，而景在眼中。眼中美景，实乃幻影。山之实景，倒影水中，影显水清，水知山秀，虚实相映，妙趣横生。

杜甫也曾借描摹眼前幻影来巧妙抒发独特的情怀。他在《小寒食舟中作》一诗中写："春水船如天上坐，老年花似雾中看"。春水之上，小船随波荡漾，天光云影映于春水之中，船中人宛如坐在天上一般；老年岁月，双眼昏花，明净美丽的鲜花看起来仿佛笼罩了一层烟雾一样，迷离惝恍。美丽的春光带给诗人的美好感受都借助这动人的似真而幻的景象表现出来了，而诗人年虽迟暮却珍爱人生的情怀也深深地融入诗句之中。

当诗人袁枚的小船行驶于最清的江水之上时，水映碧山，山顶不再遥远。船在碧山顶上，悠悠前行。水景山色，尽入眼中。那是何等的赏心悦目啊！没有愉悦轻松的心情，何以感知这样的清水秀山别有一种动人的形影？没有一支捕捉虚景入诗的生花妙笔，何以让人有船漂山上自在行的惬意与新奇之感？

山清水秀，水映山影。山托船行，船漂山中。虚实之趣，溢于诗外；祖国山河，美浸心中！

第二章 人生感悟篇——玉铸心魄梅为魂

描绘诗中"青山簇簇水中生"一句让你联想到的画面。

解答示例

清清的水面下,一簇簇青山的峰尖全都改变了方向,仿若从水里长出的朝下的箭镞一般,在荡漾的水波下面轻轻地摇曳,山上隐约可见的树木显得更加柔媚。

(发表于2017年第9期《作文》,有改动)

隔荷笑语风飘香
——李白《采莲曲》赏读

采莲曲
(唐)李 白

若耶溪旁采莲女,笑隔荷花共人语。
日照新妆水底明,风飘香袂空中举。
岸上谁家游冶郎,三三五五映垂杨。
紫骝嘶入落花去,见此踟蹰空断肠。

翠色层层叠叠的青山旁边,清清的若耶溪水静静地流啊,流啊。流了多久了?不知道。只知道很久以前,曾经有一位美丽的被称为西施的女孩子在此浣洗轻纱。浣着浣着,就到吴王宫里了;吴王将她宠着宠着,就亡国了。而与吴国相邻的越国,却强盛了。

清清的若耶溪水继续映云照霞,静静地流啊,流啊。流着流着就流到唐朝了,流着流着,清清的溪水就成了无数或粉或白楚楚动人的荷花的秀场了。

朵朵清丽的荷花似乎是被片片硕大碧绿的荷叶托举出场的。它们在风中轻轻舞动柔韧的腰肢,让亮丽的玉颜在阳光下绽放着清雅的光芒。蓝天下,碧水旁,谁是这里最美的主角呢?是这无数动人的荷花吗?

不,不!有比这动人的荷花更动人的主角已经登场了!听,那如银铃一般的笑声,滑过了大片的宁静,从这边的荷花旁传到了那边的荷花旁。那轻柔悦耳的吴地软语也跃过亭亭玉立的荷花飞到那边去了。

堪与荷花比容颜的采莲女正笑盈盈地隔着荷花,相互交谈。灿烂的阳光下,只见她的一袭新衣鲜亮在清清的水底。微风拨动水面,衣衫飘飘,恍若仙子。她轻举衣袖,向空中一扬,习习香风,沁人心脾。

像她这样美丽动人的采莲女还有好多呀!在缤纷的荷花丛中,分不清哪是荷花的娇容,哪是少女的丽颜。粉红嫩白青碧的色彩丛里,看不出哪是荷花荷叶的盛装,哪是采莲女的衣裳。清气袭人的芳香阵里,辨不出,哪是荷花送出的清香,哪是少女散发的芳香……

堤岸之上,低垂绿枝的青青杨柳也开始在风中款款起舞。杨柳轻摆柔枝处,开始有更多的人影伴同骏马的影子渐渐融入莲影之中。那都是谁家的少年郎?三个一群,五个一伙,流连于此,不愿离去吗?

"咴儿咴儿——"一匹紫骝仰头一声长鸣,岸边枝上娇艳的花瓣微微颤动着,轻轻飘坠而下。花落水流红,惹闲愁万种。

水美荷美人更美。眼前清丽的画面,不由得让马上之人,徘徊不舍,空自断肠。

在唐代伟大的浪漫主义诗人李白的笔下,采莲女映着荷花的娇容,甜美轻柔的笑语,鲜亮明丽的新妆,飘溢香风的衣袖,让少年郎驻足不愿离去的身影,显现着动人的魅力。

第二章 人生感悟篇——玉铸心魄梅为魂

江南水乡,荷花盛开的季节里,总是有这样动人的采莲景象让行人驻足,让诗人兴叹。

唐代七绝圣手王昌龄的《采莲曲》里也描摹了一幅精彩的画面:荷叶罗裙一色裁,芙蓉向脸两边开。乱入池中看不见,闻歌始觉有人来。

那衣裙与荷叶同色、芙蓉与容颜并美的采莲女,融进一池荷花之中,怎能区分出哪是荷花,哪是少女呢?只有那柔曼的歌声传进耳中,才知道有采莲的女子来到眼前。

相比之下,李白诗中采莲女的背景里多了阳光下清水底鲜明的衣装,多了高举的衣袖飘溢的清香,多了岸边垂柳下三三五五顾盼留恋的少年郎,多了骏马长声的鸣叫,多了落花悄悄的感伤,多了不舍的愁肠,也就多了一种别样的韵味与感染的力量。

不知道那在骏马长嘶声中悄悄飘坠的落花里,是否藏着诗人对时光流逝的忧伤。是的,美景长在,青春易老。当年那些美丽可爱的采莲女们,早已如落花般凋零在岁月深处。当年漫游于江南的诗人也留不住他激情燃烧的青春,无法施展他如大鹏般的志向,眼前美丽的画面,也只能让他枉自断肠……

幸而有诗人清新隽永的诗句,让我们得以欣赏一千二百多年前江南水乡那一幕采莲的画面,欣赏采莲女美丽动人的形象……

结合你对全诗的理解,描绘"日照新妆水底明,风飘香袂空中举"表现的景象。

解答示例

晴朗的阳光下,采莲的少女崭新的妆扮让水底一片明丽;微风吹过,采莲女鲜亮的衣袂在空中飘扬,清香散溢……

(发表于2018年6月4日《语文报》,有改动)

体验中华优秀诗歌

夜雨潇潇,空茫静寂
——苏轼《雨夜宿净行院》赏读

 读一读

雨夜宿净行院
(宋)苏 轼

芒鞋不踏利名场,
一叶轻舟寄淼茫。
林下对床听夜雨,
静无灯火照凄凉。

 品一品

这首七言绝句的题目向读者传递出了三个饱含信息的词:雨夜、宿、净行院。

淅淅沥沥的雨丝,如苍天垂挂的泪水,本就容易助生凄凉;偏这"雨"直下到"夜"色黑黑。如果说明朗的白天是属于外在世界的,那么漆黑的夜色就是属于心灵的。黑色是心灵的保护色,是让心静下来的颜色,也是容易让心静下来的颜色,还是让静下来的心容易悲凄的颜色。而在这首诗歌的题目里,凄凉之声与凄凉之色递接而至。随之而来的还有一大难题——"宿"。宿者,过夜也。诗人过夜之处非奢华之所,非温馨之家,乃"净行院"。"净行院"的住宿条件如何?那自然是简陋残破的了。

在这样的简陋之处,在这样的潇潇雨夜,司空曙会起"雨中黄叶树,灯下白头人"的凄凉,白居易会有"垂死病中惊坐起,暗风吹雨入寒窗"的惊惧,《红楼梦》中的黛玉则会产生"那堪风雨助凄凉"的悲

惋。那么苏轼呢？

在此诗中，窗外的雨声对苏轼的心境其实已无太大影响。你看，首句中，诗人就直接点出自己脚踏芒鞋行天地，不再跻身名利场。接着诗人将"一叶轻舟"送入我们的视线：原来，在茫茫的人世间，摆脱了名利羁绊的诗人，一直以来都如乘坐的一叶轻舟一般，有着轻快闲适的心境。于是诗歌的最后两句里，诗人给我们描摹了这样一幅画面：郁郁的树林之下，简陋的小屋之中，诗人静听屋外夜雨萧萧；没有点亮的灯火，诗人眼中的凄凉也好似在夜色的掩护下悄悄退去。不见凄凉，何必话凄凉？唯有雨声而已，唯有宁静而已……

据《遂溪县志》载，宋朝哲宗之时，苏东坡被贬到海南，至宋元符三年（1100年），遇赦北归，从海南儋州坐船回到北部湾时受风雨之阻，便舍舟登岸，住在遂溪县兴廉村净行院，遂有此诗。

这一年是公元1100年，这一年的苏轼已经63岁，距他离开人世间的1101年也不过只有1年时间了。人生如白驹过隙。这位当年的洒脱才子经历人世间意想不到的坎坷挫折之后，已经垂垂老矣，已然接近人生的终点矣。

此时、此地、此人、此诗，方当得此"轻"与此"静"。

诗中虽有凄凉，然而在温暖的夜色庇护之中，在"轻"与"静"的心境之中，何曾看见凄凉？不曾看见凄凉，又何须言说凄凉？

于是，这位时年63岁，行于遇赦北归路上的不凡的诗人，便将一种空茫静寂、轻淡自适的心绪借助这首七言绝句传递出来了。

听，淅沥沥的雨声在诗中敲响。陋室的床铺之旁，一双芒鞋整齐地摆放于地面，而那陋室当中卧于床上的年老的诗人则正静静地听着细雨点点滴滴穿叶而过，落地而响。老人的思绪在雨声中飘向了哪里？是一路行来的茫茫大江吗？是曾经让身心饱受摧残与剧痛的名利场吗？是眼前空旷简陋让人易生凄凉之意的院落吗？不，只是雨声点点滴滴而已，只是满耳满心的静寂而已，只是将所有外物均已放下的轻淡闲适而已。

窗外夜雨潇潇，心中空茫静寂……

体验中华优秀诗歌

结合你对全诗的理解,简要赏析"一叶轻舟寄淼茫"一句的表现手法及内涵。

解答示例

"一叶轻舟寄淼茫"一句运用借喻的手法,将自己的人生比作"一叶轻舟",将人世间比作"淼茫"的大海,形象地表现了摆脱名利羁绊的自己在茫茫人世间轻松的心态。

(发表于2014年5月5日第17期《语文报》,有改动)

满湖萤火映天河
——何绍基《慈仁寺荷花池》赏读

慈仁寺荷花池
(清)何绍基[①]

坐看倒影浸天河[②],风过栏杆水不波。
想见夜深人散后,满湖萤火比星多。

注释

① 何绍基(1799—1873),字子贞,号东洲,清代诗人。
② 天河:银河的通称,晴夜高空,呈银白色带状,形如天河,故称天河。

 品一品

那一年的那天晚上,诗人就在这寺内的荷花池边静静地坐着。

肯定是静静地坐着。要不,他怎么能不只看到池上静静地散发着芳馨的荷花,还能看到荷花静静地映在水里的倒影,看到荷花的倒影静静地浸润在银白色带状的天河影里?

是的,他看到了荷花池里天光荷影共映衬的润泽与和谐。

他的心神是否也已浸入池里荷花清雅的影姿里,和那看似遥远却已近在水底的天河影里?反正,那时他的视线,肯定长时间地被那池里发亮的银河以及银河暖暖地映衬着的荷影牢牢地吸引住了……那清雅的荷影,那润泽着荷影的天河,正映现着诗人雅致的趣味。

应该是初夏的暖夜吧?一阵风过,坐在栏杆旁赏这池内的天光荷影的诗人,或许感到了微微的凉意?微风过处,诗人竟然未曾发现水面掀起一丝微波。

然而又怎么可能?有风如何会不起波?

是风太过轻微,掀不起荷花盈眼的一池水波?是凝望着荷影与天河之影的眼光过于痴迷,以至于未曾察觉到水波的动荡与摇曳?还是诗人的内心竟是如此地平和宁静,轻轻的风不足以掀起其内心的涟漪?

哦,哪里是"水不波"?明明是"心不波"!

是的,诗人宁静恬适的内心此时何曾泛起一丝微波?只不过,夜已渐深,天已微凉,诗人要离开这美丽宁静祥和的荷花池回房去了。然而,他的心神竟然还被这静贮荷香与天色的池水牵萦着。于是,起身要离去的诗人不由遥想:当夜深深,当人寂寂,这里该有满湖萤火闪亮吧!那闪亮的满湖萤火,一定比天上倒影在水池里的星儿要多得多。

是啊,那满湖萤火一定会在夜深之时点亮一池精彩!这精彩比天上的星儿实在,比天上的星儿灿烂,也比天上的星儿温暖……

就这样,诗人在这首七言绝句里,凭借实虚相映、动静结合的笔

体验中华优秀诗歌

法,让我们感受到了别样静雅的影姿,联想到了别样生动的美丽……

宁静下来的心神,能看到影子的美丽;飞扬开来的思绪,能看到想象的风景。

1. 这首诗中的"风过栏杆水不波"一句该如何理解?
2. 简要赏析"想见夜深人散后,满湖萤火比星多"两句。

解答示例

1. 这句诗表面意为微风拂过栏杆拂过水面,水面却不曾掀起波澜,表现风之轻微,实则借水面的无波表现诗人内心的无比宁静。

2. 这两句运用了想象的手法,虚写夜深人静之时,湖上闪亮的萤火比映在池中的星星还多的景象,表现诗人赏池归去之时的愉悦之情。

(发表于2014年第4期《作文》,有改动)

夕阳流水落花香
——马致远《寿阳曲·远浦帆归》赏读

寿阳曲·远浦帆归
(元)马致远

夕阳下,酒旆①闲,两三航未曾着岸。落花水香茅舍晚,断桥头卖鱼人散。

第二章 人生感悟篇——玉铸心魄梅为魂

注释:

① 酒旆（pèi）：旧时酒店外高挂用来招徕客人的旗子。

品一品

沈括《梦溪笔谈》载："宋迪工画，尤善平远山水，其得意者有平沙雁落、远浦帆雪、山市晴岚、江天暮雪、洞庭秋月、潇湘夜雨、烟寺晚钟、渔村落照，谓之'八景'。"马致远作八首《寿阳曲》小令，所写八景均取材于此，《远浦帆归》是其一。

马致远早年多发"昔驰铁骑经燕赵，往复奔腾稳似船"的豪迈激越之音。二十年间官场沉沦，漂泊无依，曾经的壮志豪情渐渐消磨殆尽。摘"采菊东篱下"句意而自号"东篱"，则是心归田园，以求寄托人生的曲折反映，这种心境在《远浦帆归》中可见一二。

"夕阳下"言时间。东篱《天净沙·秋思》中亦有"夕阳西下"之句，夕阳残照，晚霞泣血，每见此景，东篱独爱一个"下"字。"落"显迅疾而不用，"下"有缓降之衰势，不由得令人念及旭日喷薄欲出、昂扬而上的进取之态。诗人生不逢时，志不得伸，年华蹉跎，徒换来两鬓染霜，人生迟暮。一滴浑浊的泪珠潸然而下，不正如一轮昏暗的夕阳摇摇欲坠？

"酒旆闲"言地点。若值风劲，酒旗必然招展，酒肆内外当有豪气干云，而此时，晚风习习，帘幅不过微摆，风帘轻动之间，诗人心底涟漪微荡。"酒旆"本无情，"闲"乃是东篱宁静恬适心境的悄然流露，看不到推杯换盏，听不到拳令吆喝，唯能嗅得到酒气消散，看得到残席冷凳，一江清水也许稀释了村镇酒馆的农家陈酿，淡薄的酒香里，诗人心如止水。

"两三航未曾着岸"写远景。江滨码头已拴系了无数渔船，尚有白帆三三两两自江面缓缓驶向岸边，归航时的桨橹划得从容不迫，不同于

体验中华优秀诗歌

出航时的如箭离弦乘风破浪，满载一船收获，船舷吃紧水线，行船才会如此。诗人驻足江边，暗淡的光线扰乱了视野，唯有白帆醒目，似行不行，欲归未归。而作者既不在酒肆畅饮，亦不在渔船之上，在这天地间形同伶仃的沙鸥。

"落花水香茅舍晚，断桥头卖鱼人散"写近景。谁说落花有意流水无情，多情的江水慨然接受了落花的瓣瓣馈赠，浸润而出的是幽幽花香，混合在江边渔村茅屋袅袅升起的炊烟里。渔船轻轻靠岸，渔人匆匆卸鱼，在桥头卖完后又各自速速回家，种种情景映入东篱眼帘，归为一个"散"字。人去桥空，村镇喧嚣一时复又沉寂，安谧恬静中闭目聆听着鱼汤沸腾，酒入喉咙，落寞的只有诗人一人。遁世乡间却无法置身渔人行列，令诗人稍稍无聊，佐一杯闲情入觥筹，竟咀嚼出几丝惆怅！

渔家生活的悠然闲适出于天然，诗人暮年归隐却是出于无奈，马致远在《四块玉·叹世》中自称"佐国心"无人识，"拿云手"无人用，"千丈红尘"无处"跃马食肉"，只好拈野花微笑，酌村酒自乐，风云气概入尘土，心事淡定问闲情。综观全曲，清雅之外愈见冷清，超然之余更见忧闷，读来令人心脾俱澈。一面是清者自清的不同流俗，一面是清静无为的洒脱放达。

简要描绘"落花水香茅舍晚，断桥头卖鱼人散"两句诗表现的画面。

解答示例

飘落的花瓣在水面浮游，花香随着水流散溢；夕阳的余晖洒在水面上，映在茅舍旁；茅舍旁断桥头热热闹闹卖鱼的场面逐渐冷清下来了，卖鱼人回家的身影被夕阳拉得又细又长……

（发表于2016年第4期《作文》，有改动）

第六节　一弦一柱凝深情

乐中深情一万重
——白居易《夜筝》赏读

夜　筝

（唐）白居易①

紫袖红弦明月中，自弹自感暗低容。
弦凝指咽声停处，别有深情一万重。

注释

①白居易（772—846），字乐天，号香山居士，下邽（今陕西渭南）人。

　　大唐时期，不只诗歌璀璨，音乐艺术应该也达到了登峰造极的程度。不必说华清宫中"仙乐风飘处处闻"，也不必说杜甫曾于崔九堂前欣赏过宫廷歌手李龟年的动人歌喉，单就白居易在浔阳江头送客之时偶然听到的琵琶曲而言，就已经让人心动神醉甚至"青衫湿"了。而在这首以"夜筝"为题的七言诗中，音乐的魅力同样惊心动魄。

　　听，筝声飞起，在一千多年前的一个明月夜。

　　那晚的月色定然是极其明朗，要不怎能辨出弹筝者那宽宽大大的衣袖之色为紫呢？要不怎能看清那筝弦的红色呢？当然，也可能有华灯映月，亮如白昼。不过，我的想象中只有明月朗照，清辉怡人。

清明的月辉下，紫袖如水波般漾起，轻轻拂过红色的筝弦，乐声如海浪般从弦上涌出……

是怎样动听的筝乐呢？诗人不说。只让我们看到一个自己弹拨筝弦且独自沉浸在筝乐之中的形象，只见她（弹奏者应该是一个女子吧？）弹着弹着，便容色暗淡，头自低垂。

是那弦上飘出的筝乐声触痛了她感伤的回忆与悠远的思念吗？是那忧伤的旋律让她内心的痛楚一波一波如潮水般翻涌而出了吗？

诗人也不说，只让我们看到红色的筝弦突然凝结般收住了颤动，看到那秀长的手指如哽咽般停在了弦上：乐声乍停，"冰泉冷涩弦凝绝，凝绝不通声暂歇"。"别有幽愁暗恨生，此时无声胜有声。"浔阳江头的琵琶女弹奏的琵琶曲曾经创造过这样的听觉效果，而此时的弹筝者也将筝曲弹到了"暂歇"的"声停处"，诗人说：另有万种深情在其中啊！

是怎样动人的深情呢？是浓浓的忧伤，还是悠悠的思念？是深深的向往，还是沉沉的哀叹？……

动情处，无以言。

琵琶女演奏的琵琶乐曲终之时，"东船西舫悄无言，唯见江心秋月白"。而这筝声凝止处，应该也是东座西席悄无言，唯见天心明月朗吧？

诗中二十八字，无一字直接言及筝乐，而无处不让人感觉筝乐之美：

弹筝人庄重的服色，筝弦热烈的红色，明月皎洁的清辉，让奏乐人、乐器与自然融成一幅浓淡相映的图画；弹筝人自弹自感的场景则让我们看到了音乐与人相融为一的动人景象——原是用真切的深情来弹奏筝乐的啊！而诗人还是留下了关于筝乐的空白，只让我们看到弦凝乐停的动作，只告诉我们其中有万重深情，留下袅袅的余音让我们品味……

多么精妙的侧面描写之笔，多少含蓄蕴藉的情致融于其中！实在是平易中见奇崛，质实里融华美！

这首诗的第二句"自弹自感暗低容"中"暗低容"属于什么描写，对表现"夜筝"有什么作用？

解答示例

"暗低容"属于神态描写。这处神态描写表现了弹筝者弹奏时极其投入并且动情，从侧面表现了筝乐的动人。

（发表于 2015 年第 9 期《作文》，有改动）

第七节　情志寓于外物中

木槿朝荣暮零落
——阮籍《咏怀八十二首（其七十一）》赏读

咏怀八十二首（其七十一）
（三国魏）阮　籍①

木槿②荣丘墓，煌煌有光色。
白日颓林中，翩翩零路侧。
蟋蟀③吟户牖，蟪蛄④鸣荆棘。
蜉蝣⑤玩三朝，采采修羽翼。
衣裳为谁施？俛仰自收拭。
生命几何时？慷慨各努力。

体验中华优秀诗歌

注释

① 阮籍（210—263），三国时期魏诗人，字嗣宗，陈留（今属河南）尉氏人。
② 木槿：又称"日夕花"，其花朝生夕陨。
③ 蟋蟀：初秋生，遇寒则鸣，生命短促。
④ 蟪蛄：春生者夏死，夏生者秋死。
⑤ 蜉蝣：存活时间不过三日的一种生物。

这首诗实在是一个传奇性人物的独特的心理自白。

好，先说"传奇"吧！这位处在魏晋易代动荡不安时期的诗人，应该是很难接受篡夺到皇位的西晋之帝的。所以，他一度将自己的心浸泡在酒精之中，以六十日的大醉换得不与帝室联姻的清高；他曾率意出行，直到道路不通，然后痛哭而返；他曾施看不惯的世俗之士以白眼，而施性情之士以青眼，"白眼""青眼"两词应该跟他直接相关……看起来，他是一个多么不合礼法且不具儒家进取精神的率性之士啊！

然而，听听这首诗中独特的心理自白吧！你会看到一个跟史传所载不同的阮籍。

在这首《咏怀》诗中，诗人先将收入他心灵视野的一种植物和三种昆虫放在了我们眼前：

那在坟墓之上灿烂盛开的木槿花，花色多么鲜艳美丽！可是当光芒四射的太阳逐渐西斜至林中之时，那一朵朵娇美的花儿便凋零于路边。花开原来就一天呀！听，蟋蟀在人家的门窗附近长吟；蟪蛄在荒野的荆棘从中鸣叫。它们的生命不过一季呀！据说蜉蝣在世间也不过三天的时间，这三天也是蜉蝣玩乐的时间，你看它好像在装饰自己的羽翼；它这么打扮自己是让谁看呢？它好像不管不顾，低头抬头都是那么用心地让自己的衣裳保持鲜明漂亮之状。

阮籍为什么会关注到这开不长的花儿，活不长的昆虫呢？在诗的最后两句，诗人告诉我们，人的生命又有多长呢？还是像那些珍爱生命的花呀、虫呀一般，意气风发地努力吧！

读到这里，你有没有发现，这个传奇般的看似不遵礼法的诗人心里，原来存有这般积极的情怀！这种情怀里没有被酒精麻醉过的迷离，没有孤独凄凉的放声悲哭，没有对世俗之士表示不屑的白眼，有的只是对有限生命的无尽珍爱！

1.指出这首诗"蜉蝣玩三朝，采采修羽翼"句中最富表现力的两个词，并简要分析其精妙所在。

2.这首诗的末两句"生命几何时？慷慨各努力"有怎样的意蕴，跟其他诗句有什么联系？

解答示例

1."蜉蝣玩三朝，采采修羽翼"句中最富表现力的两个词是"玩"和"修"。这两个词以拟人化的方式生动形象地表现了蜉蝣在短短的三天中享受到生命乐趣以及珍爱自己羽翼的情态。

2.这首诗的末两句"生命几何时？慷慨各努力"表现了诗人领悟到人生短暂，需要意气风发地努力的意蕴。这句诗从结构上可以看作是对其他诗句表达的内涵的一个小结，从内容上可以看作是对其他诗句暗含的哲理的升华。

（发表于 2014 年第 2 期《作文》，有改动）

体验中华优秀诗歌

海燕乘春暂归来
——张九龄《归燕诗》赏读

归燕诗

（唐）张九龄[①]

海燕虽微渺，乘春亦暂来。
岂知泥滓贱，只见玉堂开。
绣户时双入，华堂日几回。
无心与物竞，鹰隼莫相猜[②]。

注释

① 张九龄（678—740），唐玄宗开元年间的名相，由于李林甫等诽谤，被玄宗渐渐疏远，后被罢相，此诗大约写于罢相之前。
② 鹰隼：鹰和雕，泛指猛禽。

题目显示，这首五言律诗歌咏的对象是"归燕"。归，在题目中可理解为"返回，回来"；归燕，返回家园的燕子。

诗人何以着眼于返回家园的燕子，并由此触发诗兴呢？

就对咏物诗的一般阅读经验来看，诗人往往是"醉翁之意不在'物'，在乎'个人情志'也"。这样想来，诗中的"归燕"应该是别有所寄啦！

从首联来看，这只归燕是海燕，一只伴随着春天的暖风好日暂时逗留于此的海燕。"微渺"者，不只言其微小，跟下文的"玉堂""绣户""华

堂"对照，似还应暗指其地位之卑；然而，虽然仅为一只卑微的海燕，也会被这大好春光吸引，暂时来到这温暖的地方。既为"暂来"，便有寄居之意；既有寄居之意，题中的"归"字便暗含不稳之意。

再往下读时，你会感到诗人在颔联中已悄悄化身为"海燕"，从其视角立言：哪里知道自己所衔泥滓为卑贱之物呢？只看到玉堂的门扉敞开。

到了颈联，诗人开始给我们展现海燕与同伴在华丽的居室中双双出入的景象——这样的景象，每天都有几回。看起来多么和谐美好啊！然而，这种和谐感很快便被尾联打破了。

诗人在尾联还用燕子的口吻发话："我无心与他物争夺什么，鹰呀，雕呀，你们这些猛禽可不要猜疑我啊！"

好端端地在华堂、绣户筑巢出入，为什么要提到鹰、雕这样的猛禽呢？

看来，读懂此诗，必须借助诗人的经历了。这位唐玄宗时期的名相，遭当时的奸相李林甫所嫉，被其在皇帝面前诽谤，于开元二十四年（736年）被罢相，不久又因所荐举之官员被弹劾，触帝王之怒而被贬。

刘禹锡在文中称张九龄被贬之后，"自退相守荆门，有拘囚之思。托讽禽鸟，寄词草树，郁然有骚人风"。

这样看来，诗中的"归燕"岂止"归燕"而已？实在是诗人心灵的化身啊！这只忙忙碌碌出入于华堂的海燕，已经以华堂为家，只想在这大好春日安于华堂之居；然而，已经被鹰隼猜疑，有受到伤害的危险……这不就是以朝堂为家忙于朝堂之事，却被李林甫这样的鹰隼谗害的诗人的形象吗？

于含蓄蕴藉的归燕形象之中，抒郁郁伤怀的难安之情，这首咏物诗便别具一种摇荡人心的魅力。

体验中华优秀诗歌

从尾联"无心与物竞,鹰隼莫相猜"中,你读出了诗题中的"归燕"怎样的境遇?这样的境遇跟诗人的身世有怎样的相关性?

解答示例

从尾联中,我读出了诗题中的"归燕"有被鹰隼伤害的危险;这样的境遇跟诗人被当时的奸相李林甫谗害的身世相像。

（发表于2016年第1期《作文》,有改动）

他年风采搅阵时
——李贺《马诗（其十二）》赏读

马诗（其十二）

（唐）李 贺[①]

批竹初攒耳[②],桃花未上身[③]。
他时须搅阵,牵去借将军。

注释

①李贺（790—816）,字长吉,唐代诗人。后人称其为"诗鬼"。
②《齐民要术》记载,良马的耳朵大多状如尖竹。批竹:削尖的竹子。攒耳:双耳聚拢向上。
③《尔雅·释畜》郭璞注,黄白杂毛之马,称作桃花马,是一种良马。

 品一品

先来看看诗中的这匹马吧!

这肯定是一匹小马。你瞧,它的耳朵刚刚呈现聚拢向上之状,真正的毛色还未显现出来。但是,这肯定不是一匹普通的马。你再细看:它耳朵的形状虽刚刚长成,却已如尖削的竹子一般——这不是千里马耳朵的特征吗?它的毛色虽然还不清晰,但是已经能隐约看出将会在它长成时显现的桃花状斑点的印迹。长成的它将会是被视作良马的桃花马啊!将来有一天,这样的骏马一定能冲锋陷阵;将军以它为座驾的话,必然能建立功勋!

在这首咏马的诗歌里,李贺就这样给我们描绘了一匹已具千里马的雏形,且有千里马驰骋战场之志的不同凡俗的小马。你肯定看出来了:在这匹小马的身上,不是寄寓着诗人对个人才华的自信与渴望立功战场建立勋业的远大抱负吗?

是的,诗人应该是自信的!《新唐书》记载,他七岁就能作诗,才名早显,并且十五岁时,所作的数十篇乐府诗就被乐工配曲弹唱;据说,还曾在登门访问他的韩愈与皇甫湜面前挥笔立成一首《高轩过》,深得二人称赏。实在是头角峥嵘!就才能来看,跟诗中那匹"批竹初攒耳,桃花未上身"的小马隐现的千里马的特征多么相像!你说,早年就显露这样出众的才华,他能不自信吗?

是的,诗人肯定是有着远大抱负的!你看他的"男儿何不带吴钩,收取关山五十州",表现了何等不凡的英武气概!这种气概跟诗中小骏马的志向——"他时须搅阵,牵去借将军"——不是颇为相似吗?

所以,这首咏马诗实在是诗人托物言志之诗。

但是,读这首诗的时候,我们不止可以联想到诗人李贺的才能与志向,因为这匹身形不凡、志向高远的小骏马的形象,还可以象征任何一个年纪虽小而才能不凡且志向远大的幼童或少年的形象,还可以让我们从这样鼓荡着昂扬向上的气息的诗句中感受到一种上进的力量……

体验中华优秀诗歌

这首诗描绘了马怎样的形象?诗中的"马"有何象征意义?

解答示例

这首诗描绘了一匹还未长成的千里马的形象,它的耳朵刚刚呈聚拢向上之状,看起来像尖削的竹子一样,它的毛色还不清晰,但已能隐约看出将会在它长成时显现的桃花状斑点的印迹。诗中的"马"象征年龄不大、才能不凡,并有远大志向的人物形象。

(发表于 2014 年第 11 期《作文》,有改动)

西望长安江水流
—— 李白《秋浦歌》赏读

秋浦歌[①]

(唐)李 白

秋浦长似秋,萧条使人愁。
客愁不可度,行上东大楼[②]。
正西望长安,下见江水流。
寄言向江水,汝意忆侬不?
遥传一掬泪,为我达扬州。

第二章 人生感悟篇——玉铸心魄梅为魂

注释

① 唐池州有秋浦县,其地有秋浦水。池州,治所在今安徽池州市。
② 即大楼山,在池州府城南六十里。

品一品

诗人共作了17首"清凉而悠长"的"秋浦歌"组诗,此诗列组诗之首。

诗的起句便出语不凡,颇有"谪仙人"风范:将"秋浦"之长与"秋"相比,化实为虚,凌空着笔,让人在"秋"字首尾相叠的音韵之奇中复感意蕴之奇。"秋"之长何由可见?哦,原来第二句巧作答语:秋天萧条之景使人忧愁。其隐含义为,愁人会感到时间漫长之煎熬,这样的话,"秋浦"之地不就长得像秋一样了吗?这样诗人之生花妙笔便从"愁"字宕开,引出"客"因为难以走出长长的秋浦而心怀忧愁,不知不觉间走到东边的大楼山。

灵动的笔意接着便腾挪到下一句的向正西方"望长安"。

望到长安了吗?诗人没有直接回答,接着让我们把眼光向下投入山边滚滚流动的江水。于是,望而未果的内蕴便在江水默默流动的无言之中。可是,诗人真的无言了吗?不!向下读吧。诗人奇想横逸,要跟江水说话,问江水:你心中还有我的影子吗?江水作何回答?人在水边,影在水上,何须多言?于是,诗人再发奇想:江水啊,你为我把这一掬思念的泪水,远远地送达扬州吧!

诗歌就此戛然而止,然而天籁般丰富的意蕴却在诗句中回环荡漾,缭绕不散,余音袅袅,不绝如缕。

诗歌以地名"秋浦"起,以地名"扬州"结,以"愁"串起心情与行动,让诗意自然地流转,曲折,腾空,入水,远行,让山水默默中含情,让思绪轻灵地飞扬……一首古体诗而已,却将李白飘逸清隽,流转自然、奇思逸想的浪漫主义风范表现得淋漓尽致。

体验中华优秀诗歌

做一做

这首诗开头的"秋浦长似秋,萧条使人愁"一句运用了怎样的手法,表现了诗人怎样的情感?

解答示例

这两句诗运用了化实为虚的手法,借"秋"之虚巧妙表现"秋浦"这一实景地域之长,形象地表现了诗人看到"萧条"的秋景而滋生的感觉日子漫长的忧愁之情。

(发表于2013年第11期《作文》,有改动)

骏马何处逐英雄?
——李贺《马诗(其十)》赏读

 读一读

马诗(其十)
(唐)李 贺

催榜渡乌江,神骓泣向风。
君王今解剑,何处逐英雄?

 品一品

大概是属马的缘故,李贺竟然写了二十三首以"马"为题的诗。表面写马,实则言志。在这第十首"马诗"里,李贺给我们塑造了一匹怎样的"马"?借马抒发了自己怎样的情怀呢?

第二章 人生感悟篇——玉铸心魄梅为魂

哦，这可不是普通的马！看吧，出场时首先传入我们耳边的是急促的打桨声，紧接着伴随浩浩荡荡的水势，画面上显示出"乌江"二字：一艘小船正慌急地从乌江渡口向江东一带划行。这下你明白了吧？诗人仅用5个字，就将我们带到了楚汉争雄大局已定之后的一幕：项王被刘邦的部下追至乌江边，赠马给乌江渡口的船夫后自刎，船夫载着乌骓宝马匆匆逃离……接下来，诗人便让我们的视线集中到那匹曾经跟随项王南征北战的乌骓马上：这匹乌骓宝马竟然在船头迎风而泣！让想象的双眸张开，仔细地看看吧！一匹曾经叱咤风云的神骏，现在孤独地站立在船头，面对一片茫茫的水域，低首摆尾，泪珠大颗大颗地从眼眶砸落：是在思念曾经让自己展现神勇的主人，是在为莫测的前程伤感，还是二者兼而有之？

嗯，答案在诗歌的后两句：君王已经用宝剑结束了自己英武的生命，永远地放下了手中的宝剑，"我"到何处去追随项王这样的英雄呢？

诗人就这样揣想神骓的心理给出了这样的回答。其实，这哪里是神骓的心语呢？这明明是诗人在借神骓的形象及言语来抒发自己身怀俊才而心盼伯乐的痛楚与期冀之情啊！

回顾李贺的身世，年少才即显，诗名广传扬，曾得韩愈这样的大家赏识；岂不是如神骓般具有常人难以企及的才华吗？当年李贺遭遇科考逆境，因父亲之名"晋肃"与"进士"音近，而让时俗之议关上了自己通往科考之路的大门，哪怕韩愈亲自撰文为其辩解，也无法让李贺走上科考之路！由此看来，"神骓"如何不"向风"而"泣"，如何不渴盼能使其有用武之地的"英雄"？

处身于国势渐趋衰颓的中唐时期的李贺，在这首五言绝句中，就这样，借项王赠船夫以"神骓"，抒发了自己渴望用武之地的期冀。

有"诗鬼"称号的他，向来喜欢用奇而僻的意象来创设独特的意境。在这首绝句中，"神骓"的意象同样给人以神奇之感。你看他似从天外着笔：司马迁在《史记》中只简略一笔提到项王赠马给乌江船夫一事，而李贺偏偏着意于乌江船夫得到神骓之后的想象。这想象又是何等

体验中华优秀诗歌

逼真啊！单只"泣向风"三个字，就摹画出了"神骓"在船头的无尽凄凉的痛苦神态。而更奇更妙的还在后边：诗人竟然走进了"神骓"的内心，让"神骓"道出了无尽凄凉、痛苦的原因。然而，这还只是诗歌的外层，往下深揭一层，便是"神骓"意象背后与"神骓"相似的诗人的内心世界！意蕴无穷，让人回味不已……

"催榜渡乌江，神骓泣向风"运用了怎样的表现手法，表现了诗人怎样的思想感情？

解答示例

"催榜渡乌江，神骓泣向风"运用了拟人和化用典故的表现手法，表现了诗人渴望展现才能以建功立业的思想感情。

（发表于2014年11月10日第42期《语文报》，有改动）

不羡千金歌舞，自有珠玉生涯
——苏轼《绝句》赏读

绝 句
（宋）苏 轼

春来濯濯江边柳，
秋后离离湖上花。
不羡千金买歌舞，
一篇珠玉是生涯。

品一品

在诗歌的黄金时代——唐朝,以"绝句"为题的诗歌多矣。绝妙的有杜甫的"两个黄鹂鸣翠柳,一行白鹭上青天。窗含西岭千秋雪,门泊东吴万里船",以及"迟日江山丽,春风花草香。泥融飞燕子,沙暖睡鸳鸯"等,三十字之内,绘尽了大唐江山靓丽、盛大雄浑的气象。当唐朝诗人几乎用诗歌写尽人世间所能歌咏的情景之后,宋朝的诗人如何另辟蹊径,独出机杼,在诗歌的舞台上展现出独特的风采?且看大诗人苏轼的如椽之笔吧。

这首七言绝句也从自然景象中框取画面:

温暖的春天抚临人间之时,江边绿柳依依,一片明净清朗的袅袅柔美。

清凉的秋季翩翩来到之后,湖上依然有繁盛而艳丽的花朵装点着自然的衣裳。

春之柳鲜绿,秋之花娇美。然而,读至此,疑窦亦油然而生:作者眼见的到底是春之绿柳呢,还是秋之娇花?显然,春之绿柳与秋之娇花不能在作者的眼前并存。看来,此柳,此花,乃作者心中想见之美丽动人的景象了。当然,这景象当中可能有一景乃眼前所见,或者均为心中所想。但问题是,作者为什么要从眼前或心中框取这两个不同季节的不同丽景呢?

诗人没有回答,接下来,则思接天外,突现两句收尾:我不羡慕人家花费千金去买歌舞去看欢笑,有一篇珠玉般的诗文在,便有了属于我自己的高贵人生。

何等傲岸而洒脱的诗句呀!在千金面前,诗歌毫不逊色,而且远胜千金所买歌舞之短暂,具有珠玉般温润之色泽,恒久之魅力!

不过这等铿锵有力且气骨铮铮、戛然而止并意味深长的结句,到底跟前两句诗框取的画面有何关联呢?

体验中华优秀诗歌

关联就在"歌舞"二字。试想,"歌舞"之柔美、短暂,与春柳及秋花的柔美与短暂不是极其相像吗?今日青绿鲜净之柔柳焉不会很快成为他日的残枝败柳?今日繁盛鲜明的皎皎秋花焉不会很快成为他日的残蕊败枝?今日千金所买的歌舞欢笑又岂能时时长有,月月长有,岁岁长有?

于是,眼中景、心中思,融成绝句尾联的天外神笔、铿锵之句——不羡千金歌舞,自有珠玉生涯!

发出这样掷地做金石声的言语者,该有怎样的冰雪情怀与旷达气概?

回看才气超然的苏轼在官场上起起伏伏饱经坎坷的人生经历,回想他遭遇"乌台诗案"被贬之后的《前赤壁赋》,那一句"惟江上之清风,与山间之明月,耳得之而为声,目遇之而成色,取之不尽,用之不竭,是造物者之无尽藏也"中明月心、清风意里映现的清澈心境,回思他在《念奴娇·赤壁怀古》的"乱石穿空,惊涛拍岸,卷起千堆雪"中高高扬起的豪壮气势,自可将这等坚定自信的傲岸之语与这等坚定自信的傲岸之人画上等号。试问,在诗歌备受冷落的时代,还有谁能发出这样坚定自信的傲岸之语吗?

从表现手法及表达效果的角度赏析"不羡千金买歌舞,一篇珠玉是生涯"。

解答示例

"不羡千金买歌舞,一篇珠玉是生涯"运用对比和比喻的手法,用"珠玉"比诗文,将"千金买歌舞"的生活和以写诗文为主的"生涯"对比,突显了诗人对写诗作文的生活的珍爱。

(发表于2014年3月3日第9期《语文报》,有改动)

绿净香幽惜流光
——王安石《岁晚》赏读

岁 晚

（宋）王安石

月映林塘澹，风含笑语凉。
俯窥怜绿净，小立伫幽香。
携幼寻新的①，扶衰坐野航。
延缘②久未已，岁晚惜流光。

注释

①的：莲子。
②延缘：在这里意为流连徘徊。

在古诗词中，"岁晚"常见的含义有三种：一指深秋；一指立春，当这个节气有时候出现在农历上一年年末时，即称作"岁晚"；一指晚年。

此处"岁晚"当取何义？答案当然在这首五言律诗里。

诗人在首联里将一幅风月美景图呈现在了我们眼前：淡淡的月色下，树林将清影描摹于地上；水塘上，明明灭灭闪烁着点点银色的月光；微风在一片暖暖的笑语声拂过，带来丝丝凉意……十个字内，蕴含多少让人品咂的画面与情味！

最引人遐想的当属风中含着的"笑语"了：从后面诗句中的"携

幼"可以看出,诗人至少还带有一个年幼的孩子;就末句的"岁晚惜流光"之内蕴而言,诗人大约已到人生的暮年;那么这笑语该是一老一少月下闲步赏景之时发出的吧?他们都聊了怎样有趣的话题呢?而那欢笑声又如何被微微的凉风捕捉住,传递开?随你想去吧!

而诗人已经低下头来悄悄地观赏那塘中月下明净的绿色了。那明净的绿应该是属于荷的吧?它们静静地沐浴着月的辉光,仿佛被洗过一般,泛着净洁的光泽,让诗人产生了怜惜之情。不忍离去的诗人,伫立在这清荷之旁,一任荷的幽香在身边弥散……

哦,那幽幽的清香勾起了诗人旁边小孩子的兴致了吗?只见诗人带着幼童划着塘上的小船寻找那新生的莲子去啦!一老一小月下塘里寻觅莲子的过程一定是充满了情趣的吧!不过诗人确实已经年老体衰,不能像小孩子一样不知疲倦地在月下的船上快意戏玩啦。体力不支的他让幼童搀扶着坐在了这乡野间的小船上,暂时歇憩下来。

诗人就这样静静地在那月下,在那林畔,在那塘上,在那荷间,在那微凉的风中,继续赏玩流连,不忍离去。是因为时令已到深秋,美景不能长久,还是因为已至暮年,自感人生时光无多,所以格外珍惜这如水流般消逝的时光呢?抑或二者兼而有之。

是的,诗题中的"岁晚"显然兼含了"深秋"与"晚年"两种含义。于是"岁晚惜流光"之句便别具一种含蓄深远的蕴味:珍惜眼前就要消失的美景,珍惜人生有限的时光!而这句话的精警之义又岂止如此?到晚年的人固然感觉如水般流逝的时间可贵,那么年轻人呢?转眼人生便将暮,流光从来便须惜呀!

多么有力的收束!于是,《岁晚》无形中便具有了醒世之魅力!

这首诗的末句"岁晚惜流光"在结构与内容上分别有怎样的作用和表达效果?

第二章 人生感悟篇——玉铸心魄梅为魂

解答示例

　　这句诗从结构上看,是对全诗的收束;从内容上说,则表现了对眼前就要消失的美景及对人生有限时光的珍惜之情,有警醒之效。

(发表于2016年第3期《作文》,有改动)

云间青山慰行人
——张耒《初见嵩山》赏读

初见嵩山①
(宋)张 耒②

年来鞍马困尘埃,赖有青山豁我怀。
日暮北风吹雨去,数峰清瘦出云来。

注释

① 嵩山:五岳中的"中岳",位于河南省登封市。
② 张耒(1054—1114),字文潜,北宋文学家。

　　漫漫的黄土道上,一阵风起,卷起遍地尘埃。刹那,黄尘滚滚,弥天漫地。当尘埃渐落,坎坷的长道上,一骑瘦马渐行渐近。瘦马上诗人的形象也逐渐清晰起来。

　　诗人就这样骑在疲惫不堪的瘦马之上,奔波劳累写在沧桑的容颜

体验中华优秀诗歌

上,艰难辛酸含在黯淡无光的眼神里。

黄尘古道之上,一颠一簸之中,诗人就这样踽踽而来。眼前是似乎找不到终点的道路,头顶是云层越来越密的阴沉的天空。

不久,风起,雨落。冰凉的雨点砸下来,凛冽的寒风刮过来,瘦马上的诗人在寒雨冷风之中挣扎着前行。当眼前的风雨劈头盖脸袭来的时候,人世间的风雨或许也正一幕幕、一桩桩从诗人的心底翻腾出来,搅扰得他心田之上阴暗一片,困苦不堪……

飒飒的北风吹过,淅淅沥沥的雨点渐渐止息。诗人的眼神怎么一下子也明亮起来,突显惊喜之色?顺着诗人的眼光望去,只见前方不远处,几座清清瘦瘦的高峰正耸出云霄,卓然挺秀!

坎坷长路上的颠簸之苦,风雨路途中的困窘之状,人生路上的种种烦扰,刹那间被眼前的青山撞得无影无踪,天地间似乎豁然显现出广阔的境界来。看,风吹过,雨打过,那昂然高峻的山峰不是英姿依然吗?瘦削中更显苍劲,挺拔里别具清高!

这动人的嵩山啊,就这样凝止于诗人无限倾慕的眼神之中……

而诗人看到的哪里只是豁人襟怀的青山,高出云霄的清瘦之峰——诗人看到的其实是他自己的心象!

那青青的嵩山,那清瘦的高峰,不就是历经磨折而清高依然的诗人吗?不就是诗人于颠沛困顿之中坚毅不屈之精神的写照吗?

这首诗的第二句"赖有青山豁我怀"是什么意思?诗人为什么这么写?

解答示例

这句诗的意思是幸亏有青山让"我"胸襟开阔,将人生路上的艰辛与困窘置之度外。因为诗人看到风雨过后依然耸入云霄的清瘦山峰后,感受到了嵩山坚毅不屈的清高品格,这种品格坚定了诗人固守清高的意志,让他的心灵得到了深深的慰藉。

(发表于2018年第10期《作文》,有改动)

无数青山烟雨中
——辛弃疾《菩萨蛮·金陵赏心亭为叶丞相赋》赏读

菩萨蛮·金陵赏心亭为叶丞相赋①
(宋)辛弃疾

青山欲共高人语,联翩②万马来无数。烟雨却低回,望来终不来。 人言头上发,总向愁中白。拍手笑沙鸥,一身都是愁。

注释

① 赏心亭:北宋时建,在建康(今南京)城西下水门城上,为当时游览胜地。叶丞相:叶衡,右丞相枢密使,当时任江东安抚使,住在建康。

② 联翩:接连不断的样子。

这首词是作者在金陵的赏心亭为叶丞相而写的寄情之作。

词的上片写登赏心亭望到的景。景的主体是远望所见之青山。风雨未至之时,这连绵不断的青山似乎要和"高人"对话,一座座,一列列,仿佛千军万马,扑入眼帘。而当烟雨迷蒙之时,那高高的青山,那

体验中华优秀诗歌

似万马奔腾般的群峰,却似乎在犹豫徘徊,看起来似要前往跟"高人"对语,最终却未能前来。于是,此处之青山绿水在晴空之下烟雨之中的景象便独具一种别致生动的情趣。而能将"青山"视作"联翩万马"者,何许人也?时年34岁的辛弃疾也。这年,辛弃疾因叶衡推荐做江东安抚司参议。一直怀着收复中原壮志的诗人,哪怕看到青山,也能想到奔腾的战马!可见其胸中涌动着怎样的英雄豪情啊!而在当时主战派总是受到打压的朝廷里,他的英雄豪情却总是被凄迷的"烟雨"浸泡得无以直干云霄,只能是"低回"于阻障之外。于是,下片的"愁"情便自然地借助头上之白发显现出来了,借助"沙鸥""一身都是"的"白"色浮现出来了……而"一身都是愁"的白色"沙鸥"鼓翼飞翔的坚强,必然是深深地打动了诗人英雄豪迈的内心,他"拍手"而"笑"的动作与神态里,是不是隐含了对自己在这凄风苦雨愁迫不堪的环境里坚持一份不灭的豪情的自勉呢?是不是在向举荐自己的"高人"叶丞相表白一种摧折不了的壮志呢?我看是。你看呢?

这首词开头的"青山欲与高人语,联翩万马来无数"及结尾的"拍手笑沙鸥,一身都是愁",写作角度均新颖别致,极富表现力,这两处分别用了怎样的修辞手法,有怎样的表达效果?

解答示例

"青山欲与高人语,联翩万马来无数"运用了比拟的手法,将"青山"赋予"人"的情怀,拟想其欲和"高人"对话,带着无数奔腾的骏马前来,生动形象地表现了诗人在未下雨之时观赏到的"赏心亭"对面的青山高峻连绵之景,隐含了诗人意欲在收复失地的战场上驰骋英姿的愿望。

"拍手笑沙鸥,一身都是愁"运用了借代的手法,以虚写实,以"愁"借代沙鸥体色之"白",巧妙地表现了诗人内心的"愁"绪之重,又借沙鸥翱翔之姿与自己"拍手"而"笑"的动作与神态,暗示了自己不被愁绪所困的积极与乐观的人生态度。

(发表于2013年第7-8期《作文》,有改动)

棹歌声里片月轻
——朱熹《渔艇》赏读

渔 艇

(宋)朱 熹

出载长烟重,归装片月轻。
千岩猿鹤友,愁绝棹歌声。

渔艇,打鱼人所划的轻便小船。

在这首五言绝句中,渔艇一出发,就被诗人的目光捉住啦!只见小艇之上,长烟弥漫,这浓浓的烟雾似乎是小艇不堪的重负,让这小艇前行的姿态显得如此迟缓而滞重。这渔艇出行一天的经历如何?诗人没说,但是他敏锐的视线再度捕捉到了归来的渔艇:夜月升起,月辉清亮,只见装着那一片清亮月色的小艇,划行得如此轻灵快捷!

而渔艇上的人生不只与烟霭和片月相关。

接下来,在诗歌的第三句,诗人让我们看到了渔艇航行的水道附近,众多岩石之上,跟渔艇为友的猿与鹤们。不知那时那地的武夷山五曲的隐屏峰上，有多少猿儿与仙鹤在此幽栖？这里的猿鸣，会不会像郦道元在《水经注·江水注》中写的那样——"猿鸣三声泪沾裳"？鹤呢？它的唳声带给渔夫的是优美的感受，还是伴随风声而来使人惊慌失措的不安？诗人也没告我们说。但是接下来，他让我们听到了渔艇上传来的棹歌声，他说这是令人"愁绝"的棹歌。"愁绝"在杜甫的诗中出现过，在他的《自京赴奉先县咏怀五百字》中有"沉饮聊自遣，放歌破愁绝"句，此处的"愁绝"意为极端忧愁。这里的"愁绝"莫非也是此意？那么，这装着一片清亮的月光轻快返程，且与猿鹤为友的渔夫，为什么会唱出令人"愁绝"的歌声来呢？他的歌声应该如那一片清月般清亮欢快，如山中的猿鹤般超逸脱俗！莫非是这与清月为伴、跟猿鹤为友的孤寂生活，引发了渔夫内心的悲凄，于是唱出了令人极端忧愁的歌？或者是这打鱼的生活让渔夫朝不保夕，于是在清月下，在巉岩侧，有猿鹤陪伴，不由自主地高歌心中的苦楚，让听到的人也不由得为他的生活处境生发极度的忧愁？而这样的棹歌声是否也引发了诗人忧及国运民生的深愁呢？

看看作者写此诗之前的经历吧：1181年8月浙东饥荒，朱熹由宰相王淮推荐任职；到职后，弹劾了一批贪官以及大户豪族，并且不徇私情，牵连攻击王淮等人；于是，王淮指使人上书抨击理学，斥其为"伪学"，朱熹被解职。而此诗就作于他解职之后在武夷精舍广招门徒传播理学期间。所以此处"棹歌声"的"愁绝"极有可能是对国计民生的怀忧患感。于是这首载着重烟而出、带着轻月而归、与猿鹤为友的"渔艇"之歌里，便多了一份儒学大师忧及民生的厚重之感。

这首诗的前两句描绘了怎样的景象，运用了怎样的手法，表达效果如何？

第二章 人生感悟篇——玉铸心魄梅为魂

解答示例

这两句诗描绘了这样的景象:渔艇出发时,似乎是不堪烟雾的重负,行进迟缓;归来时的渔艇上洒落一片清亮的月辉,划行得轻灵快捷。诗句运用了对比手法;"长烟"和"片月"相比,"重"跟"轻"相较,形象地表现了渔艇出发及归来时不同的天气状况给人带来的不同心理感受。

(发表于2015年第3期《作文》,有改动)

一树流莺齐婉转
——徐元杰《湖上》赏读

湖　上①

(宋)徐元杰②

花开红树乱莺啼,草长平湖白鹭飞。
风日晴和人意好,夕阳箫鼓几船归。

注释

① 湖上:指杭州西湖上。
② 徐元杰(1196—1246),字仁伯,上饶(今属江西省)人。南宋理宗绍定五年(1232年)状元,为政清廉。其诗自然流畅。

"湖上"显然是吸引诗人目光并打动诗人心灵的地方。

体验中华优秀诗歌

湖非平常之湖，乃游赏之名胜——西湖。

在这位南宋诗人的眼中，西湖呈现的是怎样的景象呢？

看，湖岸之上，触目所及是花儿盛放，满树红光似火艳。听，入耳所闻是莺啼婉转，四处皆起，不辨声自何来。

放眼望去，芳草萋萋，铺满长堤。那嫩生生、绿油油的草儿啊，蓬蓬勃勃，显现着旺盛的长势。满满的一湖春水之上，只见白鹭鸟翩然飞舞，自在而优雅。

多么亮丽动人的西湖春景！

微风轻拂，春阳煦暖，人的心情也不由自主地跟着变得美好起来啦！

有多少游客被这美好的景象吸引，在湖上游赏流连不已，直到夕阳西下，才在箫鼓声中让游船缓缓而归？

北宋大文学家苏轼曾有写西湖的名诗——《饮湖上初晴后雨》，赞美西湖无论晴雨，总能呈现出西施一般美丽动人的景象。然而苏轼对西湖美景的表现还是太写意了。单拿"水光潋滟"四字来写西湖晴日水波动荡之美，如何让读者张开想象的翅膀？

而在这首七绝之中，你却可以想象到红艳艳的一树花朵带来的视觉冲击，乱杂杂的四处莺啼带来的听觉冲击，可以在"潋滟"的水光之外想象青草勃勃的生机，可以在平湖之上想象一只抑或多只白鹭翩然的美丽，可以在想象中让微风拂过你的脸颊，让蓝蓝的天空上亮丽的日光暖热你的双眸，可以让南宋时期悠然动听的箫声夹杂着热闹的鼓点随着缓缓驶来的船只滑入你的眼中，流到你的眼前⋯⋯

多么自然而清丽的小诗啊！然而，在自然清丽之中，从诗中的"乱"里，从"夕阳箫鼓"的黄昏乐声之中，我却似乎听出了诗人对朝政的隐忧。这是一名为官"远声色，节情欲""直声闻于朝"的诗人啊！他曾上书言事，慷慨陈词，力主排外患，修内政，保境安民。而在当时奸佞用事的朝堂之上，他能达成这样的佳愿吗？淳祐六年（1246 年）六月他暴疾而亡，据称系奸人毒害，御旨交大理寺审理，最终也没有查清。他留下的这首小诗中的"乱"字可否透显他担忧朝事的烦乱之心，而那"夕阳箫鼓"的黄昏乐声中,可否隐藏着他对南宋王朝的官员们沉溺于声色之中让王朝没落的隐忧呢?

"花开红树乱莺啼,草长平湖白鹭飞"两句描摹了怎样的景象,是从哪些角度描绘的?

解答示例

这两句诗描摹了美丽动人的西湖景象:满树红花盛放,四处莺啼婉转,青草勃勃,湖水盈盈,白鹭翩然飞翔。描绘的角度有视觉和听觉,近看和远观。

(发表于2015年0601第21期《语文报》,有改动)

冰玉精神梅花魂
——《红楼梦》第三十七回林黛玉《咏白海棠》赏读

黛玉道:"你们都有了。"说着,提笔一挥而就,掷与众人。李纨等看他写道是:

"半卷湘帘半掩门,碾冰为土玉为盆。"

看了这句,宝玉先喝起彩来,只说"从何处想来!"又看下面道:

"偷来梨蕊三分白,借得梅花一缕魂。"

众人看了,也都不禁叫好,说:"果然比别人又是一样心肠。"又看下面道:

体验中华优秀诗歌

月窟仙人缝缟袂，秋闺怨女拭啼痕。
娇羞默默同谁诉，倦倚西风夜已昏。
众人看了，都道是这首为上。

简介

大观园中，在探春的倡导之下，宝玉、宝钗、黛玉、李纨等人纷纷响应，很快成立了诗社。诗社刚刚成立，就举办了第一次赛诗活动：咏白海棠。探春、宝钗、宝玉已先后写完，黛玉最后"一挥而就"，可见其才思敏捷。另外，从宝玉与众人的喝彩与叫好中，便可看出此诗的不同凡响。

诗的开头便是别样的诗境：湘妃竹做的浪漫的湘帘卷起一半，古朴的屋门半开半掩。半卷的帘后，半开的门前，遮掩的是怎样一位亭亭的高雅的女子？她的清清双眸，正投向帘内门前那盆洁白素雅的海棠花。

海棠花事如何暂且先不说，单看滋养这海棠花的土壤，竟似那碾碎的冰块，泛着晶莹的光泽；再看盛放海棠的花盆，竟似那温润的玉石一般。冰之清寒，玉之润泽，就这样与海棠相伴。冰玉的精神不就化入了海棠花的神韵之内了吗？

以"半"字起笔，有"半"字呼应。如"冰"似"玉"，想自天外。怪不得宝玉赞叹"从何处想来"。

经历这样的铺垫、渲染之后，黛玉静静的目光开始投向那盛放的白海棠。那是怎样的洁白呢？该是将梨蕊的三分皎白悄悄地偷过来了吧？哦，那在春天里烂漫盛开的梨花扑入心灵的眼睛中了，那份不染尘埃的洁净的白色融入眼睛中了！"梨"者，离也。这洁白的海棠花勾起黛玉离别家乡的伤悲了吗？引发黛玉永远也见不到父母的凄凉之慨了吗？

细细嗅去，一缕淡淡的清香沁心入脾，似有若无，似散还留。这哪里是海棠花香？这分明是梅花的魂魄啊！

那在严寒中怒放的梅花,那怒放的梅花散发的缕缕冷香,是不屈的意志,是动人的傲岸,是高雅的坚守!

如《红楼梦》中众人所赞:"果然比别人又是一样心肠。"

风儿穿过半卷的湘帘,跑进半掩的门内,去跟海棠花亲近。海棠花儿轻轻起舞,洁白的花儿飘飘欲起,仿佛那月宫中的仙人缝制的洁白衣裙,飘逸脱俗,美丽不凡。风定花静,花瓣低垂,似乎是那清秋时节闺中幽怨的女子刚刚擦去哀泣的泪痕,凄婉而动人。

娇羞的海棠花一如那娇羞的女子,默默无语。不是无语,是不知有谁可向他倾诉无尽的心事。西风卷凉来,倦意掩花姿;夜色昏沉中,无语伴花魂……

在对白海棠的歌咏中,一个冰雪聪明、高洁雅致、伤别怨离、心事重重、美丽动人的女孩子的形象宛然于眼前!

那不就是黛玉的形象吗?

处处海棠处处人,冰雪精神梅花魂!

结合《红楼梦》中林黛玉的身世,赏析"偷来梨蕊三分白,借得梅花一缕魂"。

解答示例

"偷来梨蕊三分白,借得梅花一缕魂"对仗工稳,运用拟人手法,形象生动地表现了白海棠颜色如梨花,馨香及品格似梅花,暗含了黛玉坚贞高洁的品性。

(发表于2016年第7-8期《作文》,有改动)

第三章
社会状貌篇——家国情怀动人心

"天下之本在国,国之本在家,家之本在身。"《孟子》中的这句话表明了国、家和自身的关系。是的,家与国跟个人之间密不可分:个人的成长离不开家与国的培育,家与国的兴盛离不开个人的素养与担当。

和平的岁月里,个人可以享受家的温馨,可以感受邻里交往的快乐,可以拥有闲适人生的情趣。战乱的年代里,国家的命运牵系在仁人志士的担忧里,跳动在豪杰俊才一意力挽狂澜的脉搏里,崛起于无数爱国爱家者坚韧不屈的奋斗里……

无论和平还是战乱,当思家、恋乡、爱国的情感融进一首首凝练的诗歌中时,天地间便闪耀着一道道动人心扉、给人力量的光芒……

第一节　桃花源里人家乐

杏树坛边桃花源
——王维《田园乐（其三）》赏读

 读一读

田园乐（其三）
（唐）王　维

采菱渡头风急，策杖村西日斜。
杏树坛边渔父^①，桃花源^②里人家。

注释

① 杏树坛边渔父：《庄子·渔父篇》中写道，孔子带着弟子们游学，曾经在杏树下的土坛上休息，弟子们读书，孔子弹琴吟唱。一位捕鱼老人下船上岸，认真聆听孔子的琴声与吟唱声。后来这位老人教导孔子效法自然、看重真情，不要受世俗的拘束。

② 桃花源：诗中指环境优美、生活和平而美好的地方。东晋文学家陶渊明在《桃花源记》中描绘了这样的乐土。

 品一品

若有若无的，是菱角的清香；静静流淌的，是清清的水流；人来人往的，是忙碌的渡头。

渡头风起，起得又快又猛。菱角们被风抓挠得前俯后仰，香味儿

被风抛洒得到处都是。静静的水流也在风的鼓动下漾起了幅度极大的旋律，仿佛抑制不住的笑纹，一圈圈扩散开来。渡船上、河岸边，行人的衣襟也都被风飘着、卷着，展现着风的能量。

西边的天空中，一轮红艳艳的太阳正缓缓坠落。金黄的、暖暖的光带一直铺到渡口的菱角上，抹在行人的额角上……似乎在提醒人们：赶紧回家吧！我很快就不能给你们照亮啦！

夕阳余晖中，拄着拐杖的老人慢慢地向村西走去，身后随着两条长长的影子。这影子缓缓地停在了杏坛旁边。杏坛旁边传来了动人的琴声，被琴声吸引的还有刚刚上岸的渔夫。这一幕场景跟一千多年前的那一幕多么相像：一千多年前，孔子带着弟子们游学，经过杏树下的土坛，停下来休息；树影中，土坛上，坐下来的弟子们诵读诗书的声音响起来了！动听的琴声与吟唱声从孔子的指间与口中传出来了！一位刚刚下船上岸的捕鱼老人，静静地聆听着这琴声……自然、本真而美好的情景就这样鲜活于唐朝的这个村落里！

村落里炊烟袅袅，一片静谧。行走在回家路上的老人、小孩，从从容容，脸色和悦……这不就像是陶渊明描绘的桃花源里人家的生活吗？

经历安史之乱后，年纪渐老的王维，在长安东南的蓝田县辋川建造了别墅，在终南山上，过着半官半隐的生活。生活在田园之中，村落自然的风光在眼，悠闲自得的心境相随。眼前景、心中情，被诗人融进如画般的诗歌，诗歌里还蕴藏着动人的音乐……

而祥和安定、宁静美好的人生就在这诗歌之中，拨动着无数读者的心弦……

"杏树坛边渔父，桃花源里人家"化用了怎样的典故，表现了怎样的生活场景？

解答示例

"杏树坛边渔父"化用了《庄子·渔父篇》中渔父与孔子的典故,"桃花源里人家"化用了陶渊明《桃花源记》的文意,表现了诗人感受到的祥和安定、宁静美好的田园生活场景。

(发表于2018年第7-8期《作文》,有改动)

第二节 幽居生涯意如何?

山居日暮人惆怅
——王维《归辋川作》赏读

归辋川作[①]

(唐)王 维

谷口疏钟动,渔樵稍欲稀。
悠然远山暮,独向白云归。
菱蔓弱难定,杨花轻易飞。
东皋春草色[②],惆怅掩柴扉。

注释

① 辋川:位于陕西省蓝田县中部偏南。唐朝诗人王维晚年在蓝田的辋川别墅过隐士生活。
② 皋:水边高地。

第三章 社会状貌篇——家国情怀动人心

品一品

　　在王维的禅意人生中,"辋川"应是他生命中重要的"港湾"。不过,在这首诗中,"辋川"好像也不能让这位一向拥有禅家之空寂内心的诗人平静下来了……

　　钟声在辋川谷口响起,那清亮的钟声让整个谷口仿佛都震颤得要轻轻跃动起来了。抬头望去,只见山上的打柴人、水畔的捕鱼人渐渐显少了,远处的山峦则渐渐笼罩在暮色之中了,而诗人便在这苍凉的暮色中,独自向白云飘飞处的家园归去……

　　途中诗人看到水中菱角那长长的蔓儿在水波之中东飘一下,西晃一下,无法让自己的茎叶稳定下来;还有那轻飘飘的杨花在风中不停地飞舞着、回旋着……这杨花能够如此旋舞不已,不就是因为它的轻飘吗?

　　不知那菱蔓与杨花触动了诗人怎样的难言之悲,只见诗人又将眼光投向东边的水畔高地之上。那里,春草一片,呈暗绿之色。

　　这黄昏时分的春草再次碰触到了诗人内心的伤痛了吗?

　　不知道。只是诗人满怀失意关上了辋川的柴门……

　　一切尽在诗意中!

　　你再仔细地听一听,那谷口空气中颤动的哪里只是疏朗的钟声?明明是诗人颤响不已的心跳声嘛!那"稍欲"稀少的"渔樵"映衬的本是诗人愈颤愈劲的孤独感呀!伴随着从远山处笼罩下来的暮色,这孤独感中应该还杂有难以捉摸的忧伤吧!而一个"独"字,一朵"白云",就让这孤独的忧伤诗化了,像白云一样飘起来了!

　　可是,心儿哪里就能如此轻盈地随白云飘飞呢?那"弱难定""轻易飞"的"菱蔓"与"杨花",还是硬生生地将诗人受伤的心拽回了现实。

　　肯定是受伤的心呀!你应该从"难定"与"易飞"中读出一种难以掌控自我命运的忧伤了吧?或许此诗写于诗人经历安史之劫乱,被迫做了"伪官"之后?难言的伤痛无以平复,于是便投映在了柔弱的菱蔓与轻飘的杨花之上?其实,人世之间难以掌控自己命运的"菱蔓"与"杨花"又岂在少数?所以,何须细究诗人如此兴感之由?但从他带给我们

的富于内蕴的意象中,品出一份人世的感伤之味来,不也能带给我们丰富的回味与思考吗?

而那暮色中东皋上生机茂盛的春草之色,到底触动了诗人怎样的惆怅呢?是羡慕春草的盎然活力,还是感伤春草也如菱蔓、杨花一般质弱命轻,只能拥有无法对抗时间流逝的短暂生命?

随你想去吧!

诗人关上了"柴扉",却打开了任你想象的"窗扉"……

这首诗中的"菱蔓弱难定,杨花轻易飞"一句中"菱蔓"与"杨花"的意象有什么特点,寄寓了诗人怎样的情感?

解答示例

"菱蔓"的特点是柔弱,难以安定;"杨花"的特点是轻飘,容易起飞。这两个意象主要寄寓了诗人对难以掌控自己命运的柔弱者的悲悯之情。

(发表于 2014 年第 5 期《作文》,有改动)

心随沙鸥飞何处?
——杨万里《昭君怨·赋松上鸥》赏读

昭君怨·赋松上鸥
(宋)杨万里[①]

晚饮诚斋,忽有一鸥,来泊松上,已而复去,感而赋之。
偶听松梢扑鹿[②],知是沙鸥来宿。稚子莫喧哗,恐惊他。
俄顷忽然飞去,飞去不知何处?我已乞归休,报沙鸥。

第三章 社会状貌篇——家国情怀动人心

注释

① 杨万里（1127—1206），字廷秀，号诚斋，南宋著名文学家。
② 扑鹿：鸟儿拍翅的象声词。

 **品一品**

一个号为"诚斋"的小院里，一抹柔和的斜晖铺洒在一株枝叶茂密的古松上。苍松旁，桌子边，诗人杨万里正与家人一起吃晚饭：简单的小菜散发着清新的香味，淡淡的薄酒闪射着清亮的光芒……

诗人举杯饮酒之时，忽听"扑啦"一声，松梢处传来响动。渐昏渐暗的光线中，诗人眼前闪过一只白色的沙鸥：只见它收拢双翅，试着停栖于院中高高的古松之上。

"啊！沙鸥！沙鸥！"

饭桌边的小孩子不由激动得叫嚷起来，他边叫边站起身，意欲跑到松树边看这位不请而至的客人。

"嘘——别出声。"

诗人赶紧小声提示孩子安静下来，并摇手示意他不要惊扰这只可爱的鸥鸟。

一时间，院子里好安静！

夕阳的斜晖渐渐沉没，那只沙鸥栖止于高高的古松上，不时用嘴啄一啄身上的羽毛，接着在松枝上挪动一下身子，似乎想待得更舒服一些。

微风拂过，松枝轻轻摇动，沙鸥也随之微微晃动。大概是有什么让沙鸥感觉不够踏实，"扑棱棱"一声，沙鸥突然展翅飞起，先是在小院的上空盘旋，继而愈飞愈高，愈飞愈远，渐渐隐没于辽远的黄昏的天空中了……

诗人的眼光追往沙鸥隐没的远方，心中却掀起了微微的波澜：鸥鸟知人无机心，相亲相近如友人；鸥鸟知人有机心，盘旋飞舞不相亲。

当这只沙鸥飞近诗人之时，诗人的内心洋溢着多么单纯的快乐啊！然而这只沙鸥竟然很快就飞走了，飞到了不可知的远方。此时的他应该

很想对沙鸥说:"怎么走了呢?留在这里吧!我已经不在朝廷为官了,我的心现在跟你一样——自由自在,无拘无束啊!"

词作之中的沙鸥,已得诗人喜爱,却一飞不归,徒留怅惘给诗人;现实之中的诗人,关心朝政得失,心系国家命运,却遭遇官场险恶,只好归隐家园……

此时此刻,诗人的心跟随沙鸥飞向何方了呢?是那远离朝政是非的幽僻之地吗?是那没有邪恶与权诈的乐土吗?

做一做

结合全诗,赏析"稚子莫喧哗,恐惊他"。

解答示例

"稚子莫喧哗,恐惊他"叙述了诗人在听到沙鸥飞到旁边的松树梢头后警诫小孩子不要大声喧哗以免惊扰到沙鸥的情景,表现了诗人希望能够留住沙鸥的心理,为下阕表达归隐的愿望做了铺垫。

(发表于2017年第11期《作文》,有改动)

云护千峰景如画
——辛弃疾《丑奴儿近·博山道中效李易安体》赏读

读一读

丑奴儿近·博山道中效李易安体
(宋)辛弃疾

千峰云起,骤雨一霎儿价。更远树斜阳,风景怎生图画?青旗卖酒,山那畔别有人家。只消山水光中,无事过这一夏。

第三章 社会状貌篇——家国情怀动人心

午醉醒时，松窗竹户，万千潇洒。野鸟飞来，又是一般闲暇。却怪白鸥，觑着人欲下未下。旧盟都在，新来莫是，别有说话？

高峻的峰峦连绵起伏，如千军万马，排成阵势。如纱似带的云雾，缠裹于山峰之中，虚无缥缈，让刚劲嵯峨的山峦别具一种神秘的妩媚。

云朵聚着聚着竟也排成厚厚的云阵了！薄雾飘着飘着竟也织成浓浓的灰布了！

不经意中，一阵风过，噼里啪啦的雨点就由小到大，由大到密，唰唰啦啦地从云层中接连不断地跳下来了！远处的山峰在雨帘中静静地矗立着，近处的诗人在雨帘外默默地惊异着：刚刚还是响晴的天，怎么转眼就是一阵子雨呢？

而这欢跳的雨点们兴高采烈地玩了一会高空坠落游戏之后，转眼之间，又隐身于云散雾开之后的天地之间了。

远处村落里层叠的树影，对面山峰上铺展的树形，被那一抹艳红的夕阳勾勒成一幅清丽幽静的风景画。画面的一角，隐隐显现一抹张挂着的酒旗。看来，山那边，还有不少人家。山如屏障，水如丝带。盘绕流动的溪水，伴着青山绿树，映着斜晖云影，一路欢唱，一路前行。

夏天的山村，就这样迷住了诗人。

诗人之志原本在于山水之外。他渴望的是"金戈铁马，气吞万里如虎"的军旅生涯，他期盼着收复北方沦丧的山河。然而，现实中的他，却在当权者的排挤之下，闲居于山野之中，看山观水，任岁月流逝，让壮志生锈。而能够抚慰诗人寂寞心灵的，则是这屹立不倒的山峰，一如诗人磨蚀而不改的壮志；是这变幻多姿的山间云雾，给诗人带来美好的期许；是山间的绿树清流，既养眼，也养心……

闲观山水，静饮美酒，陶然醉眠，睡足自醒。窗外株株苍松静静相

体验中华优秀诗歌

伴，竿竿翠竹亭亭玉立，从容悠闲，乐在其中。偶然间，一只野鸟不知从哪里飞来，有时栖于松林，有时绕于竹丛，有时窥窗吱喳，有时翩跹飞舞。意趣盎然，旷志怡神。

不远处，还有一只白鸥呢！奇怪的是，这美丽的鸟儿斜飞于空中，似乎正看向诗人，仿佛想往下飞落，却又不愿继续飞落。

诗人有些着急了：咱们不是都订过结交的盟约了嘛？你莫非是新来的？难道你还有什么话要跟我说吗？

是的，四十余岁时，诗人遭遇弹劾，罢官归家，收复沦丧山河之志难酬，排遣郁闷纠结之心仍在。于是，闲居带湖旁边的诗人写作《水调歌头·盟鸥》一词，词中有这样几句："凡我同盟鸥鹭，今日既盟之后，来往莫相猜。"这样的盟誓跟《左传·僖公九年》中的记载非常相像："齐侯盟诸侯于葵丘曰：'凡我同盟之人，既盟之后，言归于好。'"齐侯跟诸侯在葵丘盟誓说："凡是跟我同盟的人，已经结盟之后，就互相友好。"这样的志愿跟大诗人李白的想法也颇为类似。李白曾在诗中写道："明朝拂衣去，永与白鸥盟。"意思是说，从明天起，我就归隐去啦，跟白鸥结盟，长在一起。而志凌云霄身在乡野的诗人，也就这样跟鸥鹭结盟了，他希望结盟之后，来往之际，不再猜疑。

但是眼前的这只欲下未下的白鸥是怎么了？莫非忘记了跟诗人结下的盟约了吗？望着这只似乎带着猜疑心态的白鸥，诗人的心中泛起的可是一抹苦涩的痛楚？

千峰长在，溪水长流。松柏坚贞，翠竹傲岸。野鸟白鸥，自在翻飞。在这山光水色之中享受闲适情趣的诗人啊，其实依然沸腾着一颗盼望沦丧的山河回归、期待积贫积弱的国家强盛的澎湃之心！

运用想象，描绘"千峰云起，骤雨一霎儿价"表现的景象。

第三章 社会状貌篇——家国情怀动人心

解答示例

连绵不断的山峰上,云朵翻涌,聚成云层,云层越来越厚,由白变灰,由灰变黑;突然间,从黑黑的云层里噼里啪啦砸下无数雨点;雨点连成雨线,哗哗哗哗……下了一阵之后,便雨消云散了。

(发表于 2017 年 12 月 4 日第 45 期《语文报》,有改动)

诗酒生涯山斋画
——张可久《水仙子·山斋小集》赏读

水仙子·山斋小集
(元)张可久[①]

玉笙吹老碧桃花,石鼎烹来紫笋芽,山斋看了黄荃画。茶䕷香满把,自然不尚奢华。醉李白名千载,富陶朱[②]能几家?贫不了诗酒生涯。

注释

① 张可久(约 1270—约 1350),元代散曲作家。
② 陶朱:春秋时辅助越王勾践灭吴的范蠡退隐五湖期间经商成巨富,自号陶朱公。

题目中的"山斋"二字透露的不只是山林之趣,应该还暗含着诗人的隐居之乐吧?

听,玉笙的声音悠悠传来,悦耳动听。看,山林里碧桃花开,团团簇簇,如佳人笑,如霞光照。碧桃花在优美的玉笙声中倾情盛放,在静静流逝的时光里慢慢变老。这样的老去是多么美好!

哦,还有古朴厚雅的石鼎,鼎上烟气蒸腾,锅里紫笋芽香。这是怎样的人间享受!

在山斋之中,赏清雅之乐,看自然美景,食天然风味,多么幽静的地方,多么自在的生活!

还有更雅的情趣。

瞧,山斋主人的眼睛正专注地欣赏着黄荃的画。黄荃是谁?五代时后蜀善画花鸟的著名画家啊!画上的花儿一定是鲜活如生的吧?花上的鸟儿想必是呼之欲出的吧?花美不老,鸟鸣宛在。想来山斋主人的心都融进画中了吧?

庭中浓浓的荼蘼香溢满室内,溢入赏画人心肺。陶醉于画中的山斋主人被这扑鼻的浓香唤回心神,将眼光投向那散溢浓香的洁白的荼蘼花。花香越发阵阵腾溢,仿佛可以满把满把地抓握似的。

听到这里,看到这里,诗人有感触。诗人说:"自然不尚奢华。"过这样融入大自然的日子,不崇尚奢侈华贵的生活,诗人就这样亮出了自己的生活宣言。不只如此,接下来,诗人又从历史的册页里给自己的宣言找到了有力的依据:常常醉于酒的李白名扬千载,而如陶朱公那样的富贵者能有几家可以像李白那样垂芳千古呢?言及此,诗人不由得傲然说道:"贫不了诗酒生涯。"有诗有酒,何言人生贫苦?而物质上的贫苦,又何需介怀?

多么自然的生活,多么质朴的心声,多么高雅的情趣,多么洒脱的襟怀!什么样的诗人能有这样的生活、心声、情趣与襟怀?

诗人张可久,号小山,仕途上不得志,曾漫游江南。晚年居杭州,专力写散曲。与诗、酒做伴,与自然风光做伴,与名家画作做伴,这样的生涯,当然意趣风雅!

后人评价张可久的作品风格典雅清丽,将他与乔吉并称为元散曲两大家。正如这首散曲中所写:"贫不了诗酒生涯。"而诗人的诗酒生涯在文学史册上就这样闪耀光华!

第三章 社会状貌篇——家国情怀动人心

诗人为什么说"贫不了诗酒生涯"？结合诗意谈谈你的理解。

解答示例

诗人在诗中写道，与诗酒相伴的李白能传诗后世，名扬千载，而像陶朱公所过的富贵生活却难持久，以富贵留名青史的非常少见。所以诗人认为有诗酒相伴的生涯并不贫苦。

（发表于 2015 年第 4 期《作文》，有改动）

第三节　邻里相处情意深

秋水野航伴南邻
—— 杜甫《南邻》赏读

南　邻

（唐）杜　甫

锦里先生①乌角巾，园收芋栗未全贫。
惯看宾客儿童喜，得食阶除②鸟雀驯。
秋水才深四五尺，野航恰受两三人。
白沙翠竹江村暮，相送柴门月色新。

体验中华优秀诗歌

注释

① 锦里先生：杜甫在成都浣花溪草堂居住时的南邻朱希真。
② 除：台阶。

"朱先生在家吗？"

"在！快快请进！快快请进！"

树枝编扎的柴门转眼间就敞开了，戴着黑色方巾的锦里先生脸上笑容盛开，快步迎向前来拜访的客人。

客人看起来五十岁左右，眼里闪烁着和善的光芒。这光芒没有在战乱的悲苦里湮没，没有在生活的艰难中消泯。而今，在朋友的资助下，在浣花溪水静静流淌的成都西郊，他拥有了可以安顿家小的草堂，安定的生活、友好的南邻，使他那和善的光芒似乎更加明亮啦！

南邻就在客人身边，戴着黑色方巾。南邻原本是富有才华之人，竟隐居于这偏远的郊野，过着贫寒的生活。哦，不！也不算特别贫寒。看，院子里堆放着丰硕的芋头，一颗颗饱满的栗子正散发着诱人的魅力。

"尝尝这煮熟的芋头吧，还有栗子！多吃一些！"

主人家的小孩子也欢欢喜喜地招呼着客人。看来，小孩子早已习惯了这样的待客方式啦！

阶除上不知何时抛撒了一些谷粒，吸引了三三两两飞落的鸟雀们。也许是习惯了这样的款待，鸟雀们自由自在地啄食着谷粒，温顺而可爱。

边吃边聊，不知不觉间，夕阳西斜。

客人移步向外，主人相随而行。一个要走，一个要留。

门外秋水清清，大概四五尺深吧。一只小小的船儿随意地横在水面，大概能坐两三人吧。岸边沙色洁白，翠竹青青。

"一块坐船看看风景吧！"

锦里先生热切地邀请着,锦里先生家的小孩子也欢欢喜喜地跟随着。于是清清的秋水之上,载着暖暖邻里情的船儿轻轻地摇曳着。不知何时,一弯新月的清辉已经悄悄铺在大地之上……

柴门之外,新月之下,挥手送别,情意深深……

 做一做

读"秋水才深四五尺,野航恰受两三人"一联,你想象到了怎样的画面?你能从中感受到诗人怎样的情感?

解答示例

我仿佛看到了秋水清清,大概四五尺深,而随意横在水面的小船上载着两三个人,自由自在地荡漾在水面上。我从中可以感受到诗人愉悦的情感。

(发表于2018年第9期《作文》,有改动)

第四节　浓浓友情溢诗中

古树秋声思君情
——李白《沙丘城下寄杜甫》赏读

 读一读

沙丘城下寄杜甫[①]

(唐)李　白

我来竟何事,高卧沙丘城。
城边有古树,日夕连秋声[②]。

体验中华优秀诗歌

鲁酒不可醉，齐歌空复情。
思君若汶水③，浩荡寄南征。

注释

① 此诗作于公元745年秋。这一年，杜甫西去长安。李白在鲁郡东石门送别杜甫后，南游江东之前，曾一度旅居沙丘城。
② 秋声：指秋天里自然界的声音。
③ 汶水：鲁地的河流名。

读这首诗，会不会有一种两颗巨星光芒交汇的耀眼之感？看，题目中赫然出现的是被后人尊称为"诗圣"的杜甫。作者呢？则是被时人及后人敬作"诗仙"的李白。

大诗人李白在沙丘城下寄诗给另一位大诗人杜甫——真挚的友谊之河由此涓涓流淌。

"我来到这个地方究竟是为了什么事呢？徒然在沙丘城中隐居罢了！"听，李白的内心在这条诗歌之河的开端处掀起了不平静的波澜了：这沙丘城的隐居生活无法让一颗思念的心宁静。

此时，应该是一棵枝叶萧疏、枝干虬曲的古树触入李白眼帘。这古树让李白情感的河流通向哪里去了？是想到自己在沙丘闲居的日子已经足够久长了吗？是引起了那些跟杜甫一起游历的潇洒往事的回忆了吗？或许就是在这样的思绪飞扬之中，那轮红红的夕阳已经沉落到西山之下，而李白的耳畔则充溢着秋天的虫鸣声、飒飒的秋风声、扑簌簌的树叶飘零声……丰富的秋声来了，无边的寂寞是不是也随之而来了呢？

或许是缘于这空旷无边无可对言的寂寞之感，生平爱酒的李白在这名为沙丘城的鲁地再次举起了酒杯。可是鲁地之酒是如此之薄啊！庾信在《哀江南赋序》中写道："楚歌非取乐之方，鲁酒无忘忧之用。"无人共饮，这薄薄的鲁酒如何让人忘忧？或许此时的李白听到了齐地情辞缠

绵的民歌。但是无人同赏，这歌又有何魅力可言？当然，李白也有可能借这里的"齐歌"，暗指当年那个喂牛的宁戚因歌而得赏识，被不因人之小恶而忘其大美的齐桓公任用为相之意，借以抒发自己和杜甫以及像他们一样富有才华却不能如宁戚那样得到当权者赏识的苦闷与郁结吧？

看吧，那条友情的河流到此竟一下子滚滚涌流起来，就像附近的汶水一样，载着对杜甫的思念，滔滔奔涌，浩荡南行，寄往杜甫游历的长安一带……因为在诗人李白的心里，此时此刻，能知其意，能察其心，能慰其情者，除了杜甫，还有何人？

这首诗的结尾句"思君若汶水，浩荡寄南征"，意蕴深厚，耐人品味。试从写法及效果角度赏析这句诗。

解答示例

这句诗用比喻的手法，将思念杜甫的情感比做浩荡南流的汶水，以寄托诗人对杜甫绵长悠远的情感，化虚为实，寄情于景，富有感染力。

（发表于2014年第1期《作文》，有改动）

万重思藏春茧里
——皮日休《和鲁望风人诗》赏读

和鲁望风人诗
（唐）皮日休

刻石书离恨，因成别后悲。
莫嫌春茧薄，犹有万重思。

体验中华优秀诗歌

 品一品

鲁望姓陆，名龟蒙。鲁望是其字。这位晚唐的文学家科举落第之后，就开启了隐居生活模式。种田耕地，生活清苦。闲暇时，常乘一艘船，与书本、茶具、笔床、钓竿相伴，遨游江湖，不与世俗之人结交。

看来，能成为他的好朋友并不是一件容易的事。不知道皮日休是否曾因成了陆龟蒙的好友而感到幸福，当然也有可能是陆龟蒙为能结识皮日休这样的好友而感到喜悦。

反正，他和皮日休的友情已经被世人看在眼里，传于口中。世人将二人的姓氏相连，称为"皮陆"。

在晚唐的众多诗人中，人们把皮日休和陆龟蒙看作高手，并且说他们二位是唱和诗歌的劲敌。他们两个唱和的《松陵集》就达10卷之多。

在他们众多的唱和作品之中，这首《和鲁望风人诗》魅力独具。

这首诗是由鲁望写作风人诗发起的。

这里的风人诗是怎样的诗？

清朝翟灏在《通俗编·识馀》中写道："六朝乐府《子夜》《读曲》等歌，语多双关借意，唐人谓之风人体，以本风俗之言也。如：理丝如残机，何患不成匹。……"即借助谐音双关的手法所写的诗，称为风人体诗。所举"理丝"之"丝"，跟"思念"之"思"谐音双关；诗中的"匹"本指布匹，在这里，却可以暗指匹配、相配，理解为配偶。两句诗合起来，表面上是写织丝成布，实际上表达的是相思成婚配之意。再如刘禹锡的《竹枝词》："杨柳青青江水平，闻郎江上唱歌声。东边日出西边雨，道是无晴却有晴。"诗中的"晴"暗指"情"，"晴""情"因谐音而双关。这样的诗歌样式就被称为风人体。

由此看来，陆龟蒙这次给皮日休出了一道难题：要以风人体来写诗，要用到谐音双关的手法。

皮日休的和诗如何？

第三章　社会状貌篇——家国情怀动人心

看，他的如椽之笔从一种深沉有力的动作开始：

一刀，一刀，再一刀，用力地刻呀，刻呀！

在哪儿刻呢？在坚硬的顽石上。刻什么呢？刻写因离别产生的愁苦。这是怎样的愁苦呢？诗人并不回答，转而引出另外的情意：这刻石的一幕就成为别后思念对方的悲伤回忆……

现在的刻石就这样跟别后的回忆之间快速对接，碰撞出了深厚的情韵。

不仅如此，你没有觉得这里的"悲"字别有内蕴吗？表面看来，是在抒发离别之悲。是的，没错。但同时，它也跟首句的"刻石"相呼应，暗指"石碑"之"碑"。"悲""碑"音相谐，悲情自深沉。

看，这两句"风人诗"何其有力，何其深沉，又藏着何其精巧的思绪！大巧而若拙。笔法平实，力量厚实。

也许诗人觉得"石"的形象太过刚硬，便转而将视线转向春天刚刚结成的蚕茧。那蚕茧洁白如雪，形如纺锤，拈一枚轻若无物，看起来似乎很薄。然而诗人告诉自己的好友：不要认为这春蚕有些单薄，在这单薄的茧里还藏有千万缕连绵不断的丝线呢！

读过前两句诗之后，你应该不会被诗人从茧里扯出的重重丝线迷惑了吧？是的，这里的丝，就是"思念"的"思"呀！那长长的缕缕丝线其实就是诗人对朋友深深的惦念啊！像这样的谐音手法在古诗词里还是比较常见的。比如，宋代无名氏的《九张机》里的词句："七张机，春蚕吐尽一生丝，莫教容易裁罗绮。无端剪破，仙鸾彩凤，分作两般衣。"这里的"丝"也暗含"思"义。一般丝线，两重意蕴，风人诗句，格外动人。

就诗人的这首和诗来看，则是悲在石碑里，丝藏万重思。

怎样？这四句跟鲁望唱和的风人诗打动你了吗？

结合全诗，赏析"莫嫌春茧薄，犹有万重思"。

体验中华优秀诗歌

解答示例

"莫嫌春蚕薄,犹有万重思"运用比喻和谐音双关的手法,用春蚕所吐"丝"谐音"思",用春蚕所吐万重"丝"比喻长长的思念,新奇而动人。

(发表于 2018 年 3 月 12 日《语文报》,有改动)

第五节 人性蕴于个性中

佳人将暮奈之何
——曹植《杂诗七首(其四)》赏读

杂诗七首(其四)
(魏)曹 植

南国有佳人,容华若桃李。
朝游江北岸,夕宿潇湘沚。
时俗薄朱颜,谁为发皓齿?
俯仰岁将暮,荣耀难久恃。

"杂诗"之题,为汉魏以来诗人们所常用,类似于现当代的"无题"诗,多为抒发感慨而作,如本诗。

表面看来,本诗首先叙写了一位佳人的形象:她生在山明水秀的南

第三章　社会状貌篇——家国情怀动人心

国，容颜犹如春天盛开的桃李一般娇艳、美丽；她早晚都在江之北岸，在潇湘水中的小洲之上，或游赏，或止宿。若诗止于此，我们从诗中看到的便只是一位美貌佳人在南国水乡游宿的画面。然而，在诗的后半部分，诗人开始让我们走近佳人的现实人生：当时的世俗是轻视佳人丽质的。于是，佳人的命运便引发了关注：既然世俗如此，那么美丽的女子啊，你又会为谁微露皓齿、粲然而笑？问又何须答？自然是无人赏识其美。忧惧之情遂油然而生。看，诗歌的结句部分，诗人不由得发出这样的忧叹：低头抬头之间，岁月便匆匆流逝而去，又是一年岁将暮，佳人的美丽是难以长在的啊！无人欣赏，佳人便只得空入迟暮。

诗歌由对佳人之美的叙写，自然地转入对佳人之美无人赏识的慨叹，再转入对佳人之美难以永在的忧伤，情致深婉。然而，如果只是读出此诗的这般内容，这般情怀，那还不过仅仅停留在了诗歌的表层。孟子说："颂其诗，读其书，不知其人可乎？是以论其世也。"也唯有知其人，论其世，才能真正走入诗歌的深层意蕴。

其人如何？其世怎样？

其人乃曹操之子，曹丕（当时的皇帝）之弟。处身于距离皇权最近的地方，且具有超世之文才，用世之抱负，如何不遭受猜忌之痛，饱尝压抑之苦？从传说中的《七步诗》可知，从诗中貌美若桃李却遭世俗轻视的佳人的形象，不也可知吗？是的，在这首诗里，曹植像伟大的浪漫主义诗人屈原一样，用比喻之法，借"佳人"的遭遇，抒发了一己怀才不遇的悲苦之情。含蓄蕴藉，"骨气奇高"。

从佳人之不遇探知诗人悲苦的情怀，似乎已可止步。然而，其言诗意又何止于此？投石于井，水波荡漾，涟漪起兮。当诗歌经过岁月的淘洗来至你眼前时，那字面上佳人的影子里难道没有在你的眼睛里映出千古以来所有怀才不遇者的凄苦与忧伤吗？

于是，你便不只读懂了诗中的"佳人"，你还读懂了诗外的曹植，读懂了无数像曹植一样的不遇之"佳人"，也读懂了人事的无奈与悲哀……

体验中华优秀诗歌

"时俗薄朱颜,谁为发皓齿?"抒发了诗人怎样的思想情感?

解答示例

"时俗薄朱颜,谁为发皓齿?"表面上抒发了诗人对不被时俗看重的佳人的惋惜之情,实际上暗含了诗人怀才不遇的悲慨。

（发表于2014年3月10日第10期《语文报》,有改动）

这个宝玉不寻常
——《红楼梦》第三回《西江月》赏读

读一读

后人有《西江月》二词,批宝玉极合。其词曰:

无故寻愁觅恨,有时似傻如狂。纵然生得好皮囊,腹内原来草莽。潦倒不通世务,愚顽怕读文章。行为偏僻性乖张,那管世人诽谤!

富贵不知乐业,贫穷难耐凄凉,可怜辜负好韶光,于国于家无望。天下无能第一,古今不肖无双。寄言纨绔与膏粱:莫效此儿形状。

大意

无缘无故地,他会自找愁苦与遗憾,有时看起来很傻,有时看起来很狂。纵然长着一副好模样,腹内所装原来都派不上什么用场。不懂世情是何样,愚钝顽劣,怕读应科举考试的文章。性格怪异,行为跟别人不一样,哪里会理会世人对他的诽谤!

第三章 社会状貌篇——家国情怀动人心

过富贵的生活时，却不对这样的家业感到满意。过贫穷的日子，又难以忍受这种生活的凄凉。可惜啊，辜负了大好时光！对国家，对家庭，他可指望不上。天下无能之辈中他属第一，古今不肖子孙里他也无人能比。告诉那些富贵人家的子弟：千万不要学他的样子！

品一品

这两首《西江月》出现在《红楼梦》第三回黛玉与宝玉初次相见之时。初次见面，曹雪芹便借助黛玉的眼光让宝玉以帅气多情公子的形象显现。然而接下来却突然给出了这两首看似大贬宝玉的词，实在有些匪夷所思了吧。

或许只有用心读完全书才能理解个中滋味：这个宝玉不寻常！

无缘无故就会愁苦满怀。听到林妹妹葬花之时哭吟之诗，他会跟着悲哭。看到杏树"绿叶成荫子满枝"时，他会感慨女孩子终将青春不再，红颜枯槁，对杏流泪叹息……原来"无故"的背后是有情，"寻愁觅恨"显现的则是他至真至诚的可贵人性啊！

有时候，他傻。傻到只看见画"蔷"字的姑娘被雨淋湿，独独不知自己也早已被雨包围。傻到只看见林妹妹对他的一腔真情，而看不到宝姐姐富贵的家产。有时候，他狂。狂得将那些读书人斥为"禄蠹"，狂得不愿意见他父亲极其赏识的官吏贾雨村。而傻与狂的背后，却是他对情感的坚贞，对名利的唾弃！

是的，他确实拥有让人喜爱的形象，而他腹内也确实没有装入那些与政治经济相关的可以得到功名富贵的应时之识，但他腹内装了平民情怀啊！在他眼里，他哄他的丫头开心理所当然，刘姥姥的需求值得回应，大观园那些卑微的生命应该得到同样的尊重……

他总是率情而行，率意而为。他看重真诚美好的人性，所以害怕读那些刻板迂腐的科举文章。坚持自己的真性情，不去管他人对他的批评、指责与不满。这不是一个无畏的思想者的形象吗？

他不安于自己的富贵人生，虽然他也难以忍受凄凉的贫穷生活，辜负了一生好时光。但那个凭权势、欺压与剥削支撑的国和家，他如何能够帮扶得起？就争夺权势与地位而言，他的无能可排第一，他的不肖无

体验中华优秀诗歌

人能及。他哪里像自己的父兄辈一般或穷奢极欲,或寡廉鲜耻?富贵人家的子弟,又岂能学得了他的模样!

句句是贬,原来是赞:一个性情真、见识高、不慕名、不求利的不寻常的宝玉就这样在这两首《西江月》的背后显现。

"天下无能第一,古今不肖无双"是对贾宝玉的否定吗?结合你阅读《红楼梦》的体会,谈谈你的看法。

解答示例

"天下无能第一,古今不肖无双"表面上是对贾宝玉的否定,实际上是寓褒于贬,肯定贾宝玉不屑于追求为自己牟取私利的功名利禄,不像他的父兄辈那样,荒淫无耻,而是具有真性情、仁爱心与平等意识,是不同于腐朽的封建大家庭中父兄辈的有见识的新形象。

(发表于2016年第2期《作文》,有改动)

第六节 家国情怀在心底

绵绵葛藟思悠悠
——《诗经·王风·葛藟》赏读

葛 藟
《诗经·王风》

绵绵葛藟①,在河之浒②。终远兄弟,谓他人父。谓他人父，亦莫我顾。

绵绵葛藟，在河之涘③。终远兄弟，谓他人母。谓他人母，亦莫我有④。

绵绵葛藟，在河之漘⑤。终远兄弟，谓他人昆⑥。谓他人昆，亦莫我闻⑦。

注释

① 绵绵：连绵不断的样子。葛藟（lěi）：葛藤，藤多攀援于山涧的树丛上。
② 浒：水边。
③ 涘（sì）：水边。
④ 有：犹"友"，友爱，相助。
⑤ 漘（chún）：水边。
⑥ 昆：哥哥。
⑦ 闻：犹"问"，恤问、问候。

诗的起句首先用"绵绵"这一叠音词来描绘"葛藟"，似乎让我们看到了攀援而生的葛藤连绵不断的长势。这藤条在什么地方攀援而长呢？诗人告诉我们："在河边。"

不能独立成长的葛藤，依附于河边的树丛上，好歹也有落脚之地啊！诗人自己呢？他说：我已经远离亲人，喊别人爹啦！可是喊别人爹，别人也不顾惜我。

多么痛的感受啊！这样的感受以重章叠句的形式在第二、第三节中得到了强化。

那长长的葛藤，攀附在河边的树丛间，好歹也能安生。我已经远离亲人，叫别人妈。可是叫别人妈，这个妈也不对我好呀！

那长长的葛藤，攀援于河边的枝条上，也能暂时存活。我已经远离亲人，叫别人大哥。可是管别人叫大哥，这个大哥还是对我不闻不问！

就在这样回环往复的四言诗句之中，一个连葛藤的命运都不如的、无父无母又远离了亲兄弟的流浪者形象隐约可见：他眼前攀援而生的葛藤，让他想到了自己无着无落的身世；他像眼前的流水一样，不停地前行；他在前行的路上管他人叫爹，叫妈，叫大哥；他多么希望能够得到一点温情的帮助与安慰！可是他热烈的充满期盼的呼唤换来的却是对方不管不顾不问的冷落、冷漠与冷酷！葛藤攀附而生，还能存活，他将何以安生？悲痛之情溢于诗外！

"绵绵葛藟，在河之浒／涘／漘"运用比兴，而紧随其后的诗句则以铺陈直叙的"赋"笔，如瀑布般倾倒出了诗人身世的凄苦与经历的悲苦。

于是，这首来自《诗经》的《葛藟》便具有了一种动人的魅力。王风是周朝迁居洛邑王城之后的诗。那时，征伐频繁，人民不胜徭役之苦。朱熹《诗集传》中说："世衰民散，有去其乡里家族而流离失所者，作此诗以自叹。"

听啊，这种流离失所的叹息声还在诗句中回荡……

"绵绵葛藟，在河之浒"运用了怎样的表现手法，有什么作用？

解答示例

这两句诗兼用比兴。"绵绵葛藟，在河之浒"既可看作触动诗人心事的"兴"语，也可看作诗人身世的自比之语，暗示自己无可依靠的悲苦处境。

（发表于2015年第1期《作文》，有改动）

黍离式微心伤悲

——曹植《情诗》赏读

情　诗

（三国魏）曹　植

微阴翳^①阳景^②，清风飘我衣。
游鱼潜绿水^③，翔鸟薄^④天飞。
眇眇客行士，遥役不得归。
始出严霜结，今来白露晞^⑤。
游者叹黍离^⑥，处者歌式微^⑦。
慷慨对嘉宾，凄怆内伤悲。

注释

①翳：遮蔽。②阳景：太阳光。③绿水：清澈的水。④薄：靠近。⑤晞：晒干。⑥黍离：《诗经》篇名，这里借《黍离》来寓出门在外，心怀幽怨之意。⑦式微：指《诗经·邶风·式微》篇，这里寓家人盼其早归之意。

薄薄的阴云遮住了明朗的太阳之光，清凉的风儿吹起了诗人的衣襟；阴阴的天幕之下，衣襟飘飘的诗人不由得眼动神驰。眼前那清澈的水流之中，自在潜泳的不是欢快的鱼儿吗？空中那直向云际而去的鸟儿不是正在自由翱翔吗？

一平声之"潜"字，令人想见鱼儿深游之状；一入声之"薄"字，令人想见鸟儿高飞之态。

鱼自深潜，鸟自高飞，何等和乐之景啊！而诗人之伤悲又自何来？

体验中华优秀诗歌

原来诗中出现了远游在外的行"客",因为徭役之故,不能回归家园。这行"客"在外有多久了呢?哦,原来曾于那年严霜凝结之时走出家门,远服徭役;现在又到了白露被微阳晒干的秋季,而行"客"却还在外地。

在战乱的年代,飘零在外的游人会产生《诗经》中的繁盛之景不再、而荒凉之景满眼的"黍离"之悲,会产生"知我者谓我心忧,不知我者谓我何求"的孤独之悲;留在家中的亲人则会长歌"式微,式微,胡不归"的盼归之曲吧?而那远方的人呀,为了君主之命,则不得不在露水之中凄凉,在泥涂之中挣命!

于是,诗歌的最后,诗人摹写了自己面对"嘉宾"而情感沸腾激昂并且凄怆伤悲不已的心灵图景。

情至深处转伤悲。

此景何景?鱼鸟能遂己之志之景。此情何情?征人不得遂志且伤离之情。景触情生,情缘景深,情景相连,感人至深。

诗中的"游鱼潜绿水,翔鸟薄天飞"两句与毛泽东《沁园春·长沙》中的"鹰击长空,鱼翔浅底"两句甚似,却又有不同。后者所用"击""翔"二字一显力度之强,一显轻快自如。本诗中的"潜"与"薄"二字有何精妙?试做赏析。

解答示例

本诗中的"潜"与"薄"二字分别准确形象地表现了鱼儿游之深与鸟儿翔之高,隐含了诗人对它们能各遂己志的歆羡之情,也从反面为下文表现行客在外服徭役不得回家的伤悲做了铺垫,即以此处的"乐"景衬下文的"悲"情,倍增其悲。

(发表于2014年第7-8期《作文》,有改动)

风起欲雨,人在旅途
——何逊《相送》赏读

相 送
(南朝梁)何 逊

客心已百念,孤游重千里。
江暗雨欲来,浪白风初起。

从题目的"相送"二字,可以推测,出场的人物至少应该有两个:一为送行者,一为被送者。

那么诗人属于哪一方呢?诗人不告诉我们。但是他却直接让我们看到他的内心——千百种想法翻来卷去,无法平静!会是些什么样的想法呢?是对家人的思念?是不舍得与相送者分别?是感慨八岁能诗的自己到现在依然仕途坎坷?还是……总之此时的诗人心中有千百种想法在翻搅着,凭你想去吧!想象一颗心千回百转时会有怎样的煎熬……

而这样的煎熬才不过刚刚开始,接下来诗人要面对的将是孤单的千里行程!于是,你便会明白,原来被送者是诗人自己啊!诗人已经面临着何等艰窘的困境,而未来要应对的则是更加难测的没有同伴、缺少安慰、难得温暖的千里行程,行程里则是风云莫测的命运!

心头百虑交集,再加上千里孤行在即的沉重,诗人的心情该是如何烦闷啊!或许,就连诗人也已无法描述自己的心情。于是,他让我们跟他一起看到了眼前这样的风景:

阴云铺满天空,辽阔的江面上一片昏暗,风势初起,白色的浪头高卷,大雨似乎马上就要铺天盖地而来……

体验中华优秀诗歌

　　面对此景,身当别离、心怀百念的诗人会作何感想?未起程时心已千忧百转,当起程时风云突变,已起程后会有怎样的凶险?一切都在诗人展现给我们的诗境当中了。所谓"景语"即"情语"。而这样颇富张力的景语蕴藏了种种情语在其中,种种不平在其中,种种感慨在其中,种种忧虑在其中,种种艰险在其中……

　　后人评价何逊的诗善于写景,工于炼字,为杜甫所推许。从这首诗的后两句来看,此评甚当。如诗中的"暗"与"白"二字,就分别极为精炼地表现了阴云密布之时江面给人带来的视觉感受,以及翻卷的浪花的颜色特点。而"雨欲来"与"风初起"的赋笔也极为精准,分别写出对天气状况的预测与风的特点,令人联想到接着很快就要到来的风雨交加的恶劣天气。就对仗与平仄而言,确已初具唐律规模。

　　如果拿杜甫的"江碧鸟逾白,山青花欲燃"来比对的话,可以看出,二位诗人的句式极其相似。当然意境还是有鲜明区别的。杜甫这两句诗,借助色彩词表现出来的鲜明的视觉感与祥和美好的景象特征,透露出的是诗人暂时安定下来的闲适的心境,虽然杜甫这首诗的后两句"今春看又过,何日是归年"还是表现了盼归之情,但是丝毫也遮不住前两句透显的当下的宁静与美好。相对而言,何逊的诗还是显得忧苦焦虑得多。这份忧苦与焦虑,应该就是何逊所处南朝梁时代的投影吧!

　　结合你对全诗的理解,赏析"江暗雨欲来,浪白风初起"。

解答示例

　　"江暗雨欲来,浪白风初起"描绘了江上云层密布、大雨即将到来、大风初起、白浪翻卷的景象;暗含了离家千里、孤行在外、漂泊江上的诗人思念与担忧交融、极不平静的情感。

(发表于 2014 年 12 月 8 日第 46 期《语文报》,有改动)

清溪如镜清我心
——李白《清溪行》赏读

清溪行[①]

（唐）李 白

清溪清我心，水色异诸水。
借问新安江，见底何如此？
人行明镜中，鸟度屏风里。
向[②]晚猩猩啼，空悲远游子。

注释

① 清溪：河流名，在安徽宣州，在池州府城北五里。
② 向：临近。

从诗题中的诗体标志词"行"字可知，这是一首古体诗。诗歌抒发了诗人行游至清溪的观感。

所观如何？所感如何？

跟随诗人的眼光看过去吧！清溪就在眼前，清溪之水清兮，可以清我心。当然，时隔一千多年，已无法想见当年的李白眼中所见究竟是何等清亮的一方水，却可以想象那水清得纯净，清得透亮，水草摇摇，卵石历历，可映蓝天白云，能照秀树雅姿，让诗人在污浊的凡俗间被尘灰所蔽心灵为之一清。于是诗人不由感慨：这么清亮的水是自己以前看到的众多水流都无法可比的呀！接着诗人便从记忆中请出"新安江"来，

体验中华优秀诗歌

要问问她——你怎么能比得上清溪之水一清到底呢？

这一清到底的江水实实在在地让诗人叹赏不已了，让诗人心旷神怡了，让诗人产生幻觉了：此时此地，此情此景，诗人觉得自己哪里是行走在水畔，分明是行走在一方明镜中嘛！看，镜里那个潇洒飘逸的形象，步伐稳健；瞧，那翩翩的鸟儿竟然在七叠八弯的屏风之上飞舞起来了……

水如明镜，山似屏风；人行镜中，鸟度屏里。诗人一时之间竟然忘记自己处身于人间的山水之中了。

然而，不知不觉，天色已晚，猩猩悲凄的啼声从山林之中破空而来，直入诗人耳中、心中。于是诗人从画中清醒了，忽然间意识到自己原来是在人间，正远游他乡。那猩猩的啼声似乎是在为自己漂泊不定的处境而悲，为自己失却稳定的家的温暖而悲，为自己无法在远处的帝都施展志向而悲……

写这首诗的时候，正值天宝十二载（753年）秋后，"安史之乱"带来的国势动荡未曾平复，诗人从污浊的官场脱身而出的惆怅尚在。身在污浊之世，心遭诸般创伤，志受无尽挫磨，时年五十多岁的诗人之身心该是多么疲惫啊！然而，清朗不凡的诗人依然让自己清隽的心灵，从这个叫清溪的地方，盛开了这朵带些浓浓的陶醉与淡淡的悲情的绝妙好诗的花朵。

这首诗中的"人行明镜中，鸟度屏风里"一句运用了怎样的手法，描绘了怎样的画面，表现了诗人怎样的情感？

解答示例

这两句诗运用比喻的手法，将清溪水比作明镜，将溪畔的山环水绕之景比作屏飞,描绘了人影映现溪中,好像行走于明镜之中,鸟儿飞翔山水之间,仿佛是在屏风之间滑动的如梦似幻的景象,形象地表现了诗人被清溪之景陶醉的情感。

(发表于2013年第12期《作文》,有改动)

白雪如花花似雪
——范云《别诗》赏读

别　诗
(南朝梁) 范云①

洛阳城东西,长作经时②别。
昔去雪如花,今来花似雪。

注释

① 范云(451—503)南朝齐梁间诗人。
② 经时:历久。

送别诗蔚为大观的时代在唐朝,而南朝诗人范云这首《别诗》,则可视为送别诗河流中通往汪洋之海的一朵小浪花。

从题目来看,诗歌内容显然与别离相关;从内容来看,到第四句"今来"二字,却已为回还之意。"别"字实在无法管住第四句诗。原因何在?《何逊集》中有《范广州宅联句》,此诗即为联句诗的前四句。可见,"别诗"二字乃后定诗名,取其前三句所含之意,也算抓住了诗的主要内容啦。

体验中华优秀诗歌

诗的首句先将我们带到了北朝的都城洛阳之东西郊,接着告诉我们,这里经常是人们送别要做久远之行的亲友之地。

妙的是后两句呀!这两句借工巧的对仗与新颖的回环,给我们展现了这样两幅景情交汇、意蕴丰富的画面:当年分别的时候,漫天飘卷的雪就像春天盛开的无数花朵一般,盈盈入眼;而今回至故地,看到无数盛开的春花,却感觉入眼的是弥天盖地的雪色。透过这样的景象,你能品味出离人与回乡者怎样的心境呢?

分离时,悲凉之雪景原本会引发离人悲凉之情的,而那如花的感觉,却让人体会到送行者传达给离人的亲情或友情的温暖,抑或是旅途的前方给离人带来的希望之温暖,悲喜之情便这样交织于"雪如花"构成的意境之中了!

回还时呢?盛开的春花原本能带给回乡者无尽的温暖的,为什么却让其有"似雪"之感?是物是人非的现实让他产生了悲凉之感,还是不见当年的送行者而心生悲凄?

于是,这两句结构精巧、意境华美的诗,便像很久以前《诗经》中《采薇》的尾句"昔我往矣,杨柳依依;今我来思,雨雪霏霏"那样,给人留下了不尽的悲欣交集的回味。很多年后,北宋大诗人苏轼在《少年游》中写道:"去年相送,余杭门外,飞雪似杨花;今年春尽,杨花似雪,犹不见还家。"其中的"飞雪似杨花"与"杨花似雪",不是跟范云这两句诗颇为相像吗?

与范云同时期的诗评家钟嵘在《诗品》中评其诗"清便宛转,如流风回雪"。从这首小诗中,你看到它清通条畅、委婉含蓄、飘逸曲折的风姿了吗?

简要描绘这首诗的后两句"昔去雪如花,今来花似雪"展现的画面,并体会其中蕴含的情感。

解答示例

这两句展现的画面是这样的:当年分别时,漫天飘卷的雪像春天盛开的无数花朵一般;而今回到故地,看到无数盛开的春花,却感觉入眼的是弥天盖地的雪花。其中蕴含了作者悲欣交集之情。

(发表于2014年第3期《作文》,有改动)

相亲相近弈钓情
——杜甫《江村》赏读

江 村

(唐)杜 甫

清江一曲抱村流,长夏江村事事幽。
自去自来堂上燕,相亲相近水中鸥。
老妻画纸为棋局,稚子敲针作钓钩。
但有故人供禄米,微躯此外更何求?

村子在成都西郊,曲曲折折的浣花溪水环村而流。

村子原本很普通。一千二百多年前,那位在历史上留下"诗圣"大名的杜甫,漂泊到此,在朋友的帮助下盖成草堂,居住于此的时候,村子依然普通。

而刚刚安居于此的杜甫心中则洋溢着宁静的喜悦。之前,接近知命之年的他,经历了那场烽火遍地、血雨腥风的"安史之乱",曾冒着

体验中华优秀诗歌

　　生命危险逃出叛军占据的长安,"麻鞋见天子,衣袖露两肘",然而天子并未实实在在地重用这位一心想为国家效力的伟大诗人;仕途失意,国家多难,辗转流离,来到成都。幸好有在此做官的好友严武相助,落魄困苦的他才能拥有一所在这宁静美丽的浣花溪边村庄里盖就的草堂。

　　乱定之后,得以安居。安居之所,水流清清,处处安静,颇觉闲适。无论做什么事,都不用着急,何况正值这绵长的炎炎夏日。

　　不再惊慌逃难,不用四处奔波,不须为明天的安危担忧。今天,诗人有房在此,有家在此。天蓝蓝,水清清,人悠闲,步从容。瞧,草堂上已经有轻盈的燕儿在飞来飞去,不用跟谁打招呼,愿飞即飞,想回即回。看来,这燕儿也把草堂当作自己的家了。放眼望去,只见水中的沙鸥正成双成对,相亲相近。时而在水面上相随浮游,时而一前一后展翅而飞,时而快速掠过水面,表演水上绝技。水面是它们的,天空是它们的,自在是它们的。

　　自在也是诗人的。不用再为生计苦恼,不须顶风冒雨颠沛流离,过上了这样安定的日子,连年近半百的妻子也有心情在纸上画好棋盘,让他一享对弈之乐了。

　　诗人正手抚着一枚棋子静静思索下一步该如何安排,突然耳边传来轻轻的敲击声。顺着声音望去,只见调皮的小儿子正忙活着敲什么东西呢。

　　"娃儿,敲什么呢?"

　　"敲针呢!"

　　"敲针做什么?"

　　"做钓鱼钩呢!你们不知道,咱家前面的水里,有好多鱼,等会我用这钓竿给你们钓好多鱼!"

　　杜甫和自己的老妻不由得微微笑了。

　　这几年漂泊不定的生活,也让孩子们经受了很多磨难。终于能有这样安定的日子,让孩子们也能享受生活的乐趣了,即便这乐趣是如此简单。

只是经过这几年的颠簸生活,诗人已经落了一身毛病。诗人心想,此时此地,我除了需要些药物来缓解病痛的不适外,哪里还有别的什么需求呢?

是啊,在这普通的江村,诗人已经感到很满足了。老妻相伴,孩子安乐,有室有家,清静悠闲。

诗人的心中确实暂时安定下来了。其实也只是暂时安定而已。他早年"致君尧舜上,再使风俗淳"的理想应该还深深地埋在心底,对被战争蹂躏得疮痍满目的国家变得强盛的希冀应该还像火山的熔岩一样暂时休憩,对在水深火热中煎熬的百姓的悲悯之情应该也正处于潜伏状态。

感谢这平静安定的江村,让疲累的诗人得到暂时的安慰,让他忧患深深的心灵暂享一时的温馨……

那局棋已成过往,那钓钩早已消亡,而诗人在江村的那段安适的生活依然在诗里安适着。

时间的列车跨过了一千二百多年,那安慰过伟大诗圣心灵的江村还是普通的江村吗?

"自去自来堂上燕,相亲相近水中鸥"让你联想到了怎样的画面?这画面蕴含了诗人怎样的情感?

解答示例

"自去自来堂上燕,相亲相近水中鸥"让我联想到了堂上的燕子自由自在地飞进飞出,水中的鸥鸟相依相偎、双双飞舞的画面。这画面蕴含了诗人经历漂泊之苦在江村过上安定生活后的闲适愉悦的情感。

(发表于2018年5月7日第17期《语文报》,有改动)

体验中华优秀诗歌

去帆影似客心悬
——柳中庸《夜渡江》赏读

 读一读

夜渡江

（唐）柳中庸[①]

夜渚[②]带浮烟，苍茫晦远天。
舟轻不觉动，缆急始知牵。
听笛遥寻岸，闻香暗识莲。
唯看去帆影，常似客心悬。

注释

① 柳中庸（？—约775），唐代边塞诗人。这首诗有人认为是姚崇所作。
② 渚：水中小块陆地。

 品一品

"夜渡江"之题即此诗之"眼"。诗句开篇就将我们带到了"夜"色之中：夜幕笼罩，远处的洲渚之上，浓浓的雾气腾浮；天地间，空阔辽远，茫茫一片，隔着悬浮的雾色，不知哪里是远方的天际线。

"夜"阻障了捕捉"视觉"的双眼？不要紧，诗人心灵的感官依然可以敏锐地捕捉江上船行的动感：小船儿轻轻划行在江面，几乎感觉不出前行的动向；然而夜色障蔽之中，那被拽紧的缆绳还是模模糊糊映进了诗人的眼帘——轻轻行驶的小船前方，原来有人在费力拉纤。

读到这里，或许你会心生疑问：诗人在船上静静休息即可，何必要关注船是否在动，缆是否被牵？不妨将这个问号挂起来继续跟着诗人"夜渡江"。

夜色必然越来越浓，诗人自然无法让视觉捕捉到更多的物象。然而，"耳朵"可以张开呀！听，诗人竟然捕捉到了悠扬的笛声！吹笛人身在何方？定然是可以靠拢的岸！听及此，诗人一定是走到船头远远地探寻岸的方向。然而，夜深深，雾浓浓，只闻笛声近，不辨岸何方。或许此时诗人心中不由得便产生一丝淡淡的怅惘？伴随着诗人对笛声的追寻，一股暗香幽幽地扑入了他的心怀。那清雅的莲影可否安慰他孤寂的内心？事实是，诗人再次将视线投向张开的风帆，定定地注视不放。他为什么这样？终于，诗人告诉我们：这风帆就像旅人的心哪，总是悬着悬着，无法安然……

借助题眼观诗到此，你心中的那个问号是否可以拉直，变成叹号？原来，诗人的心一直如帆，高高地悬着呀！所以，他不让自己的感官安生，总是捕捉着船行进的动向、岸所在的地方；哪怕是悠扬的笛声，哪怕是芬芳的莲香，都无法让他忘记旅程的前方。前方，当然是家了！

这首规整的五律饱含着一腔热烈的思念之情！思念家乡？思念亲人？抑或期盼前方可以安稳着陆的温暖？体会去吧！诗的蕴藉带给你的，就是这样荡漾开去如涟漪般动人的想象。

"听笛遥寻岸，闻香暗识莲"两句分别从什么角度叙描景象？结合全诗，简要品析这两句诗蕴含的情感。

解答示例

这两句诗分别从听觉及嗅觉的角度叙描景象。"听笛遥寻岸"意为听到笛声后远远地找寻岸之所在，结合末联的"客心悬"来看，可以体会出诗人急迫的思乡之情；"闻香暗识莲"即闻到幽香后在夜色中辨识莲的形象，结合下句的"唯看去帆影"来理解，这样美好的莲香、莲影也无法蒙住诗人的视线，可见，这句诗其实也蕴含了诗人思家心切之情。

（发表于2014年第9期《作文》，有改动）

千里长河论功过
——皮日休《汴河怀古（其二）》赏读

汴河怀古（其二）

（唐）皮日休

尽道隋亡为此河，至今千里赖通波。
若无水殿龙舟事，共禹论功不较多。

隋朝炀帝统治时期，派遣河南淮北诸郡的百姓，开挖了名为通济渠的大运河。运河的主干在汴水一段，所以习惯上称这条河为汴河。说到汴河，也便自然地会想到开通此河的隋炀帝。题目中"古"字即指向那段与汴河开通相关的历史。

看，诗歌的第一句就直接切入与此相关的隋朝灭亡之事：都说隋朝灭亡是因为这条河。"尽道"者，当然是世人尽道。原来，这条河已于无形中背负上亡掉隋朝的罪名了！然而，"尽道"只是世人尽道，诗人的看法呢？所以，"尽道"已预伏下诗人与世人不同的看法啦！起笔之不凡便妙在这"尽道"二字。

接下来我们便可读到诗人力挽千钧的笔力——至今千里赖通波。我们仿佛听到诗人平静地说道：直到现在，这条长河还贯通着千里之内的水运交通。没有激愤的言辞，没有严正的辩语，只是一句平实的话语而已，却将河水长久以来承载水运交通的事实鲜明地呈现在读者眼前。于是，"尽道"之论便不攻自破：河水的功劳切切实实地摆在这里，怎么能说隋朝灭亡是因为这条河呢？七个字而已，却已为这条"汴河"正了"亡隋"的恶名。多么有力的"翻案"文字！

第三章 社会状貌篇——家国情怀动人心

而"翻案"并不到此为止。只见诗人愈翻愈奇:到了第三、第四句,直欲将世人论定的古案——隋炀帝乃亡国之君——再次翻正。只见他拈出虚词"若无"二字,便泼出了惊世骇俗的一笔:如果隋炀帝没有造龙舟下江南之事,那么他的功劳跟大禹相比,也不算逊色。

历史上的隋炀帝常被看作末代昏君,荒淫奢侈,滥用民力,导致天下大乱,身死国灭,为天下笑。然而晚唐诗人皮日休却独具只眼,看到了隋炀帝时期修建的汴河利于后世的莫大功劳,给汴河正名,给开通汴河的隋炀帝以客观的评价:造龙舟下江南之举实不可取,而所建汴河之功则不可没。

跟本诗作者皮日休同处晚唐的大诗人李商隐,也写有评议隋炀帝的诗,其中一首写道:"乘兴南游不戒严,九重谁省谏书函。春风举国裁宫锦,半作障泥半作帆。"明扬隋炀帝"水殿龙舟"南游之过:不听谏言,奢靡至极,举全国之力所裁宫锦或作"障泥"或作"帆"。而今"障泥"与"帆"均不见,隋宫已成过眼云烟。像这样非议隋炀帝因奢亡国的诗歌还有李商隐的七律:"紫泉宫殿锁烟霞,欲取芜城作帝家。玉玺不缘归日角,锦帆应是到天涯。于今腐草无萤火,终古垂杨有暮鸦。地下若逢陈后主,岂宜重问后庭花。"对于炀帝扬锦帆下江南之举颇有微词。

诚然,炀帝的奢侈之举确是他亡国之因,然而能于奢侈之外看到他统治时期的事功,不能不说皮日休这首怀古诗别具一种卓识。而诗人不因人废事的辩证思想,清醒地看待历史人物功过的眼光以及其高远的襟怀,也于此可见。

这位晚唐的诗人被鲁迅赞誉为唐末"一塌糊涂的泥塘里的光彩和锋芒"。从这首立意高而奇的七绝来看,诚然。

这首诗对隋炀帝的评价跟历史上一般的评价有何不同?

体验中华优秀诗歌

解答示例

  一般人都认为隋炀帝开凿大运河导致隋朝灭亡，认为隋炀帝是亡国的昏君，诗人则认为隋炀帝开凿的大运河沟通了千里航运，如果没有造龙舟下江南之事，隋炀帝的功劳可以和大禹相比，极力肯定了隋炀帝开凿大运河的功劳。

（发表于 2015 年 6 月 8 日第 22 期《语文报》，有改动）

遥闻家乡牡丹香
——陈与义《牡丹》赏读

牡　丹

（宋）陈与义[①]

一自胡尘入汉关[②]，十年伊洛[③]路漫漫。
青墩溪畔龙钟客，独立东风看牡丹。

注释

① 陈与义（1090—1138），南宋洛阳人。
② 一自：自从。胡尘：指金兵。入汉关：指入侵中原。
③ 伊洛：洛阳别名。

  这首诗写于绍兴六年(1136 年)，当时作者居住在青墩（今浙江桐乡市北，与乌镇隔水相望），距靖康二年(1127 年)金兵攻陷汴京正好十年。

第三章 社会状貌篇——家国情怀动人心

作为咏物诗,这首七绝的开头两句竟然无一字提及牡丹。入笔,诗人貌似平静地告诉我们,从"胡尘入汉关"到现在已经10年了。10年来,"我"还未能返乡,通往洛阳的路竟然是如此漫长。

此时诗人已经用去了一半笔墨,却还没有提到牡丹。且看他的第三句吧,诗人依然沉得住气,将一个"青墩溪畔"的"龙钟客"推到了镜头前。"龙钟"有多个意项——有身体衰老行动不灵便之意,有潦倒之意,有流泪之意。写此诗时,诗人不到50岁,竟也身心俱疲了吗?他担任朝廷重臣,有收复沦丧山河之志,却不能达成心愿,失意之感是由此而来吗?

他在这溪畔所为何事?——独立东风看牡丹!"牡丹"这一意象终于在诗歌最后一句压轴出场。

"牡丹"一词在汉语语境中绝对算得上一个语码,其所引起的联想首先就是洛阳。北宋欧阳修的名句"洛阳地脉花最重,牡丹尤为天下奇",天下人皆知。而洛阳,那正是诗人的故乡啊!美丽可爱的故乡啊!可是洛阳,早已沦为金国的领地。什么时候才能驱除"胡尘",回到日思夜想的家乡?

多少思念,多少愤恨,多少无奈,多少期待!……这看似寻常的诗句中含蕴多少复杂的情感啊。

岂止如此,一个"看"字,又融会了多少辛酸?面对青墩溪畔的牡丹花开,本应好好赏花,却无心欣赏,却"感时""溅泪",无限思绪一时涌上心头。于是,你便明白,原来,诗人一直在"看"牡丹,并因此勾起了对"胡尘入汉关"的回忆,对"伊洛路漫漫"的喟叹……

原来,诗的前两句均是看牡丹时所忆所想!原来,诗歌句句皆与牡丹有关!多么沉郁的诗句,多么深厚的情感!你,被打动了吗?

做一做

"独立东风看牡丹"中的"看"能换为"赏"吗,为什么?请结合全诗简要分析。

体验中华优秀诗歌

解答示例

这句诗中的"看"不能换为"赏"。因为就全诗来看,诗人看到的牡丹触发了他思念沦陷的盛产牡丹的伊洛家乡的情感,勾起的是他痛苦的回忆与忧时伤世的情怀,此时,他必无"赏"牡丹之心。

(选自 2015 年第 11 期《作文》,有改动)

千古江山挂心头
——李清照《题八咏楼》赏读

题八咏楼

(宋)李清照①

千古风流八咏楼②,江山留与后人愁。
水通南国三千里,气压江城十四州。

注释

① 李清照(1084—1155?),号易安居士,齐州济南(今山东省济南市)人,宋代女词人。
② 八咏楼:位于浙江金华市城区东南隅,坐北朝南,面临婺江,楼高数丈。

楼名"八咏",跟南朝文学家沈约有关。那年,建成的楼名字还叫"玄畅"时,沈约曾多次登临,赋诗抒怀。在《登玄畅楼》的诗中,他写道:"水流本三派,台高乃四临。上有离群客,客有慕归心。落晖映

第三章　社会状貌篇——家国情怀动人心

长浦，焕景烛中浔。云生岭乍黑，日下溪半阴。信美非吾土，何事不抽簪。"登上此楼，诗人沈约四面看去，只见浩浩荡荡的江水汇流其下；落日余晖，红光映水；云起山头一片黑，日落溪水一半阴。离群独处，思归心切的诗人不由得感慨道，这么美的江山不是我的家乡啊，为什么不赶紧辞官归隐呢？后来沈约又写了《八咏诗》，写登楼所见，抒心中所感。诗因楼生，楼因诗名。唐朝时，此楼易名为"八咏"。

沈约之后，当时的八咏楼上曾经有多少登临者驻足停留，恐怕已经数不清了。但是那一天，当李清照的足音响在八咏楼上的时候，八咏楼便开始拥有一种独特的生命力！

那时，出身于书香门第的李清照，已经到了知天命之年了，却偏要经历一场她从未豫想到的劫难：北宋国破，逃难流离。国破家败、丈夫离世之后，辗转漂泊，无家可归，只能依附于他人的一代才女李清照，是迈着怎样沉重的步子一个台阶一个台阶地登上八咏楼的呢？也许只有八咏楼的台阶知道。登楼远眺，远山如屏，溪水似带，山环水绕，美景动人。而那时的李清照感受到的，则是八咏楼千古以来的流风余韵：沈约的"信美非吾土"之感也许蓦地就袭上了她的心头……

是啊，江山虽美，却只剩半壁；此地虽好，却非李清照熟悉的家乡。而眼前这大好的河山如果坚守不住的话，恐怕也只能留给后人无尽的忧愁了！

八咏楼前水流不息，这浩浩森森的水波啊，通往南国三千里的远方；而这高高耸立的八咏楼，壮阔的气势盖过江城十四州的地域。而这足以影响江南十四州存亡的险要之地啊，又有哪些豪杰给予关注？这半壁江山又如何才能坚守得住？

此时此地，流离失所，依靠他人生活的李清照，心中想的不是自己的生活际遇，而是大宋王朝的大好江山，并为这大好江山能否坚守而心生担忧，这是怎样的胸襟与情怀呢？何况她不过是一个无职无位的弱女子而已！

体验中华优秀诗歌

高楼多悲风,风中有人为国忧,千古江山挂心头;悠悠无尽爱国意,尽在易安诗作中。

自从李清照登临之后,八咏楼便开始拥有爱国的心跳……

从"江山留与后人愁"中,你读出了怎样的情感?

解答示例

我读出了李清照对宋朝失去北方后能否固守江南大好河山的担忧。

(发表于2019年第2期《作文》,有改动)

天涯有人叹兴亡
——邓剡《唐多令》赏读

唐多令
(宋)邓 剡

雨过水明霞,潮回岸带沙。叶声寒,飞透窗纱。堪恨西风吹世换,更吹我,落天涯。 寂寞古豪华,乌衣日又斜。说兴亡,燕入谁家?惟有南来无数雁,和明月,宿芦花。

品一品

冰凉的雨水如眼泪般一条条连续不断地从空中垂流,垂流……但是泪水流得再多又有何用呢,除了增添悲伤之外?所以天空哭着哭着就慢慢平静下来了。抹干眼泪,让火红的晚霞展现绚烂的风采。晚霞想知道自己的样子有多美,就低头看向大地上清亮如镜的一泓江水。于是水里的霞影与天上的霞光遥相对看,明亮了诗人的眼睛。

多么深情的江水啊!多么美丽的天空啊!

可惜这大好江山已经不再属于诗人的国家了。诗人已经无国无家了!岂止无国无家,连人身自由也已经丧失了!

因为七百多年前的南宋王朝,七百多年前宋朝的南京,已经在蒙古铁骑的踩踏下换上元朝的旗号!那些心中依旧装着南宋的人们呢?只有伤悲而已,只有痛苦而已。在极度的伤悲与痛苦中,诗人不只一次把自己的生命送给深不可测的大海,又不只一次被打捞出来,可看到的还是朝代已改的旧日山河啊!而被俘北上的命运,又让这山河渐渐远离诗人的视线……

视线中,那翻涌不已的大潮,带着澎湃的热情涨上来,又含着深深的无奈滑回去。滑回去的时候,将无数细沙留在堤岸之上,见证它跟堤岸抗争的历程。

那么诗人投水觅死以表明不屈之志的抗争呢?留下的只是不堪回首的记忆吗?

窸窸窣窣,窸窸窣窣……什么声音穿透了薄薄的窗纱,飞进了诗人的耳中?风干的秋叶,失却了青春的颜色,失去了依恃一春一夏的枝桠,正挟着微寒,含着悲哀,在西风的撕扯中,一片片,飘坠而下……

这悲凉的西风啊,吹着吹着,就将原本暖意融融的人世,换成了这样一番凉冰冰的面貌!实在让人怨恨不尽!

而更让诗人愤恨的则是,这残酷的西风竟将诗人如一片秋叶般,吹到了天涯!

"高高山上树,风吹叶落去。一去数千里,何当还故处?"这首北朝的乐府民歌中那没法再回到故处的落叶,岂不就像是国破家亡之后被俘北上的诗人?

又是一阵西风卷过,无数落叶再度被撕拽而下……落叶的悲凉里,

体验中华优秀诗歌

似乎能看到无数入侵的元军狰狞可怖的嘴脸……

萧萧的落叶影中,曾经满眼繁华富丽、到处玉管朱弦的南京城,在诗人的眼中静静地寂寞着。当年王谢家族居住的乌衣巷里,又被斜阳的余晖涂抹上了一缕缕凄凉的金黄。旧时王谢堂前燕,现在飞入哪一家?当年的兴盛已经不再,今日的衰亡空自让人伤悲!

已经不能再称为宋朝的茫茫大地上,只有无数南来的大雁,在凄清的明月光下,宿于惨白的芦花丛中……

多么悲哀,这故国的大好月色将只能留给记忆!多么凄惨,人竟然不如大雁,不能在自己的故国自由地生活……

于是,哀苦悲痛之感,随着雨水、落叶、西风、斜阳、大雁、芦花等悲凉的意象,如潮水般奔涌开来,动人心扉……

当国家灭亡的时候,国人的命运就会如此悲苦!

反之,要想拥有安适和平的生活,就一定要让自己的国家强盛起来!

从这首词的背后,你一定读出这样一份爱国强国的力量了吧?

做一做

"堪恨西风吹世换,更吹我,落天涯"表达了诗人怎样的情感?

解答示例

"堪恨西风吹世换,更吹我,落天涯"表面上表达了季节更替、枯叶飘落、人在天涯的悲凉之情,实际上表达了朝代更迭、孤苦无依、思念故国的情感。

(发表于2018年9月10日第34期《语文报》,有改动)

高台月明悠思长

——刘辰翁《柳梢青·春感》赏读

柳梢青·春感

（宋）刘辰翁

铁马蒙毡，银花洒泪，春入愁城。笛里番腔，街头戏鼓，不是歌声。　那堪独坐青灯！想故国，高台月明。辇下风光，山中岁月，海上心情。

"哒哒哒哒哒哒……"急促的马蹄声应该震响在临安城的街道上了吧！披着毛毡的蒙古铁骑，让临安城一向和平的街道颤抖了吧？那儿悠长平直的、四通八达的街面，一向安然地承接着南来北往吏民的脚步，平静地托载着皇家雍容华贵的仪仗队，优雅地伴随着太阳和月亮交替画出来的建筑、花木、行人的影子，度着属于南宋王朝的安适的日子。

然而，这个夜晚，这个元宵节的不寻常的夜晚，本应该灯火璀璨，千树花开，有宝马雕车，溢香满路，能听到凤箫声动，能欣赏玉壶光转，有鱼灯、龙灯一夜欢舞，有装饰着"蛾儿雪柳黄金缕"的美丽女子，笑语盈盈地行走在熙熙攘攘、到处是欢声笑语的街道上……然而蒙古铁骑不可一世、冷酷残忍的马蹄声踏碎了多年的和平安定，敲息了曾经的欢歌妙舞，踩破了今夜原本应该清明安和的月色……

元宵节的夜晚，街上还会有花灯点亮，那是临安城被迫睁开的眼睛吧？走近细看，点燃的烛心处如泪溢流……那是老百姓无处申诉的痛苦，那是临安城深深压抑的叹息……

体验中华优秀诗歌

　　春天的脚步已经走进这座被元朝的铁蹄践踏的南宋的故都了,但这脚步应该比哪年都沉重!愁云弥漫,哀雾遍布,伤怀惨凄,难以名状。

　　还会有笛声吹破这死寂的城市,还是有戏鼓敲疼这无语的元宵夜。但那怪里怪气的外族腔调里,哪里还有笛声本应有的清雅韵致?那元人在街头敲击的杂乱无章的大鼓声,哪里还有乐音的铿锵与欢欣?

　　哦,临安,临安,正值元宵佳节的临安,已沦丧于元军铁蹄之下的正值元宵佳节的临安!

　　这临安城此时正在作者的心里落泪,哀叹,痛苦。作者此时却只能在一盏青灯下独自默坐。

　　灯在幽僻的山中闪亮,心在深深的思念里忧伤。

　　自从临安沦陷,这孤寂的大山深处就成了作者暂时栖居的地方。然而他悠长悠长的思绪总是不断地飞向故国,飞向临安。

　　此时的临安城,那高高的楼阁,那精致的亭台,正沐浴在明月的清辉之中吧?那帝都曾经的繁华与富丽,那临安曾经的闲适与安定,那城市曾经的风光与欢笑……如今只能从记忆中一遍遍翻阅了。"雕栏玉砌应犹在",只是心情改。在这春风再度拂过山野的夜晚,作者的心情应该也如南唐后主一般,"故国不堪回首月明中"了。空山之中,作者的岁月似乎变得漫长,漫长的日子里,故国山河旧影时时萦绕在心上。听说南宋的君臣还在南海一带顽强抗争,海上的南宋君臣此时的心情应该跟作者一样吧?义愤填膺,同仇敌忾,力图恢复,再整山河……

　　元宵夜的圆月高悬空中,元宵夜的灯烛清泪长流,元宵夜的作者思绪悠悠……

　　从那年的元宵夜后,时间的车轮又驶过了七百多年。这七百多年间,盛衰兴亡之中,又有多少仁义之士像作者这样眷恋自己的家国山河,思念自己的故土家乡?

　　这眷恋与思念中蕴藏的是对家国深深的热爱啊!

　　因为当山河破碎之后,国民就如无根的柳絮与浮萍一般,只能听任风吹雨打,无法拥有安定祥和的生活,就像南宋末年的丞相文天祥被俘之后在经过零丁洋时所写诗句那样"惶恐滩头说惶恐,零丁洋里叹零丁",惶恐感与孤独感,应该是亡国失家的人们常有的心情吧。

在国家灭亡之际,文天祥慷慨就义,让"人生自古谁无死?留取丹心照汗青"的诗句激励人们坚守爱国的正道。

在国土沦丧之时,刘辰翁也让他悠长悠长的思念变成一种动人的力量,启迪人们一定要热爱自己的国家,让自己的国家变得强大;因为只有这样,才不会让思念成为孤苦无依的哀叹……

作者为什么认为"笛里番腔,街头戏鼓,不是歌声"?

解答示例

因为"笛里番腔,街头戏鼓"是侵略者统治之地的乐声,这乐声勾起的是作者对侵略者的怨愤,对故国山河沦陷的痛楚,而非欣赏音乐的愉悦,所以作者认为这里的笛声、戏鼓不是歌声。

(发表于2019年3月11日第10期《语文报》,有改动)

拨乱扶危,德才兼备
——《三国演义》第一百零四回元微之赞孔明诗赏读

后元微之有赞孔明诗曰:

拨乱扶危主,殷勤受托孤。英才过管乐,妙策胜孙吴。

凛凛《出师表》,堂堂八阵图。如公全盛德,应叹古今无。

体验中华优秀诗歌

简介

　　54岁那年，五丈原的战场上，一心一意想帮着刘禅北定中原的诸葛亮病殁。身为蜀汉丞相，他一生都在为国家的统一与兴盛尽心竭力。于汉末乱世中，他辅佐刘备，让刘备度过危难时期；于刘备临终时，接受托孤之意，鞠躬尽瘁，死而后已。他的治国才华胜过管仲、乐毅，他的军事妙策孙膑、吴起不及。忠义之情见于《出师表》，令人敬畏；八阵之图摆于阵前，盛状空前。唐代诗人元稹感慨：像诸葛亮这样德才兼备的，古往今来应该没有第二个了。

 品一品

　　东汉献帝时期，皇帝名存实亡，大权旁落。董卓操纵朝政，被各镇诸侯群集讨伐；董卓刚被铲除，他当年的心腹大将李傕、郭汜却再次侵犯长安。

　　在这大动荡时期，袁绍、袁术、公孙瓒、孙策、曹操、吕布，你抢我斗，尔虞我诈，争权夺利，不可开交。纷争之中，曹操势力渐大。而身为汉朝后裔的刘备却一直在夹缝中生存：破黄巾有功，却不被重用；担任平原之相，出救陶谦徐州之难，在病重的陶谦再三奉让之下，接管徐州，却没能守住徐州；投奔曹操，却担心被曹操谋害；投靠袁绍，袁绍屡疑其忠；投依刘表，却遭刘表夫人与其弟蔡瑁设陷谋害。

　　实在是身处乱世，命多艰危。正是在这样的危难之际，被刘备三顾茅庐情义所感，诸葛亮从躬耕之地卧龙冈走出，帮刘备出谋划策，率军征战：看，博望坡上大火起，新野之城火再燃，赤壁火攻鼎立成；据荆州，得益州，蜀国之立建奇功……

　　白帝城中，永安宫内，伐吴兵败的刘备染病将亡，将嗣子托付于诸葛亮，诸葛亮再次秉持忠义之心，兴蜀国，征南寇，忙北征。七擒孟获，智取三城，六出祁山……蜀国的兴盛，显现着他超过管仲、乐毅的才华；一路征讨，胜多败少；前进有术，退兵有方，绝妙之策，孙膑、吴起也比他不过啊！

《后出师表》中写:"臣鞠躬尽瘁,死而后已;至于成败利钝,非臣之明所能逆睹也。"

拳拳之言,眷眷之意,忠诚之心,竭力之行,如何不让人敬重?

当年陆逊追赶刘备的败兵至鱼腹浦,见此地依山靠江,杀气冲天。探看之后,不过乱石八九十堆。一入石阵之中,却遇狂风大作,飞沙走石,怪石似剑,沙土如山,江浪之声,如战鼓之鸣。一时之间,无路可出。后来才得知,这就是诸葛亮所布八阵图啊!盛大的气象,于此显现!

为人谋而尽其力,兴国家而富才智,率军队而多妙策;德与才兼备,古今能有几?唐代诗人元稹此诗,评诸葛亮可谓恰如其分。

"英才过管乐,妙策胜孙吴"两句是怎样表达对诸葛亮的赞美之情的?

解答示例

"英才过管乐,妙策胜孙吴"两句运用对偶、衬托等手法,用历史上的管仲、乐毅等有才华的名臣衬托诸葛亮高出他们的管理才能,用孙膑、吴起这样的军事家来衬托诸葛亮高出他们的军事才能,从而高度赞美了诸葛亮的才华。

(发表于2017年第2期《作文》,有改动)

跋

　　这是一条绵长深远的河。河道的源流处,有"关关"的雎鸠声在《诗经》里欢快地鸣啭着……

　　这是一条波澜壮阔的河。河流经行处,你可以听到屈原在深情地哀叹民生之多艰,在热切地呼唤国君能给他报效自己挚诚热爱的祖国的机会。这种信念是如此坚定和热烈,直到他生命的终点,他也不曾有丝毫动摇和改变。

　　河流舒缓处,你可以感受到陶渊明摆脱污浊官场重回本真后如鱼儿游入故渊、如小鸟返回故林般的轻快与愉悦。

　　激流澎湃处,你可以想象到,在一艘破旧的小船上过着贫病交加的漂泊生活的杜甫,看到那"高高正北飞"的江城雁而肠断难耐,因为他至死也忘不了那远在北方的国都长安,忘不了自己"致君尧舜上,再使风俗淳"的理想。

　　河流盘曲处,你可以欣赏到一生都在官场的坎坷中挣扎的苏东坡是如何在古诗中让自己的灵魂飞扬着达观的潇洒的。

　　浪花飞溅处,你还可以体会到那曾经"金戈铁马,气吞万里如虎"的辛弃疾无法实现报国壮志时发出的"凭谁问,廉颇老矣,尚能饭否?"中蕴含的无限激愤。

　　近处流段,还有元代的马致远,还有清朝的纳兰性德,还有林则徐,还有……这是一条正缓缓走向历史深处的寂寞的河。

　　当时代在高科技的动力中飞速发展,当大自然被人类改造得疮痍斑斑,当很多人的内心被物欲、名利、地位胀得满满……这条由壮美之诗、深婉之词、质直之曲融汇而成的古诗词的河,便在悄悄地、悄悄地流出人们的视野,流往历史的隧道深处。

　　然而,这又是一条曾经激荡过、澎湃过多少诗人与多少读者心灵的美丽而动人的河啊！

行走在古诗的河流边，我经常被感动着。被"悠哉悠哉，辗转反侧"的执著的想念感动着，被"夕阳西下"时还远在天涯的"断肠人"那份绵长幽远而又痛彻肺腑的思念感动着，被"肠断月明红豆蔻，月似当时，人似当时否？"的刻骨铭心的牵挂感动着，被"亦余心之所善兮，虽九死其犹未悔"的坚定的爱国爱民之心感动着，被"安得广厦千万间，大庇天下寒士俱欢颜，风雨不动安如山！呜呼！何时眼前突兀见此屋，吾庐独破受冻死亦足！"的忘我而关念天下苍生的博大胸襟感动着，被"布被秋宵"的梦里也不忘"万里江山"的渴望国家统一的志愿感动着，被"苟利国家生死以，岂因祸福避趋之"的一往无前的豪迈感动着……就这么被古诗词河里澎湃着的小爱、大爱的浪花感动着。在感动的同时，那一股爱的浪花也似乎悄悄地融进了我的血液深处……

更让我受到感染的是古诗词作者们胸中澎湃着的激情。是啊，没有对家、对国、对一切美好事物的热爱，生命的火炬怎能燃烧出如此绚烂的光彩？

行走在古诗词的河流边，我的心灵总是被浸润着。陶渊明在"山气日夕佳，飞鸟相与还，此中有真意，欲辨已忘言"中表现的恬然自安的从容，浸润着我不时会沾染焦虑与不安的心灵；苏东坡在"归去，也无风雨也无晴"中表现的坦然迎接人生风雨的超脱与豁达，浸润着我不时会被人世的风雨打得无措无助的心灵……

行走在古诗词的河流边，我感觉到自己的情感被激荡得丰富而热烈；行走在古诗词的河边，我感觉自己的心灵在浮躁的时代濡染上一份恬淡从容、一份平静洒脱、一份执著坚定……

哦，这条古诗词的河啊！我哪里是你岸上行走的过客，我是经你的河水润泽涤荡的河岸边的一棵小草啊，只想倾全力献出那点经你浸润而滋生的生命的绿，给你经行过的大地带来一点生命的活力……

上面的文章是我很多年前写的，大概有二十来年了吧。文章的题目是"行走在古诗的河流边"。从那时起，不，比那时还要早，我就已经

体验中华优秀诗歌

行走在古诗的河流边了。

走着走着,美好的青春年华就变成记忆了;走着走着,许多动人的诗歌就沉淀在生命的历程中了……

"春来濯濯江边柳,秋后离离湖上花。不羡千金买歌舞,一篇珠玉是生涯。"在苏轼眼中,诗文就是他心中千金难比的珠玉一般的珍宝。这珍宝可永驻江边柳、湖上花的美景,可寄寓人间真挚的情怀……

在泛滥的物欲世界中,品读中华民族悠久的历史长河里沉淀的珠玉般的诗歌,何羡千金买歌舞,自有佳趣在其中……

在梳理这些心血凝就的诗词鉴赏作品的过程里,爱人的鼓励给了我坚持的动力,于是,我不断勉励自己从冗繁的应接不暇的琐事中抽出时间来,重新感受曾经品赏过的诗词的温度,将所积水滴融汇成细细的水流。愿这细细的水流,能给跋涉前行的你以些许清凉的慰藉……

体验《论语》

刘 猛 郭冬红 编著

北京理工大学出版社
BEIJING INSTITUTE OF TECHNOLOGY PRESS

版权专有　侵权必究

图书在版编目（CIP）数据

体验《论语》/ 刘猛，郭冬红编著 . — 北京：北京理工大学出版社，2020.6
（体验中华优秀传统文化 / 刘猛，张英华，郭冬红主编；2）
ISBN 978-7-5682-8498-1

Ⅰ . ①体… Ⅱ . ①刘… ②郭… Ⅲ . ①儒家②《论语》–青少年读物
Ⅳ . ① B222.2-49

中国版本图书馆 CIP 数据核字（2020）第 087535 号

出版发行 / 北京理工大学出版社有限责任公司
社　　址 / 北京市海淀区中关村南大街5号
邮　　编 / 100081
电　　话 /（010）68914775（总编室）
　　　　　（010）82562903（教材售后服务热线）
　　　　　（010）68948351（其他图书服务热线）
网　　址 / http：//www.bitpress.com.cn
经　　销 / 全国各地新华书店
印　　刷 / 保定市中画美凯印刷有限公司
开　　本 / 710毫米×1000毫米　1 / 16
印　　张 / 28.25　　　　　　　　　　　　　责任编辑 / 申玉琴
字　　数 / 408千字　　　　　　　　　　　　文案编辑 / 申玉琴
版　　次 / 2020年6月第1版　2020年6月第1次印刷　责任校对 / 刘亚男
定　　价 / 98.00元（全3册）　　　　　　　　责任印制 / 李志强

图书出现印装质量问题，请拨打售后服务热线，本社负责调换

"体验中华优秀传统文化"
丛书编委会

丛书主编： 刘　猛　张英华　郭冬红

丛书编委：

刘　猛	张英华	郭冬红	武维民	张怀安	王徜祥
边　红	李京文	苏万青	张学艳	孙立英	齐学东
赵汉海	郭洪生	陈　勇	王永禄	王　坡	赵文红
史瑞琴	冯守清	任彩云	金　海	张庆国	刘芊芊

丛书绘图： 刘芊芊

总 序

中华优秀传统文化是中华民族积淀和传承下来的至今仍发生积极作用的文明成果，是中华民族的根和魂，是中国特色社会主义植根的文化沃土。实现中华民族伟大复兴，必须结合新的时代条件传承和弘扬中华优秀传统文化。

"体验中华优秀传统文化"丛书是为了培养具有家国情怀的时代新人而系统构建的一套丛书，包括《体验〈弟子规〉》《体验中华优秀诗歌》《体验〈论语〉》。本套丛书是国家级子课题"分学段弘扬中华优秀传统文化课程资源开发与应用研究"成果。

本套丛书以习近平新时代中国特色社会主义思想为指导，坚持马克思主义的方法，坚持古为今用，推陈出新，将中华优秀传统文化与现实生活有机融合，培养孩子的家国情怀。

什么是家国情怀？家国情怀是以仁爱为核心的家国责任担当。家国情怀的具体内容包括：孝亲敬长、修身正己、乡愁旅思、歌颂祖国、壮志报国、忧国忧民等。

培养家国情怀，可以经由"亲亲、仁民、爱物"的历程。从爱亲人到爱他人、爱国家，从承担家庭责任到履行社会义务、承担社会责任。

就爱亲人而言，从《诗经·蓼莪》中的"哀哀父母，生我劬劳"表现的孝亲之情，到《论语》中有子所说"孝弟也者，其为仁之本与"，再到汉代的"举孝廉"，"求忠臣必于孝子之门"……在家尽孝，为国尽忠，在一代代志士仁人的传承中，逐渐成为中华民族的优良传统。对国家的爱其实是对亲人、家乡之爱的拓展与深化。正是这样扎根于中华人民孝亲爱乡之心的爱国之情，让中华民族表现出巨大的民族凝聚力，每每在国家危急存亡之时，都能拧成一股巨大的力量，抗击外侮，延续文明。

为了推动中华优秀传统文化"家国情怀"的创造性转化,我们开发了这套"体验中华优秀传统文化"丛书,通过"读一读""品一品""做一做"的内容设计,打通传统文化与现实生活的联系,使之与现实文化相融相通。

　　中华优秀传统文化博大精深,我们仅从《弟子规》、中华优秀诗歌、《论语》中精选了与培养孩子"家国情怀"有关的内容做了研究,难免挂一漏万,不足之处,还请读者批评指正!

前 言

作为儒学的经典之作,《论语》是儒学之根,蕴藏了崇仁、尚礼、重信、守义等优秀传统文化。这样的文化基因,是中华民族独特的精神力量的源泉所在,是让我们的民族走向繁荣富强的动力之一。扎根于这样的文化之中,传承其中优秀的文化基因,汲取传统文化的力量,才能让社会主义核心价值观展现旺盛的生命力,产生广泛而持久的影响力。

要让社会主义核心价值观在孩子的心中生根发芽,成为孩子健康成长的精神力量,就要重视传承这样的优秀传统文化,让《论语》这部儒家经典作品中的仁、礼、信、义等理念及仁、智、勇兼具的君子品格转化为培养学生爱国、敬业、诚信、友善的营养,让其中体现的自强不息的力量转化为促进学生健康成长的能量……

《体验〈论语〉》的开发,就是基于这样的意愿,以培养家国情怀为宗旨,设计了"爱国:志存高远,完善人格,勇于担当""敬业:热爱学业,学会做事,学会创新,为政以德""诚信:诚信做事,诚信做人""友善:为人孝悌,以礼待人,推己及人"四章十二节内容。

《体验〈论语〉》力求打通《论语》与现实生活之间的联系,用《论语》提倡的价值追求及道德规范涵养社会主义核心价值观,培养孩子的家国情怀。在"读一读""品一品""做一做"的学习体验中,孩子可以感受中华优秀传统文化的魅力,体会社会主义核心价值观与中华优秀传统文化一脉相承的关联,明确做有家国责任担当的时代新人的方向。

目 录

第一章 爱国 ·· 001

第一节 志存高远 ·· 002
- 树立目标 ·· 002
- 周密安排 ·· 004
- 弘扬毅志 ·· 005
- 持之以恒 ·· 006

第二节 完善人格 ·· 007
- 关心社会 ·· 007
- 热爱劳动 ·· 008
- 虚怀若谷 ·· 009
- 提高修养 ·· 010
- 心中有戒 ·· 011

第三节 勇于担当 ·· 012
- 勇于负责 ·· 012
- 承受重托 ·· 014
- 敢作敢为 ·· 015

第二章 敬业 ·· 017

第一节 热爱学业 ·· 018
- 学习意义 ·· 019
- 学习志向 ·· 022

学习精神 …………………………………………………………025
　　学习态度 …………………………………………………………030
　　学习内容 …………………………………………………………036
　　学习方法 …………………………………………………………038
　　学习体会 …………………………………………………………043

第二节　学会做事 …………………………………………………048
　　谨言慎行 …………………………………………………………048
　　做事认真 …………………………………………………………049
　　不计报酬 …………………………………………………………050

第三节　学会创新 …………………………………………………051
　　创新精神 …………………………………………………………051
　　创新思想 …………………………………………………………053
　　创新行为 …………………………………………………………054

第四节　为政以德 …………………………………………………055
　　勤政为民 …………………………………………………………056
　　率先垂范 …………………………………………………………056
　　清正廉洁 …………………………………………………………058
　　选贤任能 …………………………………………………………059

第三章　诚信 ……………………………………………………061

第一节　诚信做事 …………………………………………………062
　　说话谨慎 …………………………………………………………062
　　慎言敏行 …………………………………………………………063
　　听言观行 …………………………………………………………064

第二节　诚信做人 …………………………………………………065
　　取信于人 …………………………………………………………065
　　交诚信友 …………………………………………………………066
　　诚信立身 …………………………………………………………067

第四章　友善 ··· 069

第一节　为人孝悌 ································· 071
　　尊敬父母 ··· 072
　　和颜悦色 ··· 073
　　行为规范 ··· 073
　　以礼待亲 ··· 074
　　传承家道 ··· 075

第二节　以礼待人 ································· 076
　　礼的运用 ··· 076
　　礼的根本 ··· 078
　　礼仁关系 ··· 078
　　为人懂礼 ··· 079
　　相互欣赏 ··· 080

第三节　推己及人 ································· 081
　　将心比心 ··· 082
　　换位思考 ··· 082

附录　《论语》全文 ································· 085

第一章　爱国

爱国，既要有爱国情，又要有强国志，更要有报国行。一个人志存高远，完善人格，勇于担当，就能为国泰民安、国富民强做贡献。

子曰："老者安之，朋友信之，少者怀之。"

子曰："人无远虑，必有近忧。"

曾子曰："士不可以不弘毅，任重而道远。"

子曰："亡而为有，虚而为盈，约而为泰，难乎有恒矣。"

"夫子至于是邦也，必闻其政，求之与？抑与之与？"子贡曰："夫子温、良、恭、俭、让以得之。"

南宫适问于孔子曰："羿善射，奡荡舟，俱不得其死然。禹稷躬稼

而有天下。"

曾子曰:"以能问于不能,以多问于寡,有若无,实若虚,犯而不校。昔者吾友尝从事于斯矣。"

子路问君子。子曰:"修己以敬……修己以安人……修己以安百姓。"

颜渊问仁。子曰:"克己复礼为仁。一日克己复礼,天下归仁焉。为仁由己,而由人乎哉?"

尧曰:"咨!尔舜!天之历数在尔躬,允执其中。四海困穷,天禄永终。"舜亦以命禹。

曾子曰:"可以托六尺之孤,可以寄百里之命,临大节而不可夺也。君子人与?君子人也。"

夫子怃然曰:"鸟兽不可与同群,吾非斯人之徒与而谁与?天下有道,丘不与易也。"

第一节　志存高远

远大的志向能给人无穷的前进动力,有志者凭着远大的目标、周密的安排、坚强的毅力、持之以恒的精神,最终获得事业成功。

树立目标

颜渊、季路侍。子曰:"盍各言尔志?"子路曰:"愿车马衣轻裘与朋友共,敝之而无憾。"颜渊曰:"愿无伐善,无施劳。"子路曰:"愿闻子之志。"子曰："老者安之，朋友信之，少者怀之。"

颜渊、子路侍立在孔子身边。孔子说："你们何不各谈谈自己的志向？"子路说："我愿意拿出自己的车马衣服与朋友共同享用，用坏了也不抱怨。"颜渊说："我愿不夸耀自己的长处，不显扬自己的功劳。"子路对孔子说："我们也想听听您的志向。"孔子说："我的志向是使老人得到安逸，使朋友信任我，使年轻人怀念我。"

有志者，事竟成。子路志在帮助众人，最后走上了仕途。颜渊志在完善人格，最后成了谦谦君子。孔子志在育人，最后成了教育家。由此可见，明志才能致远，明志才能成志。

一个人要成就一番事业，必须追求远大的目标。远大的目标是激励或推动人去行动以达到一定目的的内在动因。它是一种心理力量，是一种精神支柱，它对人生产生的积极作用是巨大的，尤其是当目标与社会的需要紧密结合的时候，其积极作用更大，它会使人产生一种坚强的意志力，使人具有顽强的拼搏精神和无私的奉献情怀。它能为激流勇进的人生注入第一推动力。

毛泽东年少时写的《七绝·改西乡隆盛诗赠父亲》："孩儿立志出乡关，学不成名誓不还。埋骨何须桑梓地，人生无处不青山！"以及他后来写的《沁园春·长沙》："怅寥廓，问苍茫大地，谁主沉浮？"就表达了他学要成名的决心和主宰天下的政治抱负。

周恩来也同样如此，他东渡日本求学时，写下了："大江歌罢掉头东，邃密群科济世穷。面壁十年图破壁，难酬蹈海亦英雄。"表达他东渡求学寻求救国救民的真理，以挽救国家危亡的决心，他要用古人"面

体验《论语》

壁十年"的精神,来寻求改造旧社会的办法,即使壮志难酬,蹈海而死,也义无反顾。这是多么远大的抱负啊!

请你做一份30年的人生发展规划,让父母看一看。人生发展规划的内容有:我的优点(或爱好)是什么?我想成为什么样的人(或我要实现什么样的人生目标)?我打算怎样做?

周密安排

子曰:"人无远虑,必有近忧。"

孔子说:"人没有长远的考虑,一定会有眼前的忧患。"

做成一件事必须要思前想后,对所做的事做好周密安排,要从长计议。孔子强调规划未来的重要性。一个人有了长远的目标,又有详尽的规划,不仅能保证目标的完成,而且还能完善自己,使自己行事顺利。如果没有长远的打算,做事考虑不周,最后必然没有好结果。

有位学生想上某"985"大学,高考成绩非常突出,但到填报志愿时才发现此大学要求物理成绩,而他没有选考物理,只能无缘此学校。此学生遇到了"近忧",不就是当初没有"远虑"吗?

你未来想上哪所大学,你知道此大学对考生有什么要求吗?

第一章 爱国

弘扬毅志

曾子曰:"士不可以不弘毅,任重而道远。仁以为己任,不亦重乎?死而后已,不亦远乎?"

曾子说:"士不可以不刚强而有毅力,因为他责任重大,道路遥远。把实现仁作为自己的责任,难道还不重大吗?一直到死才卸下重任,这不是很遥远吗?"

一个有志的读书人向着目标前进的途中会遇到很多的困难与挫折,如果没有坚毅之志,就很难渡过难关。他身上担负的责任是用自己的仁德影响周围的人、影响天下的人,而成就自己的仁德以及用自身的影响力改变他人非朝夕之功,需要终身努力,可以说任重而道远,所以要刚强而且有坚强的毅力。

青年是祖国的未来、民族的希望。神州大地上,青年的奋斗身影是最亮丽的风景,青年的火热干劲是最动人的旋律,展示着为实现中华民族伟大复兴的中国梦而拼搏奋斗的生动实践。中国的未来属于青年,中华民族的未来也属于青年,而青年的未来在于奋斗担当。习近平总书记指出,中华民族伟大复兴大任,绝不是轻轻松松、敲锣打鼓就能实现的,需要广大干部群众特别是青年一代艰苦奋斗、不懈奋斗。我们青年人应当始终保持一股顽强拼搏、勇于开拓的精气神,始终想干事、能吃苦、肯奋斗,坚决杜绝任何贪图享乐、坐享其成的消极心理,坚决杜绝

体验《论语》

任何不思进取、颓废悲观的不良情绪,争做走在时代前列的奋进者、开拓者、奉献者。幸福都是奋斗出来的,要经常历练奋斗精神、锤炼意志品质,敢于担当时代赋予的历史使命,把担子挑起来、责任担起来,在奋斗中绽放青春光芒,在奋斗中书写人生华章[①]。

请你以"青年人的担当作为"为题,写一篇作文。

持之以恒

子曰:"圣人,吾不得而见之矣;得见君子者,斯可矣。"子曰:"善人,吾不得而见之矣;得见有恒者,斯可矣。亡而为有,虚而为盈,约而为泰,难乎有恒矣。"

孔子说:"圣人我不能看见了,能看到君子,就可以了。"孔子又说:"善人我不能看见了,能见到始终如一(保持好的品德)的人,就可以了。没有却装作有,空虚却装作充实,穷困却装作富足,这样的人是难于有恒心(保持好的品德)的。"

美好品德的养成需要长期的修炼,一个人做一件好事并不难,难的是天天做,做一辈子。爱慕虚荣、好大喜功、遇事总想走捷径的人,是无法具有良好品德修养的。

不忘初心,就得持定恒心。没有恒心,初心即成空想;没有初心,

---

① 郑青文.青年要努力成为担当民族复兴大任的时代新人[J].形势政策网,2019-07-30.

恒心无以方向。两者互相依存，缺一不可。初心滋生恒心，恒心守护初心；初心定向，恒心护航；恒心给力，初心依然；恒心所向披靡，初心坚如磐石①。

请阅读以上材料，联系自身实际谈一谈自己的"初心与恒心"。

第二节　完善人格

一个人按照国家的要求不断完善自身的品格，是最坚实的爱国行为。在追求中国梦的过程中实现自身的价值，就要关心社会发展，遵守社会规范，热爱劳动，虚怀若谷，接纳八方，努力提升自身的综合素养，用自身的人格影响周围人，影响天下人。

关心社会

读一读

子禽问于子贡曰："夫子至于是邦也，必闻其政，求之与？抑与之与？"子贡曰："夫子温、良、恭、俭、让以得之。夫子之求之也，其诸异乎人之求之与？"

子禽问子贡说："他老人家到了一个国家，必然获知这个国家的政事，是求来的呢还是别人主动给予他的？"子贡说："他老人家是靠温和、善良、恭敬、节俭、谦让来取得的。他获得政事的方式，不同别人求取的方式吧？"

---

① 王晓河.初心与恒心[N].贵州日报，2019-06-11.

体验《论语》

家事、国事、天下事，事事关心，这是一种社会责任。孔子为人温和、善良、恭敬、节俭、谦让，别人很愿意与他分享政事信息。因此，孔子能很快地了解天下的政事。

你平日是怎样获得各种消息的？说出来与大家分享一下吧。

热爱劳动

南宫适问于孔子曰："羿善射，奡荡舟，俱不得其死然。禹稷躬稼而有天下。"夫子不答。南宫适出，子曰："君子哉若人！尚德哉若人！"

南宫适问孔子："羿擅长射箭，奡擅长水战，最后都不得好死。禹和后稷都亲自种植庄稼，却得到了天下。"孔子没有回答。南宫适出去后，孔子说："这个人真是个君子呀！这个人真崇尚道德。"

恃强凌弱失民心，失民心者没有好下场。事必躬亲惠民生，惠民生者树威望，树威望者得民心，得民心者得天下。

第一章 爱国

① "羿善射,奡荡舟,俱不得其死然。"

② 成都武侯祠诸葛亮殿正中有一副楹联:"能攻心则反侧自消,从古知兵非好战;不审势即宽严皆误,后来治蜀要深思。"

③ "禹稷躬稼而有天下。"

④ 幸福不会从天而降,梦想不会自动成真。实现我们的奋斗目标,开创我们的美好未来,必须紧紧依靠人民、始终为了人民,必须依靠辛勤劳动、诚实劳动、创造性劳动。

1. 通过①②两则材料,推断儒家对"好战"持什么态度?(　　)

A. 肯定　　　　　B. 否定

2. 通过③④两则材料,你认为劳动有哪些价值?(　　)

A. 劳动培养美德　　B. 劳动创造幸福　　C. 劳动成就梦想

虚怀若谷

曾子曰:"以能问于不能,以多问于寡,有若无,实若虚,犯而不校。昔者吾友尝从事于斯矣。"

曾子说:"有能力的向无能力的人请教,知识丰富的向知识贫乏的人请教,有学问却像没学问一样,知识充实却好像很空虚,被人侵犯却不计较。从前我的朋友就这样做的。"

空虚的稗子昂首向上,饱满的稻子却低头向下。谦虚是成熟的标

志。大海甘居江河下游,能包容万物,最后成其大,就其深。人若能低头向人请教,遇事能包容他人,最后就能功成名就。

谦虚使人进步,骄傲使人落后。在物质生活上要知足,在精神追求上要不知足,在自我修炼上要知不足。在生活、学习中,你是怎样自我反思的?

提高修养

子路问君子。子曰:"修己以敬。"曰:"如斯而已乎?"曰:"修己以安人。"曰:"如斯而已乎?"曰:"修己以安百姓。修己以安百姓,尧、舜其犹病诸!"

子路问怎样才是君子。孔子说:"提高自身修养使自己能敬(敬德或严肃认真地做事)。"子路说:"这样就够了吗?"孔子说:"提高自身修养使周围的人安乐。"子路说:"这样就够了吗?"孔子说:"提高自身修养使所有百姓都安乐。提高自身修养使所有百姓都安乐,尧舜大概还没有完全做到呢!"

敬德才会有德,敬事才会成事,敬德与敬事是一个人有修养的表现。一个人的修养提高了,敬德与敬事就会做得很好。修养不断提高的人,会产生人格影响力。近者可以影响身边人,远者可以影响天下人。

第一章 爱国

严肃认真地做事,就要对所做的事投入情感及精力。做事遇到困难后,要多想想办法,选择适合自己的办法做下去。如果做得不理想,要寻找问题的症结,再寻找改进办法,直至把事做成。

如果有人交给你一项重要任务,并且对你说:"你办事,我放心。"那么接受任务后,你首先想到的是什么?

心中有戒

颜渊问仁。子曰:"克己复礼为仁。一日克己复礼,天下归仁焉。为仁由己,而由人乎哉?"颜渊曰:"请问其目。"子曰:"非礼勿视,非礼勿听,非礼勿言,非礼勿动。"颜渊曰:"回虽不敏,请事斯语矣。"

颜渊问怎样才是仁。孔子说:"约束自己而合于礼,这就是仁。一旦这样做了,天下的人都会称许你是仁人。实行仁德全凭自己,还凭别人吗?"颜渊说:"请问实行仁德的条目。"孔子说:"不合礼的事不看,不合礼的话不听,不合礼的话不说,不合礼的事不做。"颜渊说:"我虽然愚笨,让我照这话去做吧。"

完善自己的人格,就要按照礼的要求约束自己。约束自己不能靠别人,只能靠自己。不看低级趣味的书,不听搬弄是非的话,不说肮脏骂人的话,不做违法乱纪的事。

体验《论语》

克己复礼,就是要用道德规范、法律制度约束自己,有所为有所不为,莫以善小而不为,莫以恶小而为之。

请你讲一个"心中有戒"的故事。

第三节　勇于担当

国家兴亡,匹夫有责。积极承担社会责任,承受历史的重托,敢作敢为,这样的人生,才是有意义的人生。

勇于负责

尧曰:"咨!尔舜!天之历数在尔躬,允执其中。四海困穷,天禄永终。"舜亦以命禹。曰:"予小子履敢用玄牡,敢昭告于皇皇后帝:有罪不敢赦。帝臣不蔽,简在帝心。朕躬有罪,无以万方;万方有罪,罪在朕躬。"周有大赉,善人是富。"虽有周亲,不如仁人。百姓有过,在予一人。"谨权量,审法度,修废官,四方之政行焉。兴灭国,继绝世,举逸民,天下之民归心焉。所重:民、食、丧、祭。宽则得众,信则民任焉,敏则有功,公则说。

尧说:"啊!舜啊!天命已经落在你的身上了,忠实地执行正确原则。假如四海百姓陷入贫困中,上天赐你的禄位也就永远终结了。"舜也这样告诫过禹。商汤说:"我谨用黑色公牛来祭祀,向伟大的天帝祷

第一章 爱国

告：有罪的人我不敢擅自赦免，您的臣仆我也不敢欺瞒掩盖，天帝心中自是明察一切。我若有罪，不要牵连天下。天下若有罪，都由我一个人承担。"周朝大封诸侯，使善人都富贵起来。周武王说："我虽然有至亲，不如有仁德之人。百姓如果有过错，应该由我来承担。"检查并审定度量衡，修复已经废弃的官职，四方的政令就通行了。恢复被消灭的国家，承续已经断绝的后代，提拔被遗落的人才，天下百姓都会诚心归附了。所重视的是：人民、粮食、丧礼、祭祀。宽厚就能得到众人的拥护，诚信就能得到别人的任用，勤敏就能取得成绩，公平就会使百姓高兴。

心怀天下，毫无私心，百姓是多么拥护啊。实施仁政，说到做到，百姓是多么放心啊。勤政为民，办事公平，百姓是多么高兴啊。敢于为天下百姓负责，以天下百姓的幸福为己任，人民会永远铭记他。心中只有天下人，唯独没有自己。有功归于别人，有过归于自己。这种舍小我而取大我的精神，就是敢于负责的精神。

尧曰："咨！尔舜！天之历数在尔躬，允执其中。四海困穷，天禄永终。"舜亦以命禹。

"天之历数在尔躬"中的"历数"是历法数学，也就是历法推算。"允执其中"的"中"本意是测算时间的"表"，执掌此"表"的人一定要公允公平将此"表"执掌"中正"，才能准确测出一年乃至一天的时间。在原始社会，能掌握天文历算知识的人，也就是"观象授时"的人，拥有至高无上的权力，因为他能准确告诉天下百姓什么时候适合播种。百姓播种不误农时，就会有收获。如果百姓播种误了农时，往往会

体验《论语》

颗粒无收。在农耕时代，粮食是生存的根本。能保证天下百姓有饭吃、不穷困的人，就能成为百姓拥戴的对象。尧、舜、禹都是掌握"历数"又能"允执其中"、对天下百姓负责的人，因此他们才有资格成为部落联盟首领。

1. 百姓拥戴尧、舜、禹的原因是什么？
2. 通过以上材料，你认为一个人具备什么素养才能更好地报效国家？

承受重托

曾子曰："可以托六尺之孤，可以寄百里之命，临大节而不可夺也。君子人与？君子人也。"

曾子说："可以把幼小的孤儿托付于他，可以把国家的政事寄托给他，面临生死存亡的紧要关头而不动摇屈服。这样的人是君子吗？是君子呀。"

君子讲忠诚，面对别人的托付，有很强的责任担当意识；君子讲奉献，敢于舍小家为大家。君子既能做到"临危受命"，即在危难之际接受使命，又能做到"临危授命"，即在危难之际勇于献出生命。

别人交给你一项重要任务，你有什么表现？能说说理由吗？
A.愉快地接受，不讲任何条件坚决完成这项任务

B.虽然觉得完成这项任务很难,但敢于承担下来,不管结果如何,自己都尽力去做

C.思考自己能不能完成这项任务,如果能完成就接受,不能完成就拒绝

D.自己虽然能完成这项任务,但要考虑有什么回报,如果没有回报,可能不十分尽力

E.看是谁交给的任务,如果是我信任的人,我不讲任何条件完成它;如果不是我信任的人,又不得不做,我可能不尽力

敢作敢为

长沮、桀溺耦而耕,孔子过之,使子路问津焉。长沮曰:"夫执舆者为谁?"子路曰:"为孔丘。"曰:"是鲁孔丘与?"曰:"是也。"曰:"是知津矣。"问于桀溺。桀溺曰:"子为谁?"曰:"为仲由。"曰:"是鲁孔丘之徒与?"对曰:"然。"曰:"滔滔者天下皆是也,而谁以易之?且而与其从辟人之士也,岂若从辟世之士哉?"耰而不辍。子路行以告。夫子怃然曰:"鸟兽不可与同群,吾非斯人之徒与而谁与?天下有道,丘不与易也。"

长沮、桀溺在一起耕种,孔子路过,让子路去询问渡口在哪里。长沮问子路:"那驾车子的是谁?"子路说:"是孔丘。"长沮说:"是鲁国的孔丘吗?"子路说:"是的。"长沮说:"那他早已知道渡口的位置了。"子路再去问桀溺。桀溺说:"你是谁?"子路说:"我是仲由。"桀溺说:"你是鲁国孔丘的门徒吗?"子路说:"是的。"桀溺说:"整个天下都是如洪水一般的乱世,你们同谁去改革它呢?你与其跟着(孔丘那种)逃避坏人的人,为什么不跟着我们这些逃避整个社会的人呢?"说

体验《论语》

完,仍旧不停地做田里的农活。子路回来报告给孔子。孔子很失望地说:"我们既然不可以与飞禽走兽合群共处,若不同人群打交道,又同谁打交道呢?如果天下太平,我就不会同你们一道来从事改革了。"

天下兴亡,匹夫有责。国家危难,有识之士更应敢作敢为,积极救世。面对困难敢于迎难而上,面对危机敢于挺身而出。

改变现实不是一帆风顺的,要遇到许多坎坷与挫折。只有迎难而上,敢闯敢干,才能闯出一片艳阳天。一个人为了正义的事业、为了广大人民的利益而奋斗,他会感到"苦中有乐",再怎么艰苦也是美的、再怎么付出也是甜的,就不会患得患失。

你有没有做过一件虽然很苦但很快乐的事?

第二章 敬业

敬业是一个人对自己所从事的工作及学习负责的态度。孔子主张人的一生要始终勤奋、刻苦，为学业、事业尽心尽力。他劝勉人们要"事思敬""执事敬""修己以敬"。

子曰："志于道，据于德，依于仁，游于艺。"

子曰："君子食无求饱，居无求安，敏于事而慎于言，就有道而正焉，可谓好学也已。"

子曰："由！诲女知之乎！知之为知之，不知为不知，是知也。"

子曰:"弟子,入则孝,出则弟,谨而信,泛爱众,而亲仁。行有余力,则以学文。"

子曰:"学而不思则罔,思而不学则殆。"

子曰:"学而时习之,不亦说乎?有朋自远方来,不亦乐乎?人不知而不愠,不亦君子乎?"

子张学干禄。子曰:"多闻阙疑,慎言其余,则寡尤。多见阙殆,慎行其余,则寡悔。言寡尤,行寡悔,禄在其中矣。"

樊迟问仁。子曰:"居处恭,执事敬,与人忠。虽之夷狄,不可弃也。"

樊迟问知。子曰:"务民之义,敬鬼神而远之,可谓知矣。"问仁。曰:"仁者先难而后获,可谓仁矣。"

子路宿于石门。晨门曰:"奚自?"子路曰:"自孔氏。"曰:"是知其不可而为之者与?"

子夏曰:"博学而笃志,切问而近思,仁在其中矣。"

子张问政。子曰:"居之无倦,行之以忠。"

子曰:"上好礼,则民莫敢不敬;上好义,则民莫敢不服;上好信,则民莫敢不用情。"

季康子患盗,问于孔子。孔子对曰:"苟子之不欲,虽赏之不窃。"

子曰:"举直错诸枉,能使枉者直。"

第一节 热爱学业

学习,是通过阅读、听讲、思考、研究、实践等途径获得知识或技能的过程。学习是进步的阶梯,是参与社会竞争和自我发展、自我超越的必需的能力。

学习意义

(一) 学诗学礼促成长

读一读

陈亢问于伯鱼曰:"子亦有异闻乎?"对曰:"未也。尝独立,鲤趋而过庭。曰:'学诗乎?'对曰:'未也。''不学诗,无以言!'鲤退而学诗。他日,又独立,鲤趋而过庭。曰:'学礼乎?'对曰:'未也。''不学礼,无以立!'鲤退而学礼。闻斯二者。"陈亢退而喜曰:"问一得三:闻诗,闻礼,又闻君子之远其子也。"

陈亢问伯鱼:"你在老师那里听到过什么特别的教诲吗?"伯鱼回答说:"没有呀。有一次他独自站在堂上,我快步从庭里走过,他说:'学诗了吗?'我回答说:'没有。'他说:'不学诗,就不懂得怎么说话。'我回去就学诗。又有一天,他又独自站在堂上,我快步从庭里走过,他说:'学礼了吗?'我回答说:'没有。'他说:'不学礼就不懂得怎样立身。'我回去就学礼。我就听到过这点。"陈亢回去高兴地说:"我问一件事,得到三个收获,知晓了学诗的道理,知晓了学礼的道理,又知道了君子不偏爱自己儿子。"

品一品

诗是高度凝练的语言,言少意丰,再加上句式整齐,韵律和谐,易读易记,学习诗有利于继承中华优秀文化,有利于提高文化修养,有利于提高表达能力。学习礼,可以恰当处理各种人际关系,有利于立身行事。

做一做

学诗,要活学活用;学礼,要知行合一。请你引用三句诗,表达自己的观点。

宝剑锋从磨砺出,梅花香自苦寒来。

功崇惟志,业广惟勤。

业精于勤而荒于嬉,行成于思而毁于随。

盛年不再来,一日难再晨,及时当勉励,岁月不待人。

合抱之木,生于毫末;九层之台,起于垒土;千里之行,始于足下。

黑发不知勤学早,白首方悔读书迟。

(二)学习完善人格

子曰:"由也,女闻六言六蔽矣乎?"对曰:"未也。""居!吾语女。好仁不好学,其蔽也愚;好知不好学,其蔽也荡;好信不好学,其蔽也贼;好直不好学,其蔽也绞;好勇不好学,其蔽也乱;好刚不好学,其蔽也狂。"

孔子说:"由呀,你听说过六种品德便会有六种弊病了吗?"子路回答说:"没有。"孔子说道:"坐下!我告诉你:爱仁德,却不爱学问,其弊病是容易被人愚弄;爱耍小聪明,却不爱学问,其弊病是放荡而无基础;爱诚实,却不爱学问,其弊病是容易被人利用,反害了自己;爱直率,却不爱学问,其弊病是说话尖刻,刺痛人心;爱勇敢,却不爱学问,其弊病是捣乱闯祸;爱刚强,却不爱学问,其弊病是胆大妄为。"

"仁、知、信、直、勇、刚"本来都是优点,具有这些优点的人如果不去学习,优点反而会变成缺点。学习能兴利除弊,让人渐趋完善。

"一问三不知",出自《左传》,其中"三不知"指( )。
A. 不知天文、地理、文学
B. 不知道家、儒家、释家
C. 不知事情起因、经过、结果
D. 不知做什么、为何做、怎样做

(三)学习改变未来

子曰:"君子谋道不谋食。耕也,馁在其中矣;学也,禄在其中矣。君子忧道不忧贫。"

孔子说:"君子谋求道,不谋求衣食。耕田,常要饿肚子;学习,可以得到俸禄。君子只担心得不到道,不担心贫穷。"

一个人把精力用在学习上,用在人生发展上,有了立身的本领,有了立业根基,还愁生活没着落吗?

鲜花和掌声从来不会赐予好逸恶劳者,而只会馈赠给那些风雨兼程的前行者;空谈和散漫决不会让你美梦成真,只会留下"白了少年头,空悲切"的慨叹;只有学习知识才能到达成功的彼岸。

知识是石,敲出生命之火;知识是火,点燃命运之灯;知识是灯,

 体验《论语》

照亮命运之路；知识是路，引我们走向灿烂的明天！

知识就是力量，知识改变命运。在信息时代，谁善于学习，谁掌握知识，谁就能把握自己的命运。

请你讲一个"知识改变命运"的故事。

学习志向

（一）发展自己

 读一读

子曰："志于道，据于德，依于仁，游于艺。"

孔子说："志向在道，根据在德，依靠在仁，熟练掌握知识技艺。"

 品一品

一个人要想发展自己，就要追求高素质。即要有理想信念（志于道），有道德情操（据于德），有仁爱之心（依于仁），有扎实学识（游于艺）。有理想信念，可以行得远；有道德情操，可以立得正；有仁爱之心，可以暖人心；有扎实学识，可以干成事。

 做一做

一次修身课上，魏校长问同学们为什么读书。

有的说："为明理而读书。"有的说："为做官而读书。"也有的说："为挣钱而读书。""为吃饭而读书"……

周恩来的回答是："为中华之崛起而读书！"

一语惊人。魏校长赞叹道："好哇！为中华之崛起！有志者当效周生啊！"

讨论：学习志向与学习动力之间的关系。

（二）明志成才

读一读

子路、曾皙、冉有、公西华侍坐。子曰："以吾一日长乎尔，毋吾以也。居则曰：'不吾知也！'如或知尔，则何以哉？"子路率尔而对曰："千乘之国，摄乎大国之间，加之以师旅，因之以饥馑；由也为之，比（bì）及三年，可使有勇，且知方也。"夫子哂（shěn）之。"求！尔何如？"对曰："方六七十，如五六十，求也为之，比及三年，可使足民。如其礼乐，以俟君子。""赤！尔何如？"对曰："非曰能之，愿学焉。宗庙之事，如会同，端章甫，愿为小相焉。""点！尔何如？"鼓瑟希，铿尔，舍瑟而作，对曰："异乎三子者之撰。"子曰："何伤乎？亦各言其志也。"曰："莫（mù）春者，春服既成。冠者五六人，童子六七人，浴乎沂（yí），风乎舞雩（yú），咏而归。"夫子喟然叹曰："吾与点也！"三子者出，曾皙后。曾皙曰："夫三子者之言何如？"子曰："亦各言其志也已矣。"曰："夫子何哂由也？"曰："为国以礼，其言不让，是故哂之。""唯求则非邦也与？""安见方六七十如五六十而非邦也者？""唯赤则非邦也与？""宗庙会同，非诸侯而何？赤也为之小，孰能为之大？"

子路、曾皙、冉有、公西华四个人陪坐在孔子身边。孔子说："我年龄比你们大一些，不要因为我年长而不敢说话。你们平时总说：'没有人了解我呀！'假如有人了解你们，你们会怎样做呢？"子路赶忙回答："一个拥有一千辆兵车的国家，夹在大国中间，外有别国侵犯，内有灾年饥荒，让我去治理，只要三年，就可以使人们充满勇气，而且懂得礼仪。"孔子微微一笑。孔子又问："冉求，你怎么样呢？"冉求答道："方圆有六七十里或者五六十里的小国家，让我去治理，三年以

体验《论语》

后，可以使百姓富足。至于礼乐教化，就要等君子来施行了。"孔子又问："公西赤，你怎么样？"公西赤答道："我不敢说能做到，而是愿意学习。宗庙祭祀，或者诸侯会盟，我愿意穿着礼服，戴着礼帽，做一个小司仪。"孔子又问："曾点，你怎么样呢？"这时曾点弹瑟的声音逐渐放慢，接着"铿"的一声，离开瑟站起来，回答说："我想的和他们三位的不一样。"孔子说："那有什么妨碍呢？正是要让各人讲自己的志向啊。"曾皙说："暮春三月，已经穿上了春天的衣服，我和五六位成年人，六七个少年，去沂河里洗洗澡，在舞雩台上吹吹风，一路唱着歌走回来。"孔子长叹一声说："我赞成曾皙的志向。"子路、冉有、公西华三个人都出去了，曾皙走在最后。他问孔子："他们三人的话怎么样？"孔子说："也就是各自谈谈自己的志向罢了。"曾皙说："夫子为什么要笑仲由呢？"孔子说："治理国家要讲礼让，可是他说话一点也不谦让，所以我笑他。"曾皙又问："那么是不是冉求讲的不是国家呢？"孔子说："哪里见得六七十里或五六十里的土地不是国家呢？"曾皙又问："公西赤所讲的不是国家吗？"孔子说："有宗庙，有诸侯会盟，不是国家的事又是什么？像赤这样的人如果只能做一个小相，那谁又能做大相呢？"

目标有多远，人就能走多远。一个人朝着目标前进时，就会挖掘出自身隐藏的潜能。一个人如果没有目标，潜能就不会被激发出来，即使有再多的机遇等着他，也会错失良机。

孔子为什么赞赏曾皙的志向？

（三）博学笃志

 **读一读**

子夏曰："博学而笃志，切问而近思，仁在其中矣。"

子夏说："广泛地学习而又坚守自己的志向，就切身有关的问题发问而又从近处去思考，仁德就在其中了。"

 **品一品**

子夏认为研究身边的问题而且又能从近处寻找解决问题的办法，解决真问题，就是学以致用，仁德也就在其中了。他认为解决实际问题需要一定的凭借，既要有一定的物质保障，又要有一定的学术基础，所以说："百工居肆以成其事，君子学以致其道。"

 做一做

假如让你选择一条道路骑自行车，一条是5厘米宽的道路，一条是5米宽的道路，两条道路的长度都是5公里，为了自由快速地骑行，你愿意选择哪一条？

博学的人就如同在宽阔的道路上骑行，能快速达到目标。你赞同这个观点吗？

学习精神

（一）广泛学习

 **读一读**

子曰："君子食无求饱，居无求安，敏于事而慎于言，就有道而正

体验《论语》

焉,可谓好学也已。"

孔子说:"君子吃饭不求饱足,居住不求安逸,做事勤敏而言语谨慎,到有道的人那里纠正自己,这样可以说是好学了。"

孔子认为好学必须要广泛学习。首先向文化典籍学。吃饭不求饱足,居住不求安逸,淡泊物质享受,重视精神追求,把主要精力用在文化典籍的学习上。其次向实践学。做事勤敏而言语谨慎,学会立身处事。再次向高人学。到有道的人那里纠正自己,学会结交高人更好地前进。广泛学习能增加人生的宽度及厚度。

重视学习、善于学习是流淌在我们血液里的民族文化基因。中华文明是人类历史上唯一一个绵延5 000多年至今未曾中断的灿烂文明,善于学习、勇于探索是中华民族一以贯之的优秀品质。几千年前,中华民族的先民们就秉持"朝闻道,夕死可矣"的追求和"周虽旧邦,其命维新"的精神,开启了"路漫漫其修远兮,吾将上下而求索"的文明缔造实践,保持"吾生也有涯,而知也无涯"的清醒认识,以"业精于勤荒于嬉,行成于思毁于随"的思想自觉,踏上了"为天地立心、为生民立命、为往圣继绝学、为万世开太平"的守正创新征程,谱写了浩如烟海的鸿篇巨制,也创造了气贯长虹的文化奇迹。

本领不是天生的,要通过学习和实践来获得。我们必须善于学习,优化知识结构,拓宽眼界视野[①]。

请你阅读以上材料,结合自身实际谈一谈"处处留心皆学问"。

---

① 王云长.善于学习,就是善于进步[N].光明日报,2019-04-02.

（二）终身学习

 读一读

子曰："吾十有五而志于学，三十而立，四十而不惑，五十而知天命，六十而耳顺，七十而从心所欲，不逾矩。"

孔子说："我十五岁立志学习；三十岁自立（在社会上找到了自己的位置）；四十岁不被外物迷惑；五十岁认识了天道运行的规律；六十岁能正确对待各种言论，不觉得不顺；七十岁能随心所欲而不越出规矩。"

 品一品

孔子终身学习，真正做到了活到老、学到老，伴随着学习，他的精神境界越来越高。孔子的学习是伴随着体验和觉悟的深度学习，深度学习能提高幸福能力，既能获得积极的情绪体验，又能完善自己的人格。

 做一做

把学习作为一种追求、一种爱好、一种健康的生活方式，做到自觉学习、主动学习、终身学习。要有"望尽天涯路"那样志存高远的追求，耐得住"昨夜西风凋碧树"的清冷和"独上高楼"的寂寞，静下心来通读苦读；要勤奋努力、刻苦钻研，下真功夫、苦功夫、细功夫，即使"衣带渐宽"也"终不悔"，"人憔悴"也心甘情愿；要坚持独立思考，学有所悟、学有所得，在学习和实践中"众里寻他千百度"，最终"蓦然回首"，在"灯火阑珊处"领悟真谛①。

阅读以上材料，概括学习的三个境界。

---

① 中国中央宣传部．习近平新时代中国特色社会主义思想学习纲要[M]．北京：学习出版社；人民出版社，2019．

体验《论语》

（三）好学示范

子曰："十室之邑，必有忠信如丘者焉，不如丘之好学也。"

孔子说："就是十户人家的地方，一定有像我这样忠信的人，只是不像我这样好学罢了。"

孔子在学习态度、学习精神、学习境界方面非常自信，他坦言好学，周围人很难与他比肩。忠信的人再加上好学，必将产生广泛的人格影响力。

选择学习就是选择进步，选择学习就是选择未来，选择学习就是选择成功。学习之于信仰与才干，犹如运动之于健康体魄，持之以恒，行之越远越获益。热爱学习，永不知足，永不懈怠，加快知识更新、优化知识结构、拓宽知识视野，是避免"少知而迷、不知而盲、无知而乱"的必然选择。作为时代有志青年，既要通过不断学习提高自己，又要通过示范学习影响他人。

请你谈一谈"独学而无友，则孤陋而寡闻"。

（四）日积月累

子夏曰："日知其所亡，月无忘其所能，可谓好学也已矣。"

子夏说:"每天能知道自己原来不知道的,每月能不忘记自己已经学到的,可以说是好学了。"

学习要重视日积月累。老子曾说:"合抱之木,生于毫末;九层之台,起于垒土;千里之行,始于足下。"九层高台,是从一筐土开始堆积起来的。千里的远行,是从脚下一步步走出来的。好学的人是从点滴积累做起的。每天学习新知识,再经过复习巩固、强化记忆,每月还能回想起原来所学的知识。这样学习,知识就越学越多,最后能成为好学的人,成为知识渊博的人。

非洲草原上有一种被称为"草地之王"的植物叫尖毛草。可它的生长过程却极为特别。在生长的最初半年里,只有一寸高,人们甚至看不出它在生长。但是半年后,在雨季到来之际,尖毛草几天时间就能长到一两米的高度。研究表明,在长达半年的时间里,尖毛草其实一直在疯长,但疯长的只是根部,长度往往超过28米!这为尖毛草日后快速长高打下了坚实的基础。

阅读以上材料,说说给你的启示。

(五)改变自己

哀公问:"弟子孰为好学?"孔子对曰:"有颜回者好学,不迁怒,不贰过。"

鲁哀公问:"你的学生中哪个好学?"孔子回答说:"叫颜回的学生

好学,他从不拿别人出气,也从不犯同样的过错。"

把所学的知识内化为个人修养,变成强大的心理力量,为人处事做到"不迁怒,不贰过",这样的人不仅好学而且善学,不仅智商好而且情商高。

改变不了环境就改变心境,改变不了容貌就改变表情,改变不了事实就改变态度,改变不了他人就改变自己。

"君子坦荡荡,小人长戚戚。"君子量大,小人气大;君子不争,小人不让。学习改变人生,好学的人胸怀更加宽广。

你能体会到好学改变自己吗?

学习态度

(一)实事求是

子曰:"由!诲女知之乎!知之为知之,不知为不知,是知也。"

孔子说:"由,我教你怎样求知吧!知道就是知道,不知道就是不知道,这就是智慧啊!"

人生有限,而知识无限。一个人无论多么好学,也不可能穷尽世间

所有知识，总会遇到无知的时候。面对无知，一定要坦诚自己无知，否则就会漏洞百出，让人笑话。

有个不认识菱角的北方人在南方做官。一次他在酒席上吃菱角，连同硬壳一起放进嘴里吃。桌旁的人说："吃菱角必须去掉壳再吃。"那人为了掩饰无知，说："我并不是不知道，连壳一起吃是想要清热解毒。"桌旁的人接着问："北方也有这种东西吗？"他回答说："山前山后，哪块地没有呢？"菱角生长在水中却说是生长在土地里，闹出"强不知以为知"的笑话。

假如在餐桌上，你遇到不认识的食物，有人指出你的吃法不正确，你会怎样回答呢？

（二）不懂就问

子入太庙，每事问。或曰："孰谓鄹人之子知礼乎？入太庙，每事问。"子闻之，曰："是礼也。"

孔子进入太庙，每件事都要问。有人说："谁说此人懂得礼呀，他进了太庙，每件事都要问。"孔子听到这话说："这正是礼啊。"

遇到不懂的事，向懂事的人请教，是获取知识的重要途径。向人请教一定要有谦虚的态度，从内心深处尊敬别人，对人有礼貌，别人才会毫无保留地解答你的问题。

体验《论语》

孙中山小时候在私塾读书。先生只让学生背书,从不讲解书里的意思。有一天,孙中山壮着胆子问先生:"您刚才让我们背的这段课文是什么意思?请您为我们讲讲吧!"先生拿着戒尺,厉声问道:"你会背了吗?"孙中山把那段课文一字不漏地背了出来。先生收起戒尺,说:"我原想,书中的道理,你们长大了自然会知道。现在你们既然想听,我就讲讲吧!"后来,有个同学问孙中山:"你向先生提问题,不怕挨打吗?"孙中山笑了笑,说:"学问学问,不懂就要问。为了弄清道理,就是挨打也值得。"

遇到不懂的问题,你是如何处理的?

(三)谦虚请教

子贡问曰:"孔文子何以谓之'文'也?"子曰:"敏而好学,不耻下问,是以谓之'文'也。"

子贡问道:"孔文子为什么得到'文'的谥号呢?"孔子说:"他聪敏而又好学,向不及自己的人请教而不以为耻,所以给他'文'的谥号。"

"文"是有文化修养的外在表现。孔子曾说"文质彬彬",即外在表现与内在修养配合恰当。孔文子敏而好学是"质"(提高内在修养),不耻下问是"文"(恰当的外在表现,谦虚请教)。他能做到"文质彬彬",因此获得"文"的谥号。

李政道说:"要创新,需学问,只学答,非学问,问愈透,创更新。"

思考:"要创新,需学问,只学答,非学问。"句中的两个"学问"意义相同吗?这则材料给你的启示是什么?

(四)我师常在

子曰:"三人行,必有我师焉:择其善者而从之,其不善者而改之。"

孔子说:"三人同行,其中一定有人可以做我的老师。我选择他们的优点而学习效法,看出他们的缺点而借鉴改正。"

如果一个人有谦虚的态度,就会发现周围的人身上有许多可以学习的地方,周围人身上的优点可以学习效仿,他们的缺点可以引以为戒。一个人以学习者的身份对待周围的人,没有进步是不可能的。

俗话说:"尺有所短,寸有所长。"每个人都有他的优点,也有无法避免的缺点,所以我们应该学会欣赏别人的优点,懂得宽容别人的缺点,只有这样,才能得到别人的宽容与谅解,赢得更多的友情。

找一位熟悉的朋友,你对他(她)说:"你是……的人,你的……精神,值得我学习。"

 体验《论语》

（五）不怨天尤人

 读一读

子曰："莫我知也夫！"子贡曰："何为其莫知子也？"子曰："不怨天，不尤人，下学而上达。知我者其天乎！"

孔子说："没有人了解我啊！"子贡说："怎么能说没有人了解您呢？"孔子说："我不埋怨天，也不责备人，学习一些平常的知识，却透彻了解很高的道理。了解我的只有天吧！"

 品一品

改变不了环境，就改变心境；改变不了他人，就改变自己。不埋怨天，不责备人，多从自身找原因。学习平常的知识，但能悟出很高的道理；以小见大，见微知著。有多少人能做到呢？

 做一做

抱怨多了，幸福就远了；颓废多了，成功就远了；丧气多了，快乐就远了！报怨，只会浪费你的脑神经，只会破坏你的好心情。

如果你能专心致志学习实践，身无旁物，犹入无人之境，那么，你还会怕挫折与失败吗？乐趣与志趣，是挫折与失败的死敌，它们是"赢"的化身。

善于学习者，唾手可得，俯拾皆是，日进斗"金"；不善于学习者，骑牛找牛，自迷山中，失去了行走的路径。

根据语境，选词填空。

职责多一点，（　　）少一点，团结；

感激多一点，（　　）少一点，和谐；

反思多一点，（　）少一点，明智；

学习多一点，（　）少一点，进步。

A. 责怪　　B. 埋怨　　C. 错误　　D. 贪玩

（六）珍惜时间

子在川上曰："逝者如斯夫！不舍昼夜。"

孔子在河边说："消逝的时光就像这河水一样啊，不分昼夜地向前流去。"

时间如流水，一去不复返。留不住时间，就留下有意义的人生。珍惜时间，就要在有限的时间内，做有意义的事。孔子晚年整理文化典籍"六艺"，对《易》发生浓厚的兴趣，有点相见恨晚。他感慨说，如果时光能退回去，五十岁学习《易》，就可以没有大的过失了。

时间就是生命，鲁迅先生说："浪费自己的时间等于慢性自杀，浪费别人的时间等于谋财害命。"这就说明了珍惜时间的重要性。

阅读下面诗句，选择填空。

1. 少年易学老难成，（　　　　　）。

2. （　　　　　），寸金难买寸光阴。

A. 一寸光阴一寸金　　B. 一寸光阴不可轻

体验《论语》

学习内容

（一）学习做人

子曰："弟子入则孝，出则弟，谨而信，泛爱众，而亲仁。行有余力，则以学文。"

孔子说："弟子在家要孝顺父母，出外要尊敬他人，言行谨慎而且有信用，博爱众人而且亲近有仁德的人。这样做了还有余力，就去学习文章典籍。"

学做人首先要孝敬父母，这能培养一个人的爱心情感。在家尊敬父母，在外很容易尊敬他人。其次要学会做事，做事的标准是谨慎而且有信用。最后是推己及人，爱别人，亲近有仁德的人。做到这些还有余力，就去学习文化典籍，努力成为品学兼优的人。

立业先立德，做事先做人。做任何事情，都是从做人开始的。《大学》说："自天子以至庶人，壹是皆以修身为本"；儒家倡导"修身、齐家、治国、平天下"；司马光认为"才者，德之资也，德者，才之帅也"；陶行知言"千教万教，教人求真"，"千学万学，学做真人"；毛主席讲要做一个"高尚的人，纯粹的人，有道德的人，脱离了低级趣味的人，有益于人民的人"。这些都强调做人的重要。

学做人先从身边的小事做起。比如当别人给予你帮助时，一定要道谢，并且看着对方的眼睛，以示你的诚意。当你给别人带来不便时，一

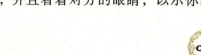

定要及时道歉,以免给人留下不良印象。

(二)全面发展

子以四教:文、行、忠、信。

孔子用四项内容教育学生:历史文献、社会生活实践、对待别人的忠心、与人交际的信实。

从孔子教育学生的内容看,他重视学生的全面发展。他的教学内容既包括生活的知识(文),又包括生存技能(行),还包括生命的价值(忠、信)。

马克思关于人的全面发展学说认为:

1. 全面发展的人是精神和身体、个体性和社会性得到普遍、充分而自由发展的人。

2. 人朝什么方向发展,怎样发展,发展到什么程度取决于社会条件。

3. 从历史发展的进程来看,人的发展受到社会分工的制约。

4. 现代大工业生产的高度发展必将对人类提出全面发展的要求,并提供全面发展的可能性。

5. 教育与生产劳动相结合是实现人的全面发展的唯一方法。

思考并选择:关于人的全面发展,孔子与马克思都强调( )。

A. 教育   B. 实践   C. 自由

 体验《论语》

学习方法

(一) 学思结合

子曰："学而不思则罔，思而不学则殆。"

孔子说："只学习而不思考，就会茫然无知而没有收获；只思考而不学习，就会疑惑而不能肯定。"

学是吸收知识，思是领会知识。只学习不思考，对学习的知识没有理解，就会产生很多迷惑，知识学得再多又有什么用呢？只思考而不学习，视野必定狭窄，思考的问题可能没有价值，这样的思考只能是空想，没有任何实际意义，甚至思考的问题是错误的、危险的。正确的学习方法是学思结合，边学边思。这样学来的知识就成了自己的知识，有了知识积淀的思考，才有可能产生创造性思维。

著名数学家华罗庚读书的方法与众不同。他拿到一本书，不是翻开从头至尾读，而是对着书思考一会，然后闭目静思。他猜想书的谋篇布局，斟酌完毕再打开书。如果作者的思路与自己猜想的一致，他就不再读了。华罗庚用猜读法不仅节省了读书时间，而且培养了自己的思维力和想象力。

请你阅读一篇文章，用关键词画出作者的写作思路。

（二）及时复习

子曰："温故而知新，可以为师矣。"

孔子说："在温习旧知识时，能有新体会、新发现，就可以当老师了。"

温习旧知识，为什么会产生新知识呢？一个人随着知识的增加，回头温习原来学过的知识，后学的知识与原先的知识发生关联，就会产生新的理解、新的体会、新的发现。一个人随着生活阅历的增加，回头温习原来学过的知识，原来的知识与自己的生活经历发生关联，也会得到新的收获、新的体会。

温习旧知识，产生新知识，为什么能成为老师呢？因为他（她）不是知识的搬运工，而是知识的加工者、创造者，对原来的知识有个性化的理解，能讲出自己的收获与体会，不仅学会了继承（温故），而且学会了知识创新（知新），当然可以当老师了。

记忆包括了识记、保持、再认和回忆。学过的知识想记牢是要下一番工夫的。如果只注重当时的记忆效果，而忽视了后期的保持和再认，同样是达不到良好效果的。

输入的信息在经过人的注意过程的学习后，便成为人的短时的记忆，但是如果不经过及时的复习，这些记住的东西就会被遗忘，而经过及时的复习，这些短时的记忆就会成为人的一种长时的记忆，从而在大

 体验《论语》

脑中保存很长的时间。

及时复习,请抓住两个时段:一是在学习后的20分钟内强化巩固所学内容;一是在学习后的8小时内再温习所学的内容。

(三)自我反思

子曰:"见贤思齐焉,见不贤而内自省也。"

孔子说:"见到贤人,就想着向他看齐;见到不贤的人,就反省自己做得怎么样。"

看到别人好,就向别人学习;看到别人不好,要引以为戒。一个人学会自我反思,能提高自我认知能力,能让自己快速进步。

孟子说:"仁者如射,射者正己而后发;发而不中,不怨胜己者,反求诸己而已矣。"意思是有仁德的人,就好比射箭,射箭先端正自己的姿势然后才发射;发射而没有射中,不埋怨胜过自己的人,只要反思自己的问题就行了。

自己与别人竞争失败了,正确的态度是( )。

A. 不埋怨别人,只从自身找原因

B. 承认自己的差距,努力向别人学习

C. 为失败找理由,认为别人运气好,自己运气差

（四）自主探究

 读一读

子曰："不曰'如之何，如之何'者，吾未如之何也已矣。"

孔子说："遇事从来不说'怎么办，怎么办'的人，我对他也不知怎么办才好。"

 品一品

孔子要求弟子解决问题要多想想方法。遇到问题，多问问自己怎么办，自主探究疑难问题，也许就能打开思路，找到解决问题的办法。

 做一做

宰我问曰："仁者，虽告之曰：'井有仁焉。'其从之也？"

意思是有仁德的人，虽然告诉他，"井里掉下去一个仁人。"他会跟着跳下去吗？

宰我问的问题是两难问题，它们分别是什么？

（五）融会贯通

 读一读

子曰："赐也，女以予为多学而识之者与？"对曰："然，非与？"曰："非也，予一以贯之。"

孔子说："赐啊！你以为我是学得很多又能记住的吗？"子贡答道：

体验《论语》

"是啊,难道不是这样吗?"孔子说:"不是的。我是用一个基本道理贯串在所学之中。"

一以贯之,指用一个根本性的事理贯通事情的始末或全部的道理,它的近义词是融会贯通。孔子善于将所学的知识建立起相互联系,形成有机的整体。一个人学会了融会贯通的方法,能将零散的知识纳入一个系统中,成为知识网络,而且还能生发出新的知识。

坚持和发展中国特色社会主义要一以贯之;推进党的建设的伟大工程要一以贯之;增强忧患意识、防范风险挑战要一以贯之。

请结合以上语境解释"一以贯之"。

(六)学以致用

子曰:"诵《诗》三百,授之以政,不达;使于四方,不能专对。虽多,亦奚以为?"

孔子说:"熟读《诗》三百篇,让他处理政事,却不能把事办成;让他出使外国,不能独立应对;读得很多,又有什么用呢?"

孔子强调学以致用,主张学诗的目的在于治国理政,能将学到的诗歌应用于内政外交上。他认为学习要增加本领,做好工作,否则,学得再多也没有用。

中华优秀传统文化是中华民族的根和魂,是中国特色社会主义植根的文化沃土,是治国理政的重要思想资源,是我们在世界文化激荡中站稳脚跟的根基。

中华优秀传统文化提倡的价值理念有"讲仁爱、重民本、守诚信、崇正义、尚和合、求大同",请引用你学过的诗歌名句理解其中的任一价值理念(如"些小吾曹州县吏,一枝一叶总关情"体现"重民本"价值理念)。

学习体会

(一)做善于学习者

子曰:"学而时习之,不亦说乎?有朋自远方来,不亦乐乎?人不知而不愠,不亦君子乎?"

孔子说:"学了又时常温习和实践,不是很愉快吗?有志同道合的人从远方来,不是很高兴吗?别人不了解我,但我不怨恨,不也是君子吗?"

按时复习所学的知识,将知识内化为自己的素养,或者把所学的知识经常应用于实践变成能力,不也很喜悦吗?自己学得很好,有了所长,能吸引远方的朋友来探讨交流,不也很欢乐吗?自己有很高的才

体验《论语》

学,但是别人不了解自己、不赏识自己,自己也不生气,不也有君子的度量吗?君子学养高,境界就高,就能做到不以物喜、不以己悲。可以说,学习有了真正的收获,一定是很快乐的。

有一次宋太宗问宰相赵普:"有人说你只读一部《论语》,这是真的吗?"赵普老老实实地回答说:"臣所知道的,确实不能超出《论语》。过去臣以半部《论语》辅助太祖平定天下,现在臣用半部《论语》辅助陛下,便会使天下太平。"后来,赵普因为年老体衰病逝,家人打开他的书箱,里面只藏有一部《论语》。

以上材料给你的启示是什么?

(二)成为乐学者

子曰:"知之者不如好之者,好之者不如乐之者。"

孔子说:"懂得它的人,不如爱好它的人;爱好它的人,又不如以它为乐的人。"

学习是有层次的,由低到高可分为知之、好之、乐之。知之是掌握基本的知识,好之是在掌握基本知识的基础上形成应用知识的技能,乐之是在掌握基本知识、基本技能的基础上形成稳定的乐趣,能享受创造的快乐。

第二章 敬业

对青少年学生来说,"敬业"就是乐学,做"乐之者"。而达到"乐之者"这个层次必须经历"认知、理解、应用、分析、评价、创造"六个认知发展过程,而且要掌握"学思结合、学以致用、知行合一"的学习方法。凡有专业精神的人,必然具备专业知识与专业技能。

对照下图,你认为自己在学习上处在哪个层次(知之者、好之者、乐之者)?理由是什么?

读《论语》也有三个层次:读一两句喜者,读后知好者,读后手舞足蹈者。读一两句喜者,有认知,增长了知识,是"知之者";读后知好者,有认同,情感态度价值观有变化,这是"好之者";读后手舞足蹈者,有行动,有创造性表达,能体验到创造的快乐,是"乐之者"。学习其他学科也是这样,成为"乐之者",一定能体验到学习的乐趣。

汉朝匡衡勤奋好学。但由于家里穷,点不起灯,天一黑,他就无法看书了。他的邻居很富有,一到晚上就点起了灯,把屋子照得通亮。匡衡悄悄地在墙上凿了个小洞,借着邻居家的亮光,如饥似渴地读起书来,渐渐地把家中的书全都读完了。匡衡深感自己所掌握的知识是远远不够的,想继续看多一些书。附近有个藏书很多的大户人家,匡衡对这家主人说："请您收留我，我给您家干活不要报酬，只让我阅读您家的藏书就可以了。"主人被他的精神所感动，答应了他的要求。凭着好学，匡衡成了西汉时期有名的学者，后来做了汉元帝的丞相。

培养读书乐趣很重要，乐趣能唤醒内在动力，让人乐此不疲。你从匡衡身上学到了什么？

（三）恒心用在正道上

子曰："南人有言曰：'人而无恒，不可以作巫医。'善夫！""不恒其德，或承之羞。"子曰："不占而已矣。"

孔子说："南方人有句话说：'人如果没有恒心，连巫医都做不了。'这句话说得真好啊！""人不能长久地保存自己的德行，免不了要遭受耻辱。"孔子说："不去做占卜好了。"

孔子不赞成巫医巫术（比如占卜）。他认为靠欺骗手段谋生（不恒其德），一定会遭受耻辱。靠占卜行骗的巫医，想取信于人，恐怕也要有恒心学习行骗"技术"，否则连巫医也做不成。孔子说这话，强调不管做什么事都要有恒心，但恒心一定要用在正道上。

学贵有恒。陶渊明说："勤学如春起之苗，不见其增日有所长；辍学如磨刀之石，不见其损日有所亏。"古往今来，凡有成就者，必是有恒者。李白懂得了铁杵磨成针的道理后，历经日复一日、年复一年的积累，才成为"诗仙"。曾国藩早年练字，苦苦求索却不得其法，终是一无所成。后来在"恒"上下工夫，发现每天都在精进，一年年大有不同。可见，不管年龄大小，不管事情难易，只要能够持之以恒，就像种树养畜，每天都在成长，最后必有所成。

思考："世上无难事，只怕有心人。"这里的"心"指什么？

（四）博文约礼成大器

子曰："君子博学于文，约之以礼，亦可以弗畔矣夫。"

孔子说："君子广泛地学习文献典籍，并以礼约束自己，也就不背离道了。"

一个人博览群书，又懂得用规章制度约束自己，始终在正道上行走，不管他走到哪儿，别人都很放心。博文约礼的人能做到"根植于内心的修养，无须提醒的自觉，以约束为前提的自由，为别人着想的善良"。

上海市《关于进一步规范本市领导干部配偶、子女及其配偶经商办企业行为的规定(试行)》要求，市级领导干部的配偶不得经商办企业；其子女及其配偶不得在本市经商办企业。违规者，要么其配偶、子女退出经商办企业活动，要么领导干部本人辞职。当官就不要想发财，上海出台的规定为规范官员及其子女的行为做出了表率。唯有远离"铜臭味"，为官者的腰板才能立得住；相反，被金钱牵着鼻子走的为官者难免走向歧途。

体验《论语》

如果给上面材料加个小标题，最恰当的是（   ）。
A. 规范权利寻租
B. 把权利关进制度的笼子里
C. 当官莫想发财，发财莫想当官

第二节　学会做事

作为社会人，必然要做事，也一定会面对陌生的领域。此时，务必谨慎从事、认真对待，切忌盲目自负、锱铢必较。

谨言慎行

读一读

子张学干禄。子曰："多闻阙疑，慎言其余，则寡尤。多见阙殆，慎行其余，则寡悔。言寡尤，行寡悔，禄在其中矣。"

子张要学谋取官职的办法。孔子说："要多听，有怀疑的地方先放在一旁不说，其余有把握的，谨慎地说出来，这样就可以少犯错误；要多看，有怀疑的地方先放在一旁不做，其余有把握的，谨慎地去做，就能减少后悔。说话少过失，做事少后悔，官职俸禄就在这里了。"

品一品

每个人都应该懂得"不说没把握的话，不做没把握的事"。谨言慎行是立身行事的智慧，妙用无穷。

老子送别孔子,赠言道:"吾闻之,富贵者送人以财,仁义者送人以言。吾不富不贵,无财以送汝,愿以数言相送。当今之世,聪明而深察者,其所以遇难而几至于死,在于好讥人之非也;善辩而通达者,其所以招祸而屡至于身,在于好扬人之恶也。为人之子,勿以己为高;为人之臣,勿以己为上。望汝切记。"

孔子顿首道:"弟子一定谨记在心!"

思考:讥人之非、扬人之恶,为什么会有不好的结果?别人有过错,有恶劣行为,你有什么高招帮助他改过自新呢?

做事认真

樊迟问仁。子曰:"居处恭,执事敬,与人忠。虽之夷狄,不可弃也。"

樊迟问怎样才是仁。孔子说:"平日容貌态度端正庄严,办事严肃认真,待人忠心真诚。这几种品德,即使到了夷狄之地,也是不能废弃的。"

敬业不仅是职业要求,更是从业态度。一个人敬业,不仅是对工作、对自己负责,更是对规章制度的自觉遵守。一个人只有严肃认真地对待所做的事,才能把事做好,才能"干一行,爱一行,专一行,精一行"。

体验《论语》

敬业要有工匠精神。务实肯干的心态、敢于吃苦的精神、精益求精的标准、不断开拓的激情，是做事成功的重要保证。

敬业要讲技巧。复杂的事情简单做，是专家；简单的事情重复做，是行家；重复的事情用心做，是赢家。

请打扫自己的房间，做完后请别人检查，然后把别人的反馈意见记下来。

不计报酬

樊迟问知。子曰："务民之义，敬鬼神而远之，可谓知矣。"问仁。曰："仁者先难而后获，可谓仁矣。"

樊迟问怎样才算聪明，孔子说："把力量用在人事方面的道义上，尊敬鬼神而远离它，可以说是聪明了。"樊迟又问怎样才是仁，孔子说："有仁德的人，遇到难事做在人前，收获成果退在人后，这可以说是仁了。"

遇到难事，冲锋在前；遇到收获的事，退在人后。这种"吃苦在前、享受在后"的人，是有仁德的人。有仁德的人做事是"义先利后"，做事不计报酬。类似的说法有"先难而后获""先事后得""敬其事而后其食"。

第二章 敬业

做事不计报酬，助人不图回报，付出不重名利，是仁德。

人是在做事中成长的。做事不计报酬，也是有回报的，其回报是快速成长，很快成为行家里手。

有人说，"富是物质的，贵是精神的。贵族是心灵富有的人。贵族是一个人精神所达到的高度，而不是他拥有多少物质财富。先难而后获的人是贵族。"你有什么看法？

第三节　学会创新

《论语》讲到了"创新"，主要体现为创新精神、创新思想、创新行为。

创新精神

子路宿于石门。晨门曰："奚自？"子路曰："自孔氏。"曰："是知其不可而为之者与？"

子路在石门住了一宿，第二天早晨看门的人问："从哪里来？"子路说："从孔子那里来。"看门的人说："是那个明知做不到却还要去做的人吗？"

体验《论语》

"知其不可而为之",孔子有敢闯敢干、敢啃硬骨头的创新精神。他兴办私学,有教无类,开创平民教育的先河。他周游列国,推广儒学,撒播改良社会的种子。

罗阳说,研制战机,要么是零分,要么是一百分,没有中间分!为中国航母锻造"利剑",罗阳发挥了敢为人先的创新精神,闯出了一条新的研制之路。罗阳和他的团队工作时间从"611"变成"711"——每周工作7天、每天11小时。罗阳把自己的时间最大限度地献给了他的飞机,他用生命托举中国战机完美升空!2012年11月25日12时48分,在看着自己亲手打造的战机于"辽宁舰"上成功着舰后,罗阳突发心脏病,猝然离世。

1. 为中国航母锻造"利剑",句中的"利剑"指(　　)。
A. 舰载战机　　B. 护卫舰　　C. 驱逐舰　　D. 巡洋舰
2. "他用生命托举中国战机完美升空",其深刻内涵是(　　)。
A. 罗阳为研制中国战机在中国航母上成功起落而忘我工作,献出了宝贵的生命
B. 罗阳不计个人得失,完成了祖国的重托
C. 中国战机完美升空,这是创举,洋溢着民族自豪感

创新思想

子曰:"吾与回言终日,不违,如愚。退而省其私,亦足以发,回也不愚。"

孔子说:"我整天与颜回讲话,他从不提反对意见和疑问,像是很愚笨。等他退下去之后,我省察他私下的言论,发现他能发挥我的看法,颜回并不愚笨呀。"

在所有弟子中,孔子最欣赏颜回,因为颜回既善于继承老师的学说,又善于发展老师的学说,能在继承老师学问的基础上,提出新认识、新主张、新思想。有一次孔子问子贡:"你与颜回相比,谁更强一些呢?"子贡说:"我怎么敢跟颜回相比呢?颜回闻一知十,我只能闻一知二。"孔子说:"你和我都不如他啊!"孔子与子贡都认同颜回有创新思想。

马克思主义是科学的理论,其科学性主要表现在创造性地揭示了人类社会发展规律,为人类指明了社会发展的方向和途径,为工人阶级和劳动人民指明了实现自由和解放的道路。马克思主义是人民的理论,其人民性主要表现在第一次创立了人民实现解放的思想体系,坚定地站在人民立场上探求人类解放的真谛。马克思主义是实践的理论,其实践性主要表现在不是空想的理论,也不是空谈的思想,它的根本着力点在于

体验《论语》

改造世界,是人类认识世界、改造世界的强大思想武器,是在实践中产生又指导实践的理论。马克思主义是不断发展的开放的理论,其开放性主要表现在始终站在时代前沿聆听时代声音,了解时代状况,破解时代课题,引领时代发展,随着时代发展而发展。马克思主义的这些本质属性决定了其在遵循人类社会发展规律,站在人民立场上,改造世界,引领时代,探求并实现人类解放真谛的过程中,必然会得到不断发展①。

请给本选段加个小标题,最恰当的是( )。

A. 马克思主义是在变革社会的实践中不断发展的

B. 马克思主义中国化是在中国革命、建设和改革的实践中实现的

C. 坚持改革开放与坚持发展马克思主义是辩证统一的

创新行为

 读一读

子夏曰:"博学而笃志,切问而近思,仁在其中矣。"

子夏说:"广泛地学习而又坚守自己的志向,研究身边的问题而又从近处思考怎样解决,仁德就在其中了。"

 品一品

子夏认为研究身边的问题而且又能从近处寻找解决问题的办法,就是创新行为,仁德也就在其中了。他认为解决实际问题需要一定的凭借,既要有一定的物质保障,又要有一定的学术基础,所以说:"百工居肆以成其事,君子学以致其道。"

---

① 徐光春.当代中国只有改革开放才能发展马克思主义[J].求是,2018(14).

做一做

一切有价值、有意义的文艺创作和学术研究，都应该反映现实、观照现实，都应该有利于解决现实问题、回答现实课题。希望大家立足中国现实，植根中国大地，把当代中国发展进步和当代中国人精彩生活表现好、展示好，把中国精神、中国价值、中国力量阐释好。原创性是好作品的标志。文艺创作要以扎根本土、深植时代为基础，在观念和手段结合上、内容和形式融合上进行深度创新，提高作品的精神高度、文化内涵、艺术价值。哲学社会科学研究要立足中国特色社会主义伟大实践，提出具有自主性、独创性的理论观点，构建中国特色学科体系、学术体系、话语体系①。

阅读以上材料，你认为文艺创作和学术研究的原创性体现在什么地方？（　　）

A. 文艺作品表现出当代中国发展进步和当代中国人精彩生活，有独到的艺术表达形式；反映出中国精神、中国价值、中国力量，有深刻的社会价值及时代意义

B. 学术研究立足现实问题，提出具有自主性、独创性的理论观点，构建属于自己的话语体系

第四节　为政以德

为政者靠道德治理政事，能凝聚人心，形成合力，有利于事业的发展，有利于社会的安定繁荣。为政以德，为政者要有人格魅力，只有做到勤政为民、率先垂范、清正廉洁、选贤任能，才能得到众人的拥护与爱戴。

---

① 习近平. 一个国家、一个民族不能没有灵魂[J]. 求是，2019（8）.

勤政为民

子张问政。子曰:"居之无倦,行之以忠。"

子张问如何治理政事。孔子说:"居于官位不懈怠,执行政令要忠实。"

"在其位,谋其政",身居官位毫不懈怠,勤政为民。执行政令尽心尽力,将上级的要求切实执行到位。只有这样,才能将政事治理好。

政如农功,不勤无以成事。为政者要担起人民的重托,树立勤勤恳恳、兢兢业业的奋斗精神,勤为善为,不弃微末,不舍寸功,久久为功,为公众事业尽心竭力。

以下体现勤政为民的诗句是(　　)。

A. 但愿苍生俱饱暖,不辞辛苦出山林

B. 为官一方,造福一方,遂了平生意

C. 去民之患,如除腹心之疾

率先垂范

樊迟请学稼。子曰:"吾不如老农。"请学为圃。曰:"吾不如老圃。"樊迟出。子曰:"小人哉,樊须也!上好礼,则民莫敢不敬;上好义，则民莫敢不服；上好信，则民莫敢不用情。夫如是，则四方之民襁负其子而至矣，焉用稼？"

樊迟向孔子请教如何种庄稼。孔子说："我不如老农。"樊迟又请教如何种菜。孔子说："我不如老菜农。"樊迟退出以后，孔子说："樊迟真是小人。在位者只要重视礼，百姓就不敢不敬畏；在位者只要重视义，百姓就不敢不服从；在位者只要重视信，百姓就不敢不用真心实情来对待你。做到这样，四面八方的百姓就会背着自己的小孩来投奔，哪里用得着自己去种庄稼呢？"

解读《论语》需要在一定的语境下去解读。假如当时樊迟已做官，只是官做得不顺利，未得到百姓的"敬、服、信"，萌发了弃官务农的想法，于是向老师征求意见。孔子认为读书人做官是正道，不仅造福社会，而且"禄在其中"，对樊迟弃官务农的念头很生气。孔子的评论，不是轻视耕田种菜等农业生产，而是强调官对民的示范、榜样作用，做官的做好"礼、义、信"，百姓就能做到"敬、服、信"。有一次，南宫适说"禹稷躬稼而有天下"，孔子就很认同。

欲影正者端其表，欲下廉者先立身。为政者的一言一行、一举一动，都发挥着关键性、示范性、引领性。孔子说："其身正，不令而行；其身不正，虽令不从。"就是这个道理。示范是无声的号令，身教是最好的榜样。

请以"表态不如表率，身教胜于言教"为话题，讲一个率先垂范的故事。

体验《论语》

清正廉洁

季康子患盗，问于孔子。孔子对曰："苟子之不欲，虽赏之不窃。"

季康子苦于盗贼太多，向孔子请教。孔子回答说："假如您不贪求太多的财货，那么即使奖励人们偷盗，人们也不会干。"

在回答如何制止盗贼的问题上，孔子认为，为政者有贪欲，下面的人就会投其所好，利用不正当的手段攫取大量的社会财富，这样就加剧了社会的贫富分化，导致民不聊生，盗贼就会泛滥。他认为，为政者，必须要清正廉洁。

1958年1月，周恩来同志到杭州视察，随身带着自己的枕巾、棉褥子、床单、被子。被子是解放战争时期在梅园新村用的那一床，洗得已经泛白。枕巾用了又用，中间已经破损，周恩来同志就把破了的地方剪掉、两端重新缝上继续用。浙江省警卫处的同志实在看不下去，就趁他去开会的机会从后勤部门领了一条新枕巾给换上了。周恩来同志开会回来后发现换了新枕巾，就对浙江省警卫处的同志语重心长地说："我们的国家还不富裕，要保持艰苦奋斗的传统，即使以后富裕了，也不能丢了这个光荣传统。坦率地说，六七亿人口的中国就一个总理，再穷也不缺那几身新衣服，但问题不是缺不缺衣服，我这样做是提倡节俭、不贪图享受，提倡大家保持艰苦奋斗的共产党人本色。"

从以上故事可以看出周恩来总理（　）。
A. 清正廉洁，不搞生活特殊化
B. 带头讲勤俭节约，保持艰苦奋斗的传统
C. 身教示范，保持"吃苦在前、享受在后"的共产党员本色

选贤任能

樊迟问仁。子曰："爱人。"问知。子曰："知人。"樊迟未达。子曰："举直错诸枉，能使枉者直。"樊迟退，见子夏，曰："乡也吾见于夫子而问知，子曰，'举直错诸枉，能使枉者直'，何谓也？"子夏曰："富哉言乎！舜有天下，选于众，举皋陶，不仁者远矣。汤有天下，选于众，举伊尹，不仁者远矣。"

樊迟问什么是仁。孔子说："爱人。"樊迟问什么是智。孔子说："了解人。"樊迟还不明白。孔子说："把正直的人选拔出来，位置在邪恶的人之上，能够使邪恶的人正直。"樊迟退出来，见到子夏说："刚才我见到老师，问他什么是智，他说'把正直的人选拔出来，位置在邪恶的人之上'，这是什么意思？"子夏说："这话说得多么深刻呀！舜有天下，在众人中挑选人才，把皋陶选拔出来，坏人就难以存在了。汤有了天下，在众人中挑选人才，把伊尹选拔出来，坏人也难以存在了。"

在孔子看来，让百姓信服的关键是举用正直的人。只有通过他们才能抑制和影响邪恶之徒。他认为，正能压邪而邪不压正。

体验《论语》

做一做

体现选贤任能重要性的诗句是（ ）。
A. 为政之要，惟在得人
B. 国有贤良之士众，则国家之治厚；贤良之士寡，则国家之治薄
C. 为人择官者乱，为官择人者治

第三章　诚信

诚信是做人之本，立业之基。《吕氏春秋》说，如果君臣不讲信用，则百姓诽谤朝廷，国家不得安宁；做官不讲信用，则少不怕长，贵贱相轻；赏罚无信，则人民轻易犯法，难以施令；交友不讲信用，则互相怨恨，不能相亲；百工无信，则手工产品质量粗糙，以次充好，丹漆染色也不正。由此可见，失信的危害甚大。孔子说："人而无信，不知其可也。大车无輗，小车无軏，其何以行之哉？"即一个人不讲诚信，不知他还可以做什么。就像大车没有輗、小车没有軏一样，怎么能行走呢？没有诚信，人与人之间就不会有信任、理解，没有友好关爱，更无从谈人际交往的和谐。

体验《论语》

子曰:"古者言之不出,耻躬之不逮也。"

子贡问君子。子曰:"先行其言而后从之。"

宰予昼寝。子曰:"朽木不可雕也,粪土之墙不可圬也;于予与何诛?"子曰:"始吾于人也,听其言而信其行;今吾于人也,听其言而观其行。于予与改是。"

子夏曰:"君子信而后劳其民;未信,则以为厉己也。信而后谏;未信,则以为谤己也。"

孔子曰:"益者三友,损者三友。友直,友谅,友多闻,益矣。友便辟,友善柔,友便佞,损矣。"

子曰:"人而无信,不知其可也。大车无輗(ní),小车无軏(yuè),其何以行之哉?"

第一节　诚信做事

做事要高标准、严要求。其中最基本的就是讲信用。"诚信是金""言必信,行必果""一言既出,驷马难追",这些古训形象地表达了中华民族做事诚实守信的品质。

说话谨慎

子曰:"古者言之不出,耻躬之不逮也。"

孔子说:"古代人不轻易把话说出口,因为他们以自己做不到为可耻。"

古人说话很谨慎，不轻易说话，怕说了做不到。如果许诺不能兑现，则为可耻。一个人要对自己所说的话负责，要么不说，说则一定要做到，用行动证明言论，用结果兑现承诺。

一个人要对自己所说的话负责，说到就要做到，说到而做不到是可耻的。下列体现"说到而做不到"的成语有（   ）。

A. 夸夸其谈，夸下海口

B. 坐而论道，纸上谈兵

C. 语言的巨人，行动的矮子

D. 言而无信，自食其言

慎言敏行

子贡问君子。子曰："先行其言而后从之。"

子贡问怎样做一个君子。孔子说："对于你想说的话，先实行了，然后才说出来。"

"行"在"言"前的人，总是悄无声息地干，默默无闻，不会沽名钓誉，不做光"打雷"不"下雨"的事，只有做成事之后才有言论表

 体验《论语》

达。这类人是实干家,脚踏实地,认真处世,慎言敏行。

体现"实干"的语句有（　　）。
A. 纸上得来终觉浅,绝知此事要躬行
B. 清谈客错失机遇,实干者赢得未来
C. 空谈误国,实干兴邦
D. 撸起袖子加油干

听言观行

宰予昼寝。子曰："朽木不可雕也,粪土之墙不可杇也；于予与何诛？"子曰："始吾于人也,听其言而信其行；今吾于人也,听其言而观其行。于予与改是。"

宰予白天睡觉。孔子说："腐朽的木头无法雕刻,粪土般的墙壁无法粉刷。对于宰予,责备还有什么用呢？"孔子说："起初我对别人,听了他说的话便相信他的行为；现在我对别人,听了他的话还要观察他的行为。是因为宰予让我有了这样的改变。"

语言既可以表露思想,也可以掩饰思想。有人说是一套,做是另一套,表里不一。外在语言与内在品质之间不能画等号,观察一个人不能只听其言,而是要观其行。

第三章 诚信

关于察人识人，下列说法你赞同的有（　　）。

A. 只有实行经常性、近距离、任务式考核，坚持全方位、多角度、立体式考核，走进工作圈、生活圈、社交圈，既听其言，更观其行，既察其表，更析其里，相互印证、互为补充，才能全面了解一个人

B. 政治上有问题的人，能力越强、职位越高，危害就越大

C. 溜须拍马、阿谀奉承的人，很少有仁德

D. 看他做事的动机，观察他做事的路径，考察他的心情安乐与否，这个人是隐藏不住的

第二节　诚信做人

诚是尊重事实、真诚待人，信是忠于良心、信守诺言。诚信既不自欺也不欺人。诚信是一种无形的力量，又是一种无形的财富，还是连接友谊的无形纽带。

取信于人

子夏曰："君子信而后劳其民；未信，则以为厉己也。信而后谏；未信，则以为谤己也。"

子夏说："君子必须取得信任以后才使唤百姓；未取得信任就这样

体验《论语》

做，百姓就会以为你在折磨他们。必须取得信任以后才去进谏；未取得信任就这样做，（君主）会以为你在诽谤他。"

信任，是别人对你的信心、肯定、依靠。信任是一种关系，一种相信的情感表达，有着极大的价值，也是一种重要的资产。信任可以让人与人之间的交流与互动更加顺畅。

太祖在位时期，郭进担任西山巡检。有人诬告他私下和河东刘继元来往，将要反叛。太祖大怒，命人将诬告者绑起来送给郭进，让郭进自己处置。郭进并没有杀他，而是对他说："你如能为我夺取刘继元的一座城寨，不但免你一死，还要上报赏你一个官职。"一年多后，这个人引诱一城来投降。郭进就上表说明此事，并将此人送到朝廷，请求赏他一个官职。太祖说："你诬害我的忠良，这样只能赎你的死罪，还不能得到赏赐。"命人将此人送还郭进。郭进又上表请求："这样做让我失去信用，将无人可用。"于是太祖就赏了此人一个官职。（选自欧阳修的《归田录》）

思考：郭进的所作所为给你的启示是什么？

交诚信友

孔子曰："益者三友，损者三友。友直，友谅，友多闻，益矣。友便辟，友善柔，友便佞，损矣。"

孔子说："有益的交友有三种，有害的交友有三种。同正直的人交友，同诚信的人交友，同见闻广博的人交友，是有益的。同谄媚奉承的人交友，同当面奉承背后诋毁的人交友，同夸夸其谈的人交友，是有害的。"

近朱者赤，近墨者黑。结交益友能给自己积极的影响，有利于个人的成长。结交正直的朋友，可以扬善救失；结交诚信的朋友，可以合作共事；结交博学的朋友，可以增长见识。

周恩来曾说："与有肝胆人共事，从无字句处读书。"肝胆人，既是有责任担当的人，又是正直、诚信、博学的人。与肝胆人共事，放心，而且能干成大事。俗话说得好："鸟随鸾凤飞腾远，人伴贤良品质高。"与肝胆人共事，会走得更远，发展得更快。

结交肝胆人，自己也要成为肝胆人，志同道合才会真正走到一起。墨子说："志不强者智不达，言不信者行不果。"肝胆人有坚强的意志，他的智慧能得到充分发挥；肝胆人讲诚实守信，言行一致，他的行动有良好的结果。

思考：肝胆人有什么个性特征？

诚信立身

子曰："人而无信，不知其可也。大车无輗（ní），小车无軏（yuè），其何以行之哉？"

体验《论语》

孔子说:"一个人不讲信用,不知他还可以做什么。就像大车没有𫐄、小车没有𫐐一样,怎么能行走呢?"

诚信是做人的根本。人不讲信用,必然失去他人的信赖与支持。没有他人的信任与支持,一个人想在社会上立足,可以说是寸步难行。一个人想立身行事,就必须以诚待人,以信交友,以信做事。

根据《最高人民法院关于限制被执行人高消费及有关消费的若干规定》,老赖(指失信被执行人)不能乘坐飞机、列车软卧、轮船二等以上舱位;不能在星级宾馆、酒店、夜总会、高尔夫球场等场所进行高消费;不能购买不动产或者新建、扩建、高档装修房屋;不能租赁高档写字楼、宾馆、公寓等场所办公;不能购买非经营必需车辆;不能随团旅游、度假;子女不能就读高收费私立学校;不能支付高额保费购买保险理财产品;不能乘坐 G 字头动车组列车。

请给选段加一个恰当的小标题(　　)。

A. 让失信者在全社会寸步难行

B. 老赖将为自己的失信付出代价

C. 守信光荣,失信可耻

第四章　友善

　　樊迟问仁。子曰："爱人。"爱人就是关爱别人。孔子认为仁的本质是友善，是用真情关爱别人。培养一个人的爱心情感，首先从爱亲人做起，然后推己及人，以礼待人，关爱别人。友善的人在生活中时时处处充满对生命的关爱。

有子曰："君子务本，本立而道生。孝弟也者，其为仁之本与！"

子游问孝。子曰："今之孝者，是谓能养。至于犬马，皆能有养，不敬，何以别乎。"

孟武伯问孝。子曰："父母唯其疾之忧。"

子曰："生，事之以礼；死，葬之以礼，祭之以礼。"

子曰："父在，观其志；父没，观其行；三年无改于父之道，可谓孝矣。"

有子曰："礼之用，和为贵。先王之道，斯为美，小大由之。有所不行，知和而和，不以礼节之，亦不可行也。"

林放问礼之本。子曰："大哉问！礼，与其奢也，宁俭；丧，与其易也，宁戚。"

子夏问曰："'巧笑倩兮，美目盼兮，素以为绚兮。'何谓也？"子曰："绘事后素。"曰："礼后乎？"子曰："起予者商也，始可与言诗已矣。"

子曰："恭而无礼则劳，慎而无礼则葸，勇而无礼则乱，直而无礼则绞。君子笃于亲，则民兴于仁。故旧不遗，则民不偷。"

子贡曰："贫而无谄，富而无骄，何如？"子曰："可也。未若贫而乐，富而好礼者也。"子贡曰："诗云：'如切如磋，如琢如磨。'其斯之谓与？"子曰："赐也，始可与言诗已矣！告诸往而知来者。"

子贡问曰："有一言而可以终身行之者乎？"子曰："其恕乎！己所不欲，勿施于人。"

孔子曰："不患寡而患不均，不患贫而患不安。盖均无贫，和无寡，安无倾。"

第四章 友善

第一节 为人孝悌

读一读

有子曰:"其为人也孝弟,而好犯上者,鲜矣;不好犯上,而好作乱者,未之有也。君子务本,本立而道生。孝弟也者,其为仁之本与!"

有子说:"一个人孝顺父母,敬爱兄长,却喜欢触犯上位的人,这种人是很少的;不喜好犯上却喜欢作乱,这种人是不会有的。君子行事致力于根本,根本确立了,道也就产生了。孝悌是仁道的根本吧!"

品一品

懂得尊敬长辈,往往懂得尊敬他人。一个人学会了尊重他人,就不会冒犯他人,更不会与别人发生冲突,其人际关系是和谐的。孝敬父母是仁道的根本,这个"本"做好了,"温和、善良、恭敬、节俭、礼让"等美德就会自然产生了。

做一做

父母给了我们生命,养育我们长大,为我们付出了太多的辛劳,作为子女理应懂得孝敬父母。孝敬父母是美德,有利于培养一个人的爱心情感及博爱精神。一个人懂得爱父母,才会懂得爱他人、爱国家。

下列名句中体现"孝敬父母"的是( )。

A. 捧着一颗心来,不带半根草去

B. 谁言寸草心,报得三春晖

体验《论语》

C. 勿以善小而不为，勿以恶小而为之
D. 谁知盘中餐，粒粒皆辛苦

尊敬父母

读一读

子游问孝。子曰："今之孝者，是谓能养。至于犬马，皆能有养，不敬，何以别乎。"

子游问什么是孝，孔子说："如今所谓的孝，认为能赡养父母便行了。就是狗马都能得到饲养，如果对父母不敬，赡养父母与饲养狗马又有什么区别呢？"

品一品

赡养父母一定是发自内心爱父母，从内心深处敬父母。如果不从内心深处感恩父母、尊敬父母，赡养父母就如同养狗马，这样的人也就等同于是狗马。

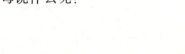做一做

在很多人眼中，关心父母就是舍得为他们花钱。其实父母最需要的是儿女多一点儿陪伴和交流。特别是儿女长年在外工作，平时很少见面，父母非常渴望能与儿女团聚，作为儿女要回家看看父母。正如有首歌中唱的："常回家看看，回家看看，哪怕给爸爸捶捶后背揉揉肩，老人不图儿女为家做多大贡献，一辈子总操心就图个平平安安。"

假如有一天你在千里之外工作，春节放假你回到父母身边，你想跟父母说什么呢？

第四章　友善

和颜悦色

子夏问孝。子曰:"色难。有事,弟子服其劳;有酒食,先生馔,曾是以为孝乎?"

子夏问什么是孝,孔子说:"难的是和颜悦色待父母。有事情,子女去做;有酒饭给父兄吃,这样就可以算是孝了吗?"

心怀敬爱之情,和颜悦色待父母,远比从体力上的付出和物质上的供给困难。真正的"孝",是用爱的情感和尊敬的态度待父母。

有些子女烦父母絮叨或者自己遇到不顺心、不如意的事,不给父母好脸色。自己不耐烦了就发泄一通,自己心里痛快了,可父母心里却堵住了,心头的病就来了。

和颜悦色待父母是很难的,只有真正的孝子才能做到。正如《礼记·祭义篇》所说:"孝子之有深爱者必有和气,有和气者必有愉色,有愉色者必有婉容。"父母面前要有好脸色,关键是要有一颗感恩的心,常思养育之恩,常怀恭敬之情。只有这样,才能和颜悦色待父母。

父母批评你时,你有什么表现?

行为规范

孟武伯问孝。子曰:"父母唯其疾之忧。"

体验《论语》

孟武伯问什么是孝。孔子说:"让父母只担忧子女的疾病(其他的事不让父母担忧,即其他事子女都做得很规范)。"

"父母唯其疾之忧",其内涵包括:一、父母爱子女,唯恐有疾病,子女能体谅父母的爱心就是孝。二、除自己的疾病外,其他的事不让父母担忧,少让父母担忧就是孝。三、子女要以父母的疾病为忧,子女关心父母的疾病是孝。

好习惯"一本万利"。好习惯如同在道德银行存放的资本,这个资本不断地在增值,让人终生受益。坏习惯如同道德银行无法偿清的债务,这个债务不断地增加,让人道德破产、信誉扫地。养成好习惯,父母很放心;养成坏习惯,父母最担心。

怎样养成好习惯呢?

一,要有正确的价值观。能明是非、辨善恶、知美丑。知道自己应该干什么,不应该干什么。

二,要有规则意识。处处按规矩办,"没有规矩,不成方圆"。时间长了,好习惯就养成了。

三,要有顽强的意志力。形成好习惯要有持之以恒的精神。"三天打鱼,两天晒网",是养不成好习惯的。

请你以"我做事,你放心"为题,写一篇作文。

以礼待亲

孟懿子问孝。子曰:"无违。"樊迟御,子告之曰:"孟孙问孝于我,

我对曰:'无违。'"樊迟曰:"何谓也?"子曰:"生,事之以礼;死,葬之以礼,祭之以礼。"

孟懿子问什么是孝,孔子说:"孝就是不要违背礼。"后来樊迟给孔子驾车,孔子告诉他:"孟孙问我什么是孝,我回答他不要违背礼。"樊迟说:"这是什么意思呢?"孔子说:"父母活着,按照礼侍奉他们;父母去世,按照礼安葬他们,按照礼祭祀他们。"

尽孝就是按礼制的要求对待父母。父母在世,按照礼制侍奉他们;父母去世,按照礼制怀念他们。

父母为养育儿女付出了无数的辛劳,随着岁月的流逝,他们变老了。作为儿女要多创造条件,让父母颐养天年。要在父母在世的时候多尽孝道,让父母享受天伦之乐。在父母生命的最后时刻,更要精心陪护。父母去世后,依然不忘他们的养育之恩。

"树欲静而风不止,子欲养而亲不待",给你的启示是什么?

传承家道

子曰:"父在,观其志;父没,观其行;三年无改于父之道,可谓孝矣。"

孔子说:"一个人,当父亲在世时,能够体察父亲的意愿办事;父亲死后,则体认父亲生前的行事原则,继续遵行,连续三年都不改变。这样的人就可算是孝子了。"

体验《论语》

父之道，是以父亲的良好行为建立的家道。父亲在世，要学习父亲的良好行为；父亲去世，要继承父亲的行事原则。子女能长时间坚持传承家道，就是孝。

家道，指家庭赖以成立与维持的规则和道理。家道承载着一个家庭的生活方式、文化氛围、做人理念，是一个家庭走向兴旺发达的重要标志。传承家道，不是仪式的传递，而是思维方式和行为模式的延续；是后代对前代的承诺，是后代对前代发自内心的敬仰，从而生出强烈的使命感。传承家道，不是物质的保存和给予，而是精神的延续和演绎。

你父母有哪些优良的品质？你家的家道是什么？

第二节　以礼待人

以礼待人是处理人际关系的基本规范，也是最常见的友善行为。以礼待人是发自内心尊重别人，也是一个人的基本修养。它能拉近彼此之间的关系，让人际关系更加和谐。

礼的运用

有子曰："礼之用，和为贵。先王之道，斯为美，小大由之。有所不行，知和而和，不以礼节之，亦不可行也。"

第四章 友善

有子说:"礼的运用,以和谐为可贵。先王治国之道的好处正在这里,不论大事小事都照这样去做。但也有不能这样做的,只是为了和谐而求和谐,不用礼来节制,也是不可行的。"

用礼解决问题,最可贵的是和谐。和的前提是尊重,和的过程是协调、中和,和的结果是和谐、和睦。中华民族是礼仪之邦,崇尚以礼待人,与邻为善,用"和合"思想解决各种矛盾。和很重要,但也要讲原则。没有约束、没有规矩的和,是要不得的。

中华民族历来崇尚"和合"思想。"和"指的是和谐、和平、中和等;"合"指的是汇合、融合、联合等。"和合"既是处理人际关系的法则,也是处理国际关系的法则。中华民族一贯主张"天下一家",主张民胞物与、协和万邦、天下大同,憧憬"大道之行,天下为公"的美好世界。世界各国尽管有不同的分歧矛盾,也免不了产生一些磕磕碰碰,但大家都生活在同一片蓝天下,拥有同一个家园,应该是一家人。

下列符合"和合"思想的论断有( )。

A. "贵和尚中、善解能容,厚德载物、和而不同"是中华民族所追求的一种文化理念

B. 和平的基因深植于中华民族的血脉之中。中国坚持走和平发展道路,不接受"国强必霸"的逻辑

C. 文明相处需要和而不同的精神。只有在多样中相互尊重、彼此借鉴、和谐共存,这个世界才能丰富多彩、欣欣向荣

D. 坚持合作共赢理念和命运共同体意识,在竞争中合作,在合作中实现共同发展

体验《论语》

礼的根本

读一读

林放问礼之本。子曰:"大哉问!礼,与其奢也,宁俭;丧,与其易也,宁戚。"

林放问什么是礼的根本。孔子说:"你问的问题意义重大!礼的实行,与其奢侈,不如节俭;丧事,与其仪式上治办周备,不如内心真正哀伤。"

品一品

礼的根本是重感情,而不是重形式。真挚的感情远比奢侈的礼物以及豪华的场面重要。如果没有仁爱之心的情感,礼就失去了根本,空有形式罢了。

做一做

下列符合"礼的根本"的做法有( )。

A. 千里送鹅毛,礼轻人意重

B. 劳民伤财,做中看不中用的面子工程

C. 坚持实践第一,以踏石留印、抓铁有痕的过硬工作作风做好各方面工作

D. 重宣传造势不重落实,风声大,雨点小

礼仁关系

读一读

子夏问曰:"'巧笑倩兮,美目盼兮,素以为绚兮。'何谓也?"子曰:

"绘事后素。"曰:"礼后乎?"子曰:"起予者商也,始可与言诗已矣。"

子夏问道:"'巧笑倩兮,美目盼兮,素以为绚兮'这几句诗表达什么意思呢?"孔子说:"这就好比先有白色的底子,然后画上色彩。"子夏说:"是说礼形成于仁义之后吗?"孔子说:"启发我的是卜商啊!现在可以与你谈《诗》了。"

孔子回答子夏的疑问,最后不忘夸奖子夏,这是老师善待学生的表现。这就是礼,而且是饱含仁爱的礼。他们的交流,回答了礼与仁的关系。即仁是内容,礼是形式。仁是内在修养,礼是外在表现。先有仁,然后外化为礼。

1.子夏问"巧笑倩兮,美目盼兮,素以为绚兮"是什么意思,这句诗中的哪个短语让子夏不理解?

2.孔子与子夏的对话,体现了"教学相长",即教和学两方面互相影响和促进,都得到提高。孔子教的收获与子夏学的收获分别是什么?

为人懂礼

子曰:"恭而无礼则劳,慎而无礼则葸,勇而无礼则乱,直而无礼则绞。君子笃于亲,则民兴于仁。故旧不遗,则民不偷。"

孔子说:"只知恭敬而不知礼,就未免劳倦;只知谨慎而不知礼,就会胆怯懦弱;专凭敢作敢为的胆量而不知礼,就会闯祸;心直口快而不知礼,就会尖刻刺人。在上位的人能用深厚感情对待亲属,百姓就会

体验《论语》

兴起仁风;在上位的人不遗弃老同事、老朋友,百姓就不会冷漠无情。"

品一品

礼虽然是外显的行为,也是有内涵的,需要学习。一个人不学习礼,就不能正确应用礼。虽然有"恭敬、谨慎、敢作敢为、心直口快"这样美好的心理品质,但是由于没有正确的礼来表现,反而会出现很不好的结果。

做一做

以礼待人、以礼行事,礼要做得合情合理。不要把"礼"做过了,过犹不及,做过了与做得不足同样不好。礼讲究"中庸",即待人接物不偏不倚,调和折中。

下列词语体现"中庸"的礼有(　　)。

A. 文质彬彬

B. 和而不同

C. 泰而不骄

D. 贫而无谄,富贵无骄

相互欣赏

读一读

子贡曰:"贫而无谄,富而无骄,何如?"子曰:"可也。未若贫而乐,富而好礼者也。"子贡曰:"诗云:'如切如磋,如琢如磨。'其斯之谓与?"子曰:"赐也,始可与言诗已矣!告诸往而知来者。"

子贡说:"贫穷而不谄媚,富有而不骄傲,怎么样?"孔子说:"可以了。但是还不如贫穷而乐于道,富有而好礼。"子贡说:"《诗》上说

'要像加工牙骨玉石那样切呀，磋呀，琢呀，磨呀'，说的就是这个道理吧？"孔子说："赐呀，现在可以同你谈《诗》了，因为告诉你这一层意思，你能领会到那一层的意思。"

高雅的礼具备三个条件：正确的价值观、有文化内涵、互相欣赏对方。子贡的贫富观是"贫而无谄，富而无骄"，价值观很好；孔子的贫富观是"贫而乐，富而好礼"，价值观更好。子贡问"如切如磋，如琢如磨"是什么意思，实际上是说，我们探讨交流贫富观，您的回答境界更高；而孔子的回答实际上夸赞子贡善于联想，学以致用。子贡与孔子引经据典互相欣赏对方，表现了高雅的修养。

礼是符合社会发展的行为规范。礼的应用要有仁爱，其蕴含的情感是友善。礼的习得是一个渐进的过程，它可分为三个层次：基础层次是了解并认同各种行为规范，按照礼的要求约束自己；中等层次是按照礼的要求自觉行动；高等层次是礼的应用恰当，表现出高雅的修养。

人在社会上生存，总要与人打交道，总要与人合作共事。一个人如果学会了欣赏对方，合作共事就会更加愉快。请夸夸你的合作伙伴。

第三节　推己及人

推己及人是推恩行为，用自己的善心帮助别人。自己做得好的，才让别人做；自己做不好的，绝不让别人做。

体验《论语》

将心比心

读一读

子贡问曰:"有一言而可以终身行之者乎?"子曰:"其恕乎!己所不欲,勿施于人。"

子贡问孔子:"有没有一个字可以终身奉行的呢?"孔子回答说:"那就是恕吧!自己不愿意的,不要强加给别人。"

品一品

"恕"是我心如你心,意思是将心比心。与人共事,学会恕道,先把自己看作对方。自己愿意做的,别人有可能愿意做。自己不愿意做的,估计别人也不愿意做。把自己不愿意做的事,强加给别人做,别人是有看法的。与人为善,让别人做高兴的事,不让别人做痛苦的事。

做一做

体现"将心比心"的诗句有(　　)。
A. 己欲立而立人,己欲达而达人
B. 乐民之乐者,民亦乐其乐;忧民之忧者,民亦忧其忧
C. 宁可人负我,切莫我负人
D. 求人须求大丈夫,济人须济急时无

换位思考

读一读

季氏将伐颛臾(Zhuānyú)。冉有、季路见于孔子曰:"季氏将有事于颛臾。"孔子曰:"求!无乃尔是过与?夫颛臾,昔者先王以为东蒙

主，且在邦域之中矣，是社稷之臣也。何以伐为？"冉有曰："夫子欲之，吾二臣者皆不欲也。"孔子曰："求！周任有言曰：'陈力就列，不能者止。'危而不持，颠而不扶，则将焉用彼相矣？且尔言过矣，虎兕(sì)出于柙(xiá)，龟玉毁于椟(dú)中，是谁之过与？"冉有曰："今夫颛臾，固而近于费（bì）。今不取，后世必为子孙忧。"孔子曰："求！君子疾夫舍曰欲之而必为之辞。丘也闻有国有家者，不患寡而患不均，不患贫而患不安。盖均无贫，和无寡，安无倾。夫如是，故远人不服，则修文德以来之。既来之，则安之。今由与求也，相夫子，远人不服而不能来也，邦分崩离析而不能守也，而谋动干戈于邦内。吾恐季孙之忧，不在颛臾，而在萧墙之内也。"

　　季氏将要讨伐颛臾。冉有、子路去见孔子说："季氏快要攻打颛臾了。"孔子说："冉求，这不就是你的过错吗？颛臾从前是周天子让它主持东蒙的祭祀的，而且已经在鲁国的疆域之内，是国家的臣属啊，为什么要讨伐它呢？"冉有说："季孙大夫想去攻打，我们两个人都不愿意。"孔子说："冉求，周任有句话说：'能施展才力就任职，如果不行就辞职。'有了危险不去扶助，跌倒了不去搀扶，那还用辅助的人干什么呢？而且你说的话错了。老虎、犀牛从笼子里跑出来，龟甲、玉器在匣子里毁坏了，这是谁的过错呢？"冉有说："现在颛臾城墙坚固，而且离费邑很近。现在不把它夺取过来，将来一定会成为子孙的忧患。"孔子说："冉求，君子讨厌那种不实说自己的贪欲而另找借口加以掩饰的做法。我听说，无论是诸侯或者卿大夫，不担忧贫穷，而担忧财富不均；不担忧人口少，而担忧不安定。财富平均就无所谓贫穷；大家和睦，就不会感到人少；境内安定了，也就没有倾覆的危险了。做到这样，远方的人还不归服，就修文德（即用仁、义、礼、乐）来招致他们。他们来了，就让他们安心住下去。现在，仲由和冉求你们两个人辅助季氏，远方的人不归服，你们不能去招来，国家支离破碎，你们不能保全，反而想在境内使用武力。我只怕季孙的忧患不在颛臾，而在鲁君这里吧！"

体验《论语》

以强凌弱，弱者不会心服；以富掠贫，贫者不会安心。强者多站在弱者的位置考虑，用仁义礼乐对待弱者，弱者会归服强者。富者多站在贫者的位置考虑，不掠夺贫者，贫者与富者相安无事。遇到矛盾，双方都换位思考，矛盾就会避免，社会就会安宁。遇到利益分配问题，富者多照顾贫者，社会就会和谐。

体现"换位思考"的句子有（　　）。
A. 政之所兴在顺民心，政之所废在逆民心
B. 治政之要在于安民，安民之道在于察其疾苦
C. 先天下之忧而忧，后天下之乐而乐
D. 安得广厦千万间，大庇天下寒士俱欢颜

附录

《论语》全文

学而篇

1.1 子曰:"学而时习之,不亦说乎?有朋自远方来,不亦乐乎?人不知而不愠,不亦君子乎?"

1.2 有子曰:"其为人也孝弟,而好犯上者,鲜矣;不好犯上,而好作乱者,未之有也。君子务本,本立而道生。孝弟也者,其为仁之本与!"

1.3 子曰:"巧言令色,鲜矣仁!"

1.4 曾子曰:"吾日三省吾身——为人谋而不忠乎?与朋友交而不信乎?传不习乎?"

1.5 子曰:"道千乘之国,敬事而信,节用而爱人,使民以时。"

1.6 子曰:"弟子入则孝,出则弟,谨而信,泛爱众,而亲仁。行有余力,则以学文。"

1.7 子夏曰:"贤贤易色;事父母,能竭其力;事君,能致其身;与朋友交,言而有信。虽曰未学,吾必谓之学矣。"

1.8 子曰:"君子不重则不威,学则不固。主忠信。无友不如己者。过,则勿惮改。"

1.9 曾子曰:"慎终追远,民德归厚矣!"

1.10 子禽问于子贡曰:"夫子至于是邦也,必闻其政,求之与?抑与之与?"子贡曰:"夫子温、良、恭、俭、让以得之。夫子之求之也,其诸异乎人之求之与?"

1.11 子曰:"父在,观其志;父没,观其行;三年无改于父之道,可谓孝矣。"

1.12 有子曰:"礼之用,和为贵。先王之道,斯为美,小大由之。有所不行,知和而和,不以礼节之,亦不可行也。"

1.13 有子曰:"信近于义,言可复也。恭近于礼,远耻辱也。因不失其亲,亦可宗也。"

1.14 子曰:"君子食无求饱,居无求安,敏于事而慎于言,就有道而正焉,可谓好学也已。"

1.15 子贡曰:"贫而无谄,富而无骄,何如?"子曰:"可也。未若贫而乐,富而好礼者也。"

子贡曰:"诗云:'如切如磋,如琢如磨',其斯之谓与?"子曰:"赐也,始可与言诗已矣!告诸往而知来者。"

1.16 子曰:"不患人之不己知,患不知人也。"

为政篇

2.1 子曰:"为政以德,譬如北辰,居其所而众星共之。"

2.2 子曰:"《诗》三百,一言以蔽之,曰:'思无邪'。"

2.3 子曰:"道之以政,齐之以刑,民免而无耻;道之以德,齐之以礼,有耻且格。"

2.4 子曰:"吾十有五而志于学,三十而立,四十而不惑,五十而知天命,六十而耳顺,七十而从心所欲,不逾矩。"

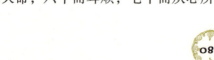

2.5　孟懿子问孝。子曰："无违。"

樊迟御，子告之曰："孟孙问孝于我，我对曰'无违'。"樊迟曰："何谓也？"子曰："生，事之以礼；死，葬之以礼，祭之以礼。"

2.6　孟武伯问孝。子曰："父母唯其疾之忧。"

2.7　子游问孝。子曰："今之孝者，是谓能养。至于犬马，皆能有养，不敬，何以别乎？"

2.8　子夏问孝。子曰："色难。有事，弟子服其劳；有酒食，先生馔，曾是以为孝乎？"

2.9　子曰："吾与回言终日，不违，如愚。退而省其私，亦足以发，回也不愚。"

2.10　子曰："视其所以，观其所由，察其所安。人焉廋哉？人焉廋哉？"

2.11　子曰："温故而知新，可以为师矣。"

2.12　子曰："君子不器。"

2.13　子贡问君子。子曰："先行其言而后从之。"

2.14　子曰："君子周而不比，小人比而不周。"

2.15　子曰："学而不思则罔，思而不学则殆。"

2.16　子曰："攻乎异端，斯害也已。"

2.17　子曰："由！诲女知之乎！知之为知之，不知为不知，是知也。"

2.18　子张学干禄。子曰："多闻阙疑，慎言其余，则寡尤；多见阙殆，慎行其余，则寡悔。言寡尤，行寡悔，禄在其中矣。"

2.19　哀公问曰："何为则民服？"孔子对曰："举直错诸枉，则民服；举枉错诸直，则民不服。"

2.20　季康子问："使民敬、忠以劝，如之何？"子曰："临之以庄，则敬；孝慈，则忠；举善而教不能，则劝。"

2.21　或谓孔子曰："子奚不为政？"子曰："《书》云：'孝乎惟孝，友于兄弟，施于有政。'是亦为政，奚其为为政？"

2.22　子曰："人而无信，不知其可也。大车无輗，小车无軏，其何

以行之哉？"

2.23 子张问："十世可知也？"子曰："殷因于夏礼，所损益，可知也；周因于殷礼，所损益，可知也。其或继周者，虽百世，可知也。"

2.24 子曰："非其鬼而祭之，谄也。见义不为，无勇也。"

八佾篇

3.1 孔子谓季氏："八佾舞于庭，是可忍也，孰不可忍也？"

3.2 三家者以《雍》彻。子曰："'相维辟公，天子穆穆'，奚取于三家之堂？"

3.3 子曰："人而不仁，如礼何？人而不仁，如乐何？"

3.4 林放问礼之本。子曰："大哉问！礼，与其奢也，宁俭；丧，与其易也，宁戚。"

3.5 子曰："夷狄之有君，不如诸夏之亡也。"

3.6 季氏旅于泰山。子谓冉有曰："女弗能救与？"对曰："不能。"子曰："呜呼！曾谓泰山不如林放乎？"

3.7 子曰："君子无所争，必也射乎！揖让而升，下而饮。其争也君子。"

3.8 子夏问曰："'巧笑倩兮，美目盼兮，素以为绚兮。'何谓也？"子曰："绘事后素。"

曰："礼后乎？"子曰："起予者商也，始可与言诗已矣。"

3.9 子曰："夏礼，吾能言之，杞不足征也；殷礼，吾能言之，宋不足征也。文献不足故也。足，则吾能征之矣。"

3.10 子曰："禘自既灌而往者，吾不欲观之矣。"

3.11 或问禘之说。子曰："不知也。知其说者之于天下也，其如示诸斯乎！"指其掌。

3.12 祭如在，祭神如神在。子曰："吾不与祭，如不祭。"

3.13 王孙贾问曰："与其媚于奥，宁媚于灶。何谓也？"子曰：

"不然。获罪于天，无所祷也。"

3.14 子曰："周监于二代，郁郁乎文哉！吾从周。"

3.15 子入太庙，每事问。或曰："孰谓鄹人之子知礼乎？入太庙，每事问。"子闻之，曰："是礼也。"

3.16 子曰："射不主皮，为力不同科，古之道也。"

3.17 子贡欲去告朔之饩羊。子曰："赐也！尔爱其羊，我爱其礼。"

3.18 子曰："事君尽礼，人以为谄也。"

3.19 定公问："君使臣，臣事君，如之何？"孔子对曰："君使臣以礼，臣事君以忠。"

3.20 子曰："《关雎》，乐而不淫，哀而不伤。"

3.21 哀公问社于宰我。宰我对曰："夏后氏以松，殷人以柏，周人以栗，曰使民战栗。"子闻之，曰："成事不说，遂事不谏，既往不咎。"

3.22 子曰："管仲之器小哉！"

或曰："管仲俭乎？"曰："管氏有三归，官事不摄，焉得俭？"

"然则管仲知礼乎？"曰："邦君树塞门，管氏亦树塞门。邦君为两君之好，有反坫，管氏亦有反坫。管氏而知礼，孰不知礼？"

3.23 子语鲁大师乐，曰："乐其可知也。始作，翕如也；从之，纯如也，皦如也，绎如也，以成。"

3.24 仪封人请见，曰："君子之至于斯也，吾未尝不得见也。"从者见之。出曰："二三子何患于丧乎？天下之无道也久矣，天将以夫子为木铎。"

3.25 子谓《韶》："尽美矣，又尽善也。"谓《武》："尽美矣，未尽善也。"

3.26 子曰："居上不宽，为礼不敬，临丧不哀，吾何以观之哉？"

里仁篇

4.1 子曰："里仁为美。择不处仁，焉得知？"

4.2　子曰："不仁者不可以久处约，不可以长处乐。仁者安仁，知者利仁。"

4.3　子曰："唯仁者能好人，能恶人。"

4.4　子曰："苟志于仁矣，无恶也。"

4.5　子曰："富与贵，是人之所欲也，不以其道得之，不处也；贫与贱，是人之所恶也，不以其道得之，不去也。君子去仁，恶乎成名？君子无终食之间违仁，造次必于是，颠沛必于是。"

4.6　子曰："我未见好仁者，恶不仁者。好仁者，无以尚之；恶不仁者，其为仁矣，不使不仁者加乎其身。有能一日用其力于仁矣乎？我未见力不足者。盖有之矣，我未之见也。"

4.7　子曰："人之过也，各于其党。观过，斯知仁矣。"

4.8　子曰："朝闻道，夕死可矣。"

4.9　子曰："士志于道，而耻恶衣恶食者，未足与议也。"

4.10　子曰："君子之于天下也，无适也，无莫也，义之与比。"

4.11　子曰："君子怀德，小人怀土；君子怀刑，小人怀惠。"

4.12　子曰："放于利而行，多怨。"

4.13　子曰："能以礼让为国乎？何有？不能以礼让为国，如礼何？"

4.14　子曰："不患无位，患所以立；不患莫己知，求为可知也。"

4.15　子曰："参乎！吾道一以贯之。"曾子曰："唯。"子出。门人问曰："何谓也？"曾子曰："夫子之道，忠恕而已矣。"

4.16　子曰："君子喻于义，小人喻于利。"

4.17　子曰："见贤思齐焉，见不贤而内自省也。"

4.18　子曰："事父母几谏，见志不从，又敬不违，劳而不怨。"

4.19　子曰："父母在，不远游，游必有方。"

4.20　子曰："三年无改于父之道，可谓孝矣。"

4.21　子曰："父母之年，不可不知也。一则以喜，一则以惧。"

4.22　子曰："古者言之不出，耻躬之不逮也。"

4.23　子曰："以约失之者鲜矣。"

4.24 子曰:"君子欲讷于言而敏于行。"

4.25 子曰:"德不孤,必有邻。"

4.26 子游曰:"事君数,斯辱矣;朋友数,斯疏矣。"

公冶长篇

5.1 子谓公冶长:"可妻也。虽在缧绁之中,非其罪也。"以其子妻之。

5.2 子谓南容:"邦有道,不废;邦无道,免于刑戮。"以其兄之子妻之。

5.3 子谓子贱:"君子哉若人!鲁无君子者,斯焉取斯?"

5.4 子贡问曰:"赐也何如?"子曰:"女,器也。"曰:"何器也?"曰:"瑚琏也。"

5.5 或曰:"雍也仁而不佞。"子曰:"焉用佞?御人以口给,屡憎于人。不知其仁,焉用佞?"

5.6 子使漆雕开仕。对曰:"吾斯之未能信。"子说。

5.7 子曰:"道不行,乘桴浮于海。从我者,其由与?"子路闻之喜。子曰:"由也好勇过我,无所取材。"

5.8 孟武伯问:"子路仁乎?"子曰:"不知也。"又问。子曰:"由也,千乘之国,可使治其赋也,不知其仁也。"

"求也何如?"子曰:"求也,千室之邑,百乘之家,可使为之宰也,不知其仁也。"

"赤也何如?"子曰:"赤也,束带立于朝,可使与宾客言也,不知其仁也。"

5.9 子谓子贡曰:"女与回也孰愈?"对曰:"赐也何敢望回?回也闻一以知十,赐也闻一以知二。"子曰:"弗如也,吾与女弗如也。"

5.10 宰予昼寝。子曰:"朽木不可雕也,粪土之墙不可杇也。于予与何诛?"子曰:"始吾于人也,听其言而信其行;今吾于人也,听其

言而观其行。于予与改是。"

5.11 子曰:"吾未见刚者。"或对曰:"申枨。"子曰:"枨也欲,焉得刚?"

5.12 子贡曰:"我不欲人之加诸我也,吾亦欲无加诸人。"子曰:"赐也,非尔所及也。"

5.13 子贡曰:"夫子之文章,可得而闻也。夫子之言性与天道,不可得而闻也。"

5.14 子路有闻,未之能行,唯恐有闻。

5.15 子贡问曰:"孔文子何以谓之'文'也?"子曰:"敏而好学,不耻下问,是以谓之'文'也。"

5.16 子谓子产:"有君子之道四焉:其行己也恭,其事上也敬,其养民也惠,其使民也义。"

5.17 子曰:"晏平仲善与人交,久而敬之。"

5.18 子曰:"臧文仲居蔡,山节藻棁,何如其知也?"

5.19 子张问曰:"令尹子文三仕为令尹,无喜色;三已之,无愠色。旧令尹之政,必以告新令尹。何如?"子曰:"忠矣。"曰:"仁矣乎?"曰:"未知,焉得仁?"

"崔子弑齐君,陈文子有马十乘,弃而违之。至于他邦,则曰:'犹吾大夫崔子也。'违之。之一邦,则又曰:'犹吾大夫崔子也。'违之。何如?"子曰:"清矣。"曰:"仁矣乎?"曰:"未知,焉得仁?"

5.20 季文子三思而后行。子闻之,曰:"再,斯可矣。"

5.21 子曰:"宁武子,邦有道则知,邦无道则愚。其知可及也,其愚不可及也。"

5.22 子在陈,曰:"归与!归与!吾党之小子狂简,斐然成章,不知所以裁之。"

5.23 子曰:"伯夷、叔齐不念旧恶,怨是用希。"

5.24 子曰:"孰谓微生高直?或乞醯焉,乞诸其邻而与之。"

5.25 子曰:"巧言、令色、足恭,左丘明耻之,丘亦耻之。匿怨而友其人，左丘明耻之，丘亦耻之。"

5.26 颜渊、季路侍。子曰："盍各言尔志？"

子路曰："愿车马衣轻裘与朋友共，敝之而无憾。"

颜渊曰："愿无伐善，无施劳。"

子路曰："愿闻子之志。"

子曰："老者安之，朋友信之，少者怀之。"

5.27 子曰："已矣乎！吾未见能见其过而内自讼者也。"

5.28 子曰："十室之邑，必有忠信如丘者焉，不如丘之好学也。"

雍也篇

6.1 子曰："雍也可使南面。"

6.2 仲弓问子桑伯子。子曰："可也，简。"仲弓曰："居敬而行简，以临其民，不亦可乎？居简而行简，无乃大简乎？"子曰："雍之言然。"

6.3 哀公问："弟子孰为好学？"孔子对曰："有颜回者好学，不迁怒，不贰过，不幸短命死矣。今也则亡，未闻好学者也。"

6.4 子华使于齐，冉子为其母请粟。子曰："与之釜。"

请益。曰："与之庾。"

冉子与之粟五秉。

子曰："赤之适齐也，乘肥马，衣轻裘。吾闻之也：君子周急不继富。"

6.5 原思为之宰，与之粟九百，辞。子曰："毋！以与尔邻里乡党乎！"

6.6 子谓仲弓，曰："犁牛之子骍且角，虽欲勿用，山川其舍诸？"

6.7 子曰："回也，其心三月不违仁，其余则日月至焉而已矣。"

6.8 季康子问："仲由可使从政也与？"子曰："由也果，于从政乎何有？"

曰："赐也可使从政也与？"曰："赐也达，于从政乎何有？"

曰："求也可使从政也与？"曰："求也艺，于从政乎何有？"

6.9 季氏使闵子骞为费宰。闵子骞曰："善为我辞焉。如有复我者，则吾必在汶上矣。"

6.10 伯牛有疾，子问之，自牖执其手，曰："亡之，命矣夫！斯人也而有斯疾也！斯人也而有斯疾也！"

6.11 子曰："贤哉，回也！一箪食，一瓢饮，在陋巷，人不堪其忧，回也不改其乐。贤哉，回也！"

6.12 冉求曰："非不说子之道，力不足也。"子曰："力不足者，中道而废。今女画。"

6.13 子谓子夏曰："女为君子儒，无为小人儒。"

6.14 子游为武城宰。子曰："女得人焉尔乎？"曰："有澹台灭明者，行不由径，非公事，未尝至于偃之室也。"

6.15 子曰："孟之反不伐，奔而殿，将入门，策其马，曰：'非敢后也，马不进也。'"

6.16 子曰："不有祝鮀之佞，而有宋朝之美，难乎免于今之世矣。"

6.17 子曰："谁能出不由户？何莫由斯道也？"

6.18 子曰："质胜文则野，文胜质则史。文质彬彬，然后君子。"

6.19 子曰："人之生也直，罔之生也幸而免。"

6.20 子曰："知之者不如好之者，好之者不如乐之者。"

6.21 子曰："中人以上，可以语上也；中人以下，不可以语上也。"

6.22 樊迟问知。子曰："务民之义，敬鬼神而远之，可谓知矣。"问仁。曰："仁者先难而后获，可谓仁矣。"

6.23 子曰："知者乐水，仁者乐山。知者动，仁者静。知者乐，仁者寿。"

6.24 子曰："齐一变，至于鲁；鲁一变，至于道。"

6.25 子曰："觚不觚，觚哉！觚哉！"

6.26 宰我问曰："仁者，虽告之曰：'井有仁焉。'其从之也？"子曰："何为其然也？君子可逝也，不可陷也；可欺也，不可罔也。"

6.27 子曰："君子博学于文，约之以礼，亦可以弗畔矣夫。"

6.28 子见南子，子路不说。夫子矢之曰："予所否者，天厌之！天厌之！"

6.29 子曰："中庸之为德也，其至矣乎！民鲜久矣。"

6.30 子贡曰："如有博施于民而能济众，何如？可谓仁乎？"子曰："何事于仁？必也圣乎！尧舜其犹病诸！夫仁者，己欲立而立人，己欲达而达人。能近取譬，可谓仁之方也已。"

述而篇

7.1 子曰："述而不作，信而好古，窃比于我老彭。"

7.2 子曰："默而识之，学而不厌，诲人不倦，何有于我哉？"

7.3 子曰："德之不修，学之不讲，闻义不能徙，不善不能改，是吾忧也。"

7.4 子之燕居，申申如也，夭夭如也。

7.5 子曰："甚矣吾衰也！久矣吾不复梦见周公。"

7.6 子曰："志于道，据于德，依于仁，游于艺。"

7.7 子曰："自行束脩以上，吾未尝无诲焉。"

7.8 子曰："不愤不启，不悱不发。举一隅不以三隅反，则不复也。"

7.9 子食于有丧者之侧，未尝饱也。

7.10 子于是日哭，则不歌。

7.11 子谓颜渊曰："用之则行，舍之则藏，惟我与尔有是夫！"

子路曰："子行三军，则谁与？"

子曰："暴虎冯河，死而无悔者，吾不与也。必也临事而惧，好谋而成者也。"

7.12 子曰："富而可求也，虽执鞭之士，吾亦为之。如不可求，从吾所好。"

7.13 子之所慎：齐、战、疾。

7.14 子在齐闻《韶》,三月不知肉味,曰:"不图为乐之至于斯也。"

7.15 冉有曰:"夫子为卫君乎?"子贡曰:"诺,吾将问之。"

入,曰:"伯夷、叔齐何人也?"曰:"古之贤人也。"曰:"怨乎?"曰:"求仁而得仁,又何怨?"

出,曰:"夫子不为也。"

7.16 子曰:"饭疏食饮水,曲肱而枕之,乐亦在其中矣!不义而富且贵,于我如浮云。"

7.17 子曰:"加我数年,五十以学《易》,可以无大过矣。"

7.18 子所雅言,《诗》、《书》、执礼,皆雅言也。

7.19 叶公问孔子于子路,子路不对。子曰:"女奚不曰:'其为人也,发愤忘食,乐以忘忧,不知老之将至云尔。'"

7.20 子曰:"我非生而知之者,好古,敏以求之者也。"

7.21 子不语怪、力、乱、神。

7.22 子曰:"三人行,必有我师焉:择其善者而从之,其不善者而改之。"

7.23 子曰:"天生德于予,桓魋其如予何?"

7.24 子曰:"二三子以我为隐乎?吾无隐乎尔。吾无行而不与二三子者,是丘也。"

7.25 子以四教:文、行、忠、信。

7.26 子曰:"圣人,吾不得而见之矣;得见君子者,斯可矣。"

子曰:"善人,吾不得而见之矣;得见有恒者,斯可矣。亡而为有,虚而为盈,约而为泰,难乎有恒矣。"

7.27 子钓而不纲,弋不射宿。

7.28 子曰:"盖有不知而作之者,我无是也。多闻,择其善者而从之;多见而识之,知之次也。"

7.29 互乡难与言,童子见,门人惑。子曰:"与其进也,不与其退也,唯何甚?人洁己以进,与其洁也,不保其往也。"

7.30 子曰:"仁远乎哉?我欲仁,斯仁至矣。"

7.31 陈司败问："昭公知礼乎？"孔子曰："知礼。"

孔子退，揖巫马期而进之，曰："吾闻君子不党，君子亦党乎？君取于吴，为同姓，谓之吴孟子。君而知礼，孰不知礼？"

巫马期以告。子曰："丘也幸，苟有过，人必知之。"

7.32 子与人歌而善，必使反之，而后和之。

7.33 子曰："文，莫吾犹人也。躬行君子，则吾未之有得。"

7.34 子曰："若圣与仁，则吾岂敢？抑为之不厌，诲人不倦，则可谓云尔已矣。"公西华曰："正唯弟子不能学也！"

7.35 子疾病，子路请祷。子曰："有诸？"子路对曰："有之。《诔》曰：'祷尔于上下神祇。'"子曰："丘之祷久矣。"

7.36 子曰："奢则不孙，俭则固。与其不孙也，宁固。"

7.37 子曰："君子坦荡荡，小人长戚戚。"

7.38 子温而厉，威而不猛，恭而安。

泰伯篇

8.1 子曰："泰伯，其可谓至德也已矣。三以天下让，民无得而称焉。"

8.2 子曰："恭而无礼则劳，慎而无礼则葸，勇而无礼则乱，直而无礼则绞。君子笃于亲，则民兴于仁。故旧不遗，则民不偷。"

8.3 曾子有疾，召门弟子曰："启予足！启予手！《诗》云：'战战兢兢，如临深渊，如履薄冰。'而今而后，吾知免夫，小子！"

8.4 曾子有疾，孟敬子问之。曾子言曰："鸟之将死，其鸣也哀；人之将死，其言也善。君子所贵乎道者三：动容貌，斯远暴慢矣；正颜色，斯近信矣；出辞气，斯远鄙倍矣。笾豆之事，则有司存。"

8.5 曾子曰："以能问于不能，以多问于寡，有若无，实若虚，犯而不校。昔者吾友尝从事于斯矣。"

8.6 曾子曰："可以托六尺之孤，可以寄百里之命，临大节而不可夺也。君子人与？君子人也。"

8.7 曾子曰："士不可以不弘毅，任重而道远。仁以为己任，不亦重乎？死而后已，不亦远乎？"

8.8 子曰："兴于《诗》，立于礼，成于乐。"

8.9 子曰："民可使由之，不可使知之。"

8.10 子曰："好勇疾贫，乱也。人而不仁，疾之已甚，乱也。"

8.11 子曰："如有周公之才之美，使骄且吝，其余不足观也已。"

8.12 子曰："三年学，不至于谷，不易得也。"

8.13 子曰："笃信好学，守死善道。危邦不入，乱邦不居。天下有道则见，无道则隐。邦有道，贫且贱焉，耻也；邦无道，富且贵焉，耻也。"

8.14 子曰："不在其位，不谋其政。"

8.15 子曰："师挚之始，《关雎》之乱，洋洋乎盈耳哉！"

8.16 子曰："狂而不直，侗而不愿，悾悾而不信，吾不知之矣。"

8.17 子曰："学如不及，犹恐失之。"

8.18 子曰："巍巍乎，舜禹之有天下也而不与焉。"

8.19 子曰："大哉，尧之为君也！巍巍乎！唯天为大，唯尧则之。荡荡乎！民无能名焉。巍巍乎其有成功也，焕乎其有文章！"

8.20 舜有臣五人而天下治。武王曰："予有乱臣十人。"孔子曰："才难，不其然乎？唐虞之际，于斯为盛。有妇人焉，九人而已。三分天下有其二，以服事殷。周之德，其可谓至德也已矣。"

8.21 子曰："禹，吾无间然矣。菲饮食而致孝乎鬼神，恶衣服而致美乎黻冕，卑宫室而尽力乎沟洫。禹，吾无间然矣！"

子罕篇

9.1 子罕言利与命与仁。

9.2 达巷党人曰："大哉孔子！博学而无所成名。"子闻之，谓门弟子曰:"吾何执?执御乎?执射乎?吾执御矣。"

9.3 子曰:"麻冕,礼也;今也纯,俭,吾从众。拜下,礼也;今拜乎上,泰也。虽违众,吾从下。"

9.4 子绝四——毋意,毋必,毋固,毋我。

9.5 子畏于匡。曰:"文王既没,文不在兹乎?天之将丧斯文也,后死者不得与于斯文也;天之未丧斯文也,匡人其如予何?"

9.6 太宰问于子贡曰:"夫子圣者与?何其多能也?"子贡曰:"固天纵之将圣,又多能也。"

子闻之,曰:"太宰知我乎?吾少也贱,故多能鄙事。君子多乎哉?不多也。"

9.7 牢曰:"子云,'吾不试,故艺'。"

9.8 子曰:"吾有知乎哉?无知也。有鄙夫问于我,空空如也。我叩其两端而竭焉。"

9.9 子曰:"凤鸟不至,河不出图,吾已矣夫!"

9.10 子见齐衰者、冕衣裳者与瞽者,见之,虽少,必作;过之,必趋。

9.11 颜渊喟然叹曰:"仰之弥高,钻之弥坚。瞻之在前,忽焉在后。夫子循循然善诱人,博我以文,约我以礼,欲罢不能。既竭吾才,如有所立卓尔。虽欲从之,末由也已。"

9.12 子疾病,子路使门人为臣。病间,曰:"久矣哉,由之行诈也!无臣而为有臣,吾谁欺?欺天乎?且予与其死于臣之手也,无宁死于二三子之手乎!且予纵不得大葬,予死于道路乎?"

9.13 子贡曰:"有美玉于斯,韫椟而藏诸?求善贾而沽诸?"子曰:"沽之哉!沽之哉!我待贾者也。"

9.14 子欲居九夷。或曰:"陋,如之何?"子曰:"君子居之,何陋之有!"

9.15 子曰:"吾自卫反鲁,然后乐正,《雅》《颂》各得其所。"

9.16 子曰:"出则事公卿,入则事父兄,丧事不敢不勉,不为酒困,何有于我哉!"

9.17 子在川上曰:"逝者如斯夫!不舍昼夜。"

9.18 子曰:"吾未见好德如好色者也。"

9.19 子曰:"譬如为山,未成一篑,止,吾止也;譬如平地,虽覆一篑,进,吾往也。"

9.20 子曰:"语之而不惰者,其回也与?"

9.21 子谓颜渊曰:"惜乎!吾见其进也,未见其止也。"

9.22 子曰:"苗而不秀者有矣夫!秀而不实者有矣夫!"

9.23 子曰:"后生可畏,焉知来者之不如今也?四十、五十而无闻焉,斯亦不足畏也已。"

9.24 子曰:"法语之言,能无从乎?改之为贵。巽与之言,能无说乎?绎之为贵。说而不绎,从而不改,吾末如之何也已矣。"

9.25 子曰:"主忠信,毋友不如己者,过则勿惮改。"

9.26 子曰:"三军可夺帅也,匹夫不可夺志也。"

9.27 子曰:"衣敝缊袍,与衣狐貉者立,而不耻者,其由也与?'不忮不求,何用不臧?'"子路终身诵之。子曰:"是道也,何足以臧?"

9.28 子曰:"岁寒,然后知松柏之后凋也。"

9.29 子曰:"知者不惑,仁者不忧,勇者不惧。"

9.30 子曰:"可与共学,未可与适道;可与适道,未可与立;可与立,未可与权。"

9.31 "唐棣之华,偏其反而。岂不尔思?室是远而。"子曰:"未之思也,夫何远之有?"

乡党篇

10.1 孔子于乡党,恂恂如也,似不能言者。其在宗庙朝廷,便便言,唯谨尔。

10.2 朝,与下大夫言,侃侃如也;与上大夫言,訚訚如也。君在,踧踖如也，与与如也。

10.3 君召使摈，色勃如也，足躩如也。揖所与立，左右手，衣前后，襜如也。趋进，翼如也。宾退，必复命曰："宾不顾矣。"

10.4 入公门，鞠躬如也，如不容。立不中门，行不履阈。过位，色勃如也，足躩如也，其言似不足者。摄齐升堂，鞠躬如也，屏气似不息者。出，降一等，逞颜色，怡怡如也。没阶，趋进，翼如也。复其位，踧踖如也。

10.5 执圭，鞠躬如也，如不胜。上如揖，下如授。勃如战色，足蹜蹜如有循。

享礼，有容色。私觌，愉愉如也。

10.6 君子不以绀緅饰。红紫不以为亵服。当暑，袗絺绤必表而出之。缁衣，羔裘；素衣，麑裘；黄衣，狐裘。亵裘长，短右袂。必有寝衣，长一身有半。

狐貉之厚以居。去丧，无所不佩。非帷裳，必杀之。羔裘玄冠不以吊。

吉月，必朝服而朝。

10.7 齐，必有明衣，布。齐必变食，居必迁坐。

10.8 食不厌精，脍不厌细。食饐而餲，鱼馁而肉败，不食。色恶，不食。臭恶，不食。失饪，不食。不时，不食。割不正，不食。不得其酱，不食。肉虽多，不使胜食气。唯酒无量，不及乱。沽酒市脯，不食。不撤姜食，不多食。

10.9 祭于公，不宿肉。祭肉不出三日。出三日，不食之矣。

10.10 食不语，寝不言。

10.11 虽疏食菜羹，必祭，必齐如也。

10.12 席不正，不坐。

10.13 乡人饮酒，杖者出，斯出矣。

10.14 乡人傩，朝服而立于阼阶。

10.15 问人于他邦，再拜而送之。

10.16 康子馈药，拜而受之。曰："丘未达，不敢尝。"

10.17 厩焚，子退朝，曰："伤人乎？"不问马。

10.18 君赐食，必正席先尝之。君赐腥，必熟而荐之；君赐生，必畜之。

侍食于君，君祭，先饭。

10.19 疾，君视之，东首，加朝服，拖绅。

10.20 君命召，不俟驾行矣。

10.21 入太庙，每事问。

10.22 朋友死，无所归，曰："于我殡。"

10.23 朋友之馈，虽车马，非祭肉，不拜。

10.24 寝不尸，居不客。

10.25 见齐衰者，虽狎，必变。见冕者与瞽者，虽亵，必以貌。凶服者式之，式负版者。有盛馔，必变色而作。迅雷风烈，必变。

10.26 升车，必正立，执绥。车中，不内顾，不疾言，不亲指。

10.27 色斯举矣，翔而后集。曰："山梁雌雉，时哉时哉！"子路共之，三嗅而作。

先进篇

11.1 子曰："先进于礼乐，野人也；后进于礼乐，君子也。如用之，则吾从先进。"

11.2 子曰："从我于陈、蔡者，皆不及门也。"

11.3 德行：颜渊，闵子骞，冉伯牛，仲弓。言语：宰我，子贡。政事：冉有，季路。文学：子游，子夏。

11.4 子曰："回也非助我者也，于吾言无所不说。"

11.5 子曰："孝哉闵子骞！人不间于其父母昆弟之言。"

11.6 南容三复白圭，孔子以其兄之子妻之。

11.7 季康子问："弟子孰为好学？"孔子对曰："有颜回者好学，

不幸短命死矣，今也则亡。"

11.8 颜渊死，颜路请子之车以为之椁。子曰："才不才，亦各言其子也。鲤也死，有棺而无椁。吾不徒行以为之椁，以吾从大夫之后，不可徒行也。"

11.9 颜渊死。子曰："噫！天丧予！天丧予！"

11.10 颜渊死，子哭之恸。从者曰："子恸矣！"曰："有恸乎？非夫人之为恸而谁为？"

11.11 颜渊死，门人欲厚葬之。子曰："不可。"门人厚葬之。子曰："回也，视予犹父也，予不得视犹子也。非我也，夫二三子也。"

11.12 季路问事鬼神。子曰："未能事人，焉能事鬼？"曰："敢问死"。曰："未知生，焉知死？"

11.13 闵子侍侧，訚訚如也；子路，行行如也；冉有、子贡，侃侃如也。子乐。"若由也，不得其死然。"

11.14 鲁人为长府。闵子骞曰："仍旧贯，如之何？何必改作？"子曰："夫人不言，言必有中。"

11.15 子曰："由之瑟奚为于丘之门？"门人不敬子路。子曰："由也升堂矣，未入于室也。"

11.16 子贡问："师与商也孰贤？"子曰："师也过，商也不及。"曰："然则师愈与？"子曰："过犹不及。"

11.17 季氏富于周公，而求也为之聚敛而附益之。子曰："非吾徒也，小子鸣鼓而攻之，可也。"

11.18 柴也愚，参也鲁，师也辟，由也喭。

11.19 子曰："回也其庶乎，屡空。赐不受命，而货殖焉，亿则屡中。"

11.20 子张问善人之道。子曰："不践迹，亦不入于室。"

11.21 子曰："论笃是与，君子者乎？色庄者乎？"

11.22 子路问："闻斯行诸？"子曰："有父兄在，如之何其闻斯行之？"冉有问："闻斯行诸？"子曰："闻斯行之。"公西华曰："由也问闻斯行诸,子曰'有父兄在';求也问闻斯行诸,子曰'闻斯行之'。赤也惑,敢问。"子曰:"求也退,故进之;由也兼人,故退之。"

11.23 子畏于匡,颜渊后。子曰:"吾以女为死矣。"曰:"子在,回何敢死?"

11.24 季子然问:"仲由、冉求可谓大臣与?"子曰:"吾以子为异之问,曾由与求之问。所谓大臣者,以道事君,不可则止。今由与求也,可谓具臣矣。"曰:"然则从之者与?"子曰:"弑父与君,亦不从也。"

11.25 子路使子羔为费宰。子曰:"贼夫人之子。"子路曰:"有民人焉,有社稷焉,何必读书,然后为学?"子曰:"是故恶夫佞者。"

11.26 子路、曾皙、冉有、公西华侍坐。

子曰:"以吾一日长乎尔,毋吾以也。居则曰:'不吾知也!'如或知尔,则何以哉?"

子路率尔而对曰:"千乘之国,摄乎大国之间,加之以师旅,因之以饥馑;由也为之,比及三年,可使有勇,且知方也。"

夫子哂之。

"求!尔何如?"

对曰:"方六七十,如五六十,求也为之,比及三年,可使足民。如其礼乐,以俟君子。"

"赤!尔何如?"

对曰:"非曰能之,愿学焉。宗庙之事,如会同,端章甫,愿为小相焉。"

"点!尔何如?"

鼓瑟希,铿尔,舍瑟而作,对曰:"异乎三子者之撰。"

子曰:"何伤乎?亦各言其志也。"

曰:"莫春者,春服既成。冠者五六人,童子六七人,浴乎沂,风乎舞雩,咏而归。"

夫子喟然叹曰:"吾与点也!"

三子者出，曾皙后。曾皙曰："夫三子者之言何如？"

子曰："亦各言其志也已矣。"

曰："夫子何哂由也？"

曰："为国以礼，其言不让，是故哂之。"

"唯求则非邦也与？"

"安见方六七十如五六十而非邦也者？"

"唯赤则非邦也与？"

"宗庙会同，非诸侯而何？赤也为之小，孰能为之大？"

颜渊篇

12.1 颜渊问仁。子曰："克己复礼为仁。一日克己复礼，天下归仁焉。为仁由己，而由人乎哉？"颜渊曰："请问其目。"子曰："非礼勿视，非礼勿听，非礼勿言，非礼勿动。"颜渊曰："回虽不敏，请事斯语矣。"

12.2 仲弓问仁。子曰："出门如见大宾，使民如承大祭。己所不欲，勿施于人。在邦无怨，在家无怨。"仲弓曰："雍虽不敏，请事斯语矣。"

12.3 司马牛问仁。子曰："仁者，其言也讱。"曰："其言也讱，斯谓之仁已乎？"子曰："为之难，言之得无讱乎？"

12.4 司马牛问君子。子曰："君子不忧不惧。"曰："不忧不惧，斯谓之君子已乎？"子曰："内省不疚，夫何忧何惧？"

12.5 司马牛忧曰："人皆有兄弟，我独亡。"子夏曰："商闻之矣：死生有命，富贵在天。君子敬而无失，与人恭而有礼。四海之内，皆兄弟也。君子何患乎无兄弟也？"

12.6 子张问明。子曰："浸润之谮，肤受之愬，不行焉，可谓明也已矣。浸润之谮，肤受之愬，不行焉，可谓远也已矣。"

12.7 子贡问政。子曰："足食，足兵，民信之矣。"子贡曰："必不得已而去，于斯三者何先？"曰："去兵。"子贡曰："必不得已而去，于斯二者何先？"曰："去食。自古皆有死，民无信不立。"

12.8　棘子成曰："君子质而已矣，何以文为？"子贡曰："惜乎！夫子之说君子也。驷不及舌。文犹质也，质犹文也。虎豹之鞟犹犬羊之鞟。"

12.9　哀公问于有若曰："年饥，用不足，如之何？"

有若对曰："盍彻乎？"

曰："二，吾犹不足，如之何其彻也？"

对曰："百姓足，君孰与不足？百姓不足，君孰与足？"

12.10　子张问崇德辨惑。子曰："主忠信，徙义，崇德也。爱之欲其生，恶之欲其死。既欲其生，又欲其死，是惑也。'诚不以富，亦祗以异。'"

12.11　齐景公问政于孔子。孔子对曰："君君，臣臣，父父，子子。"公曰："善哉！信如君不君，臣不臣，父不父，子不子，虽有粟，吾得而食诸？"

12.12　子曰："片言可以折狱者，其由也与？"子路无宿诺。

12.13　子曰："听讼，吾犹人也，必也使无讼乎！"

12.14　子张问政。子曰："居之无倦，行之以忠。"

12.15　子曰："博学于文，约之以礼，亦可以弗畔矣夫！"

12.16　子曰："君子成人之美，不成人之恶。小人反是。"

12.17　季康子问政于孔子。孔子对曰："政者，正也。子帅以正，孰敢不正？"

12.18　季康子患盗，问于孔子。孔子对曰："苟子之不欲，虽赏之不窃。"

12.19　季康子问政于孔子曰："如杀无道，以就有道，何如？"孔子对曰："子为政，焉用杀？子欲善而民善矣。君子之德风，小人之德草。草上之风，必偃。"

12.20　子张问："士何如斯可谓之达矣？"子曰："何哉，尔所谓达者？"子张对曰："在邦必闻，在家必闻。"子曰："是闻也，非达也。

夫达也者，质直而好义，察言而观色，虑以下人。在邦必达，在家必达。夫闻也者，色取仁而行违，居之不疑。在邦必闻，在家必闻。"

12.21 樊迟从游于舞雩之下，曰："敢问崇德，修慝，辨惑？"子曰："善哉问！先事后得，非崇德与？攻其恶，无攻人之恶，非修慝与？一朝之忿，忘其身，以及其亲，非惑与？"

12.22 樊迟问仁。子曰："爱人。"问知。子曰："知人。"樊迟未达。子曰："举直错诸枉，能使枉者直。"樊迟退，见子夏，曰："乡也吾见于夫子而问知，子曰'举直错诸枉，能使枉者直'，何谓也？"子夏曰："富哉言乎！舜有天下，选于众，举皋陶，不仁者远矣。汤有天下，选于众，举伊尹，不仁者远矣。"

12.23 子贡问友。子曰："忠告而善道之，不可则止，毋自辱焉。"

12.24 曾子曰："君子以文会友，以友辅仁。"

子路篇

13.1 子路问政。子曰："先之劳之。"请益。曰："无倦。"

13.2 仲弓为季氏宰，问政。子曰："先有司，赦小过，举贤才。"曰："焉知贤才而举之？"子曰："举尔所知；尔所不知，人其舍诸？"

13.3 子路曰："卫君待子而为政，子将奚先？"子曰："必也正名乎！"子路曰："有是哉，子之迂也！奚其正？"子曰："野哉，由也！君子于其所不知，盖阙如也。名不正，则言不顺；言不顺，则事不成；事不成，则礼乐不兴；礼乐不兴，则刑罚不中；刑罚不中，则民无所措手足。故君子名之必可言也，言之必可行也。君子于其言，无所苟而已矣。"

13.4 樊迟请学稼。子曰："吾不如老农。"请学为圃。曰："吾不如老圃。"樊迟出。子曰："小人哉，樊须也！上好礼，则民莫敢不敬；上好义，则民莫敢不服；上好信，则民莫敢不用情。夫如是，则四方之民襁负其子而至矣，焉用稼？"

13.5 子曰："诵《诗》三百，授之以政，不达；使于四方，不能专对。虽多，亦奚以为？"

13.6 子曰："其身正，不令而行；其身不正，虽令不从。"

13.7 子曰："鲁卫之政，兄弟也。"

13.8 子谓卫公子荆："善居室。始有，曰：'苟合矣。'少有，曰：'苟完矣。'富有，曰：'苟美矣。'"

13.9 子适卫，冉有仆。子曰："庶矣哉！"

冉有曰："既庶矣，又何加焉？"曰："富之。"

曰："既富矣，又何加焉？"曰："教之。"

13.10 子曰："苟有用我者，期月而已可也，三年有成。"

13.11 子曰："'善人为邦百年，亦可以胜残去杀矣。'诚哉是言也！"

13.12 子曰："如有王者，必世而后仁。"

13.13 子曰："苟正其身矣，于从政乎何有？不能正其身，如正人何？"

13.14 冉子退朝。子曰："何晏也？"对曰："有政。"子曰："其事也。如有政，虽不吾以，吾其与闻之。"

13.15 定公问："一言而可以兴邦，有诸？"

孔子对曰："言不可以若是，其几也。人之言曰：'为君难，为臣不易。'如知为君之难也，不几乎一言而兴邦乎？"

曰："一言而丧邦，有诸？"

孔子对曰："言不可以若是，其几也。人之言曰：'予无乐乎为君，唯其言而莫予违也。'如其善而莫之违也，不亦善乎？如不善而莫之违也，不几乎一言而丧邦乎？"

13.16 叶公问政。子曰："近者悦，远者来。"

13.17 子夏为莒父宰，问政。子曰："无欲速，无见小利。欲速，则不达；见小利，则大事不成。"

13.18 叶公语孔子曰："吾党有直躬者，其父攘羊，而子证之。"孔子曰："吾党之直者异于是：父为子隐，子为父隐，直在其中矣。"

13.19 樊迟问仁。子曰："居处恭，执事敬，与人忠。虽之夷狄，不可弃也。"

13.20 子贡问曰:"何如斯可谓之士矣?"子曰:"行己有耻,使于四方,不辱君命,可谓士矣。"

曰:"敢问其次。"曰:"宗族称孝焉,乡党称弟焉。"

曰:"敢问其次。"曰:"言必信,行必果,硁硁然小人哉!抑亦可以为次矣。"

曰:"今之从政者何如?"子曰:"噫!斗筲之人,何足算也。"

13.21 子曰:"不得中行而与之,必也狂狷乎!狂者进取,狷者有所不为也。"

13.22 子曰:"南人有言曰:'人而无恒,不可以作巫医。'善夫!""不恒其德,或承之羞。"子曰:"不占而已矣。"

13.23 子曰:"君子和而不同,小人同而不和。"

13.24 子贡问曰:"乡人皆好之,何如?"子曰:"未可也。""乡人皆恶之,何如?"子曰:"未可也。不如乡人之善者好之,其不善者恶之。"

13.25 子曰:"君子易事而难说也。说之不以道,不说也;及其使人也,器之。小人难事而易说也。说之虽不以道,说也;及其使人也,求备焉。"

13.26 子曰:"君子泰而不骄,小人骄而不泰。"

13.27 子曰:"刚、毅、木、讷,近仁。"

13.28 子路问曰:"何如斯可谓之士矣?"子曰:"切切偲偲,怡怡如也,可谓士矣。朋友切切偲偲,兄弟怡怡。"

13.29 子曰:"善人教民七年,亦可以即戎矣。"

13.30 子曰:"以不教民战,是谓弃之。"

宪问篇

14.1 宪问耻。子曰:"邦有道,谷;邦无道,谷,耻也。"

"克、伐、怨、欲不行焉,可以为仁矣?"子曰:"可以为难矣,仁则吾不知也。"

14.2 子曰："士而怀居，不足以为士矣。"

14.3 子曰："邦有道，危言危行；邦无道，危行言孙。"

14.4 子曰："有德者必有言，有言者不必有德。仁者必有勇，勇者不必有仁。"

14.5 南宫适问于孔子曰："羿善射，奡荡舟，俱不得其死然。禹稷躬稼而有天下。"夫子不答。

南宫适出，子曰："君子哉若人！尚德哉若人！"

14.6 子曰："君子而不仁者有矣夫，未有小人而仁者也。"

14.7 子曰："爱之，能勿劳乎？忠焉，能勿诲乎？"

14.8 子曰："为命，裨谌草创之，世叔讨论之，行人子羽修饰之，东里子产润色之。"

14.9 或问子产。子曰："惠人也。"

问子西。曰："彼哉！彼哉！"

问管仲。曰："人也。夺伯氏骈邑三百，饭疏食，没齿无怨言。"

14.10 子曰："贫而无怨难，富而无骄易。"

14.11 子曰："孟公绰为赵魏老则优，不可以为滕、薛大夫。"

14.12 子路问成人。子曰："若臧武仲之知，公绰之不欲，卞庄子之勇，冉求之艺，文之以礼乐，亦可以为成人矣。"曰："今之成人者何必然？见利思义，见危授命，久要不忘平生之言，亦可以为成人矣。"

14.13 子问公叔文子于公明贾曰："信乎，夫子不言，不笑，不取乎？"

公明贾对曰："以告者过也。夫子时然后言，人不厌其言；乐然后笑，人不厌其笑；义然后取，人不厌其取。"

子曰："其然，岂其然乎？"

14.14 子曰："臧武仲以防求为后于鲁，虽曰不要君，吾不信也。"

14.15 子曰："晋文公谲而不正，齐桓公正而不谲。"

14.16 子路曰："桓公杀公子纠，召忽死之，管仲不死。"曰："未仁乎？"子曰："桓公九合诸侯，不以兵车，管仲之力也。如其仁，如其仁。"

14.17　子贡曰："管仲非仁者与？桓公杀公子纠，不能死，又相之。"子曰："管仲相桓公，霸诸侯，一匡天下，民到于今受其赐。微管仲，吾其被发左衽矣。岂若匹夫匹妇之为谅也，自经于沟渎而莫之知也？"

14.18　公叔文子之臣大夫僎与文子同升诸公。子闻之，曰："可以为'文'矣。"

14.19　子言卫灵公之无道也，康子曰："夫如是，奚而不丧？"孔子曰："仲叔圉治宾客，祝鮀治宗庙，王孙贾治军旅。夫如是，奚其丧？"

14.20　子曰："其言之不怍，则为之也难。"

14.21　陈成子弑简公。孔子沐浴而朝，告于哀公曰："陈恒弑其君，请讨之。"公曰："告夫三子！"

孔子曰："以吾从大夫之后，不敢不告也。君曰'告夫三子'者！"之三子告，不可。孔子曰："以吾从大夫之后，不敢不告也。"

14.22　子路问事君。子曰："勿欺也，而犯之。"

14.23　子曰："君子上达，小人下达。"

14.24　子曰："古之学者为己，今之学者为人。"

14.25　蘧伯玉使人于孔子。孔子与之坐而问焉，曰："夫子何为？"对曰："夫子欲寡其过而未能也。"

使者出。子曰："使乎！使乎！"

14.26　子曰："不在其位，不谋其政。"

曾子曰："君子思不出其位。"

14.27　子曰："君子耻其言而过其行。"

14.28　子曰："君子道者三，我无能焉：仁者不忧，知者不惑，勇者不惧。"子贡曰："夫子自道也。"

14.29　子贡方人。子曰："赐也贤乎哉？夫我则不暇。"

14.30　子曰："不患人之不己知，患其不能也。"

14.31 子曰:"不逆诈,不亿不信,抑亦先觉者,是贤乎!"

14.32 微生亩谓孔子曰:"丘何为是栖栖者与?无乃为佞乎?"孔子曰:"非敢为佞也,疾固也。"

14.33 子曰:"骥不称其力,称其德也。"

14.34 或曰:"以德报怨,何如?"子曰:"何以报德?以直报怨,以德报德。"

14.35 子曰:"莫我知也夫!"子贡曰:"何为其莫知子也?"子曰:"不怨天,不尤人,下学而上达。知我者其天乎!"

14.36 公伯寮愬子路于季孙。子服景伯以告,曰:"夫子固有惑志于公伯寮,吾力犹能肆诸市朝。"

子曰:"道之将行也与,命也;道之将废也与,命也。公伯寮其如命何!"

14.37 子曰:"贤者辟世,其次辟地,其次辟色,其次辟言。"

子曰:"作者七人矣。"

14.38 子路宿于石门。晨门曰:"奚自?"子路曰:"自孔氏。"曰:"是知其不可而为之者与?"

14.39 子击磬于卫。有荷蒉而过孔氏之门者,曰:"有心哉,击磬乎!"既而曰:"鄙哉,硁硁乎!莫己知也,斯己而已矣。深则厉,浅则揭。"

子曰:"果哉!末之难矣。"

14.40 子张曰:"《书》云:'高宗谅阴,三年不言。'何谓也?"子曰:"何必高宗,古之人皆然。君薨,百官总己以听于冢宰三年。"

14.41 子曰:"上好礼,则民易使也。"

14.42 子路问君子。子曰:"修己以敬。"

曰:"如斯而已乎?"曰:"修己以安人。"

曰:"如斯而已乎?"曰:"修己以安百姓。修己以安百姓,尧、舜其犹病诸?"

14.43 原壤夷俟。子曰:"幼而不孙弟,长而无述焉,老而不死,是为贼。"以杖叩其胫。

14.44 阙党童子将命。或问之曰："益者与？"子曰："吾见其居于位也，见其与先生并行也。非求益者也，欲速成者也。"

卫灵公篇

15.1 卫灵公问陈于孔子。孔子对曰："俎豆之事，则尝闻之矣；军旅之事，未之学也。"明日遂行。

15.2 在陈绝粮，从者病，莫能兴。子路愠见曰："君子亦有穷乎？"子曰："君子固穷，小人穷斯滥矣。"

15.3 子曰："赐也，女以予为多学而识之者与？"对曰："然，非与？"曰："非也，予一以贯之。"

15.4 子曰："由！知德者鲜矣。"

15.5 子曰："无为而治者其舜也与？夫何为哉？恭己正南面而已矣。"

15.6 子张问行。子曰："言忠信，行笃敬，虽蛮貊之邦，行矣。言不忠信，行不笃敬，虽州里，行乎哉？立则见其参于前也，在舆则见其倚于衡也，夫然后行。"子张书诸绅。

15.7 子曰："直哉史鱼！邦有道，如矢；邦无道，如矢。君子哉蘧伯玉！邦有道，则仕；邦无道，则可卷而怀之。"

15.8 子曰："可与言而不与之言，失人；不可与言而与之言，失言。知者不失人，亦不失言。"

15.9 子曰："志士仁人，无求生以害仁，有杀身以成仁。"

15.10 子贡问为仁。子曰："工欲善其事，必先利其器。居是邦也，事其大夫之贤者，友其士之仁者。"

15.11 颜渊问为邦。子曰："行夏之时，乘殷之辂，服周之冕，乐则《韶》《舞》。放郑声，远佞人。郑声淫，佞人殆。"

15.12 子曰："人无远虑，必有近忧。"

15.13 子曰："已矣乎！吾未见好德如好色者也。"

15.14 子曰:"臧文仲其窃位者与!知柳下惠之贤而不与立也。"

15.15 子曰:"躬自厚而薄责于人,则远怨矣。"

15.16 子曰:"不曰'如之何,如之何'者,吾末如之何也已矣。"

15.17 子曰:"群居终日,言不及义,好行小慧,难矣哉!"

15.18 子曰:"君子义以为质,礼以行之,孙以出之,信以成之。君子哉!"

15.19 子曰:"君子病无能焉,不病人之不己知也。"

15.20 子曰:"君子疾没世而名不称焉。"

15.21 子曰:"君子求诸己,小人求诸人。"

15.22 子曰:"君子矜而不争,群而不党。"

15.23 子曰:"君子不以言举人,不以人废言。"

15.24 子贡问曰:"有一言而可以终身行之者乎?"子曰:"其恕乎!己所不欲,勿施于人。"

15.25 子曰:"吾之于人也,谁毁谁誉?如有所誉者,其有所试矣。斯民也,三代之所以直道而行也。"

15.26 子曰:"吾犹及史之阙文也。有马者借人乘之,今亡矣夫!"

15.27 子曰:"巧言乱德。小不忍,则乱大谋。"

15.28 子曰:"众恶之,必察焉;众好之,必察焉。"

15.29 子曰:"人能弘道,非道弘人。"

15.30 子曰:"过而不改,是谓过矣。"

15.31 子曰:"吾尝终日不食,终夜不寝,以思,无益,不如学也。"

15.32 子曰:"君子谋道不谋食。耕也,馁在其中矣;学也,禄在其中矣。君子忧道不忧贫。"

15.33 子曰:"知及之,仁不能守之;虽得之,必失之。知及之,仁能守之。不庄以涖之,则民不敬。知及之,仁能守之,庄以涖之,动之不以礼,未善也。"

15.34 子曰:"君子不可小知而可大受也,小人不可大受而可小知也。"

15.35 子曰："民之于仁也，甚于水火。水火，吾见蹈而死者矣，未见蹈仁而死者也。"

15.36 子曰："当仁，不让于师。"

15.37 子曰："君子贞而不谅。"

15.38 子曰："事君，敬其事而后其食。"

15.39 子曰："有教无类。"

15.40 子曰："道不同，不相为谋。"

15.41 子曰："辞达而已矣。"

15.42 师冕见，及阶，子曰："阶也。"及席，子曰："席也。"皆坐，子告之曰："某在斯，某在斯。"

师冕出。子张问曰："与师言之道与？"子曰："然，固相师之道也。"

季氏篇

16.1 季氏将伐颛臾。冉有、季路见于孔子曰："季氏将有事于颛臾。"

孔子曰："求！无乃尔是过与？夫颛臾，昔者先王以为东蒙主，且在邦域之中矣，是社稷之臣也。何以伐为？"

冉有曰："夫子欲之，吾二臣者皆不欲也。"

孔子曰："求！周任有言曰：'陈力就列，不能者止。'危而不持，颠而不扶，则将焉用彼相矣？且尔言过矣，虎兕出于柙，龟玉毁于椟中，是谁之过与？"

冉有曰："今夫颛臾，固而近于费。今不取，后世必为子孙忧。"

孔子曰："求！君子疾夫舍曰欲之而必为之辞。丘也闻有国有家者，不患寡而患不均，不患贫而患不安。盖均无贫，和无寡，安无倾。夫如是，故远人不服，则修文德以来之。既来之，则安之。今由与求也，相夫子，远人不服而不能来也，邦分崩离析而不能守也，而谋动干戈于邦内。吾恐季孙之忧，不在颛臾，而在萧墙之内也。"

16.2 孔子曰："天下有道，则礼乐征伐自天子出；天下无道，则礼乐征伐自诸侯出。自诸侯出，盖十世希不失矣；自大夫出，五世希不失矣；陪臣执国命，三世希不失矣。天下有道，则政不在大夫。天下有道，则庶人不议。"

16.3 孔子曰："禄之去公室五世矣，政逮于大夫四世矣，故夫三桓之子孙微矣。"

16.4 孔子曰："益者三友，损者三友。友直，友谅，友多闻，益矣。友便辟，友善柔，友便佞，损矣。"

16.5 孔子曰："益者三乐，损者三乐。乐节礼乐，乐道人之善，乐多贤友，益矣。乐骄乐，乐佚游，乐宴乐，损矣。"

16.6 孔子曰："侍于君子有三愆：言未及之而言谓之躁，言及之而不言谓之隐，未见颜色而言谓之瞽。"

16.7 孔子曰："君子有三戒：少之时，血气未定，戒之在色；及其壮也，血气方刚，戒之在斗；及其老也，血气既衰，戒之在得。"

16.8 孔子曰："君子有三畏：畏天命，畏大人，畏圣人之言。小人不知天命而不畏也，狎大人，侮圣人之言。"

16.9 孔子曰："生而知之者上也；学而知之者次也；困而学之，又其次也；困而不学，民斯为下矣。"

16.10 孔子曰："君子有九思：视思明，听思聪，色思温，貌思恭，言思忠，事思敬，疑思问，忿思难，见得思义。"

16.11 孔子曰："见善如不及，见不善如探汤。吾见其人矣，吾闻其语矣。隐居以求其志，行义以达其道。吾闻其语矣，未见其人也。"

16.12 齐景公有马千驷，死之日，民无德而称焉。伯夷叔齐饿于首阳之下，民到于今称之。其斯之谓与？

16.13 陈亢问于伯鱼曰："子亦有异闻乎？"

对曰："未也。尝独立，鲤趋而过庭。曰：'学诗乎？'对曰：'未也。''不学诗，无以言。'鲤退而学诗。他日，又独立，鲤趋而过庭。曰：'学礼乎？'对曰：'未也。''不学礼，无以立！'鲤退而学礼。闻斯二者。"

陈亢退而喜曰:"问一得三:闻诗,闻礼,又闻君子之远其子也。"

16.14　邦君之妻,君称之曰夫人,夫人自称曰小童;邦人称之曰君夫人,称诸异邦曰寡小君;异邦人称之亦曰君夫人。

阳货篇

17.1　阳货欲见孔子,孔子不见,归孔子豚。

孔子时其亡也,而往拜之。

遇诸涂。

谓孔子曰:"来!予与尔言。"曰:"怀其宝而迷其邦,可谓仁乎?"曰:"不可。"曰:"好从事而亟失时,可谓知乎?"曰:"不可。日月逝矣,岁不我与。"

孔子曰:"诺,吾将仕矣。"

17.2　子曰:"性相近也,习相远也。"

17.3　子曰:"唯上知与下愚不移。"

17.4　子之武城,闻弦歌之声。夫子莞尔而笑,曰:"割鸡焉用牛刀?"

子游对曰:"昔者,偃也闻诸夫子曰:'君子学道则爱人,小人学道则易使也。'"

子曰:"二三子!偃之言是也。前言戏之耳。"

17.5　公山弗扰以费畔,召,子欲往。

子路不说,曰:"末之也已,何必公山氏之之也?"

子曰:"夫召我者,而岂徒哉?如有用我者,吾其为东周乎?"

17.6　子张问仁于孔子。孔子曰:"能行五者于天下,为仁矣。"

"请问之?"曰:"恭,宽,信,敏,惠。恭则不侮,宽则得众,信则人任焉,敏则有功,惠则足以使人。"

17.7　佛肸召,子欲往。

子路曰:"昔者由也闻诸夫子曰:'亲于其身为不善者,君子不入也。'佛肸以中牟畔,子之往也,如之何?"

子曰:"然,有是言也。不曰坚乎,磨而不磷;不曰白乎,涅而不缁。吾岂匏瓜也哉?焉能系而不食?"

17.8 子曰:"由也!女闻六言六蔽矣乎?"对曰:"未也。"

"居!吾语女。好仁不好学,其蔽也愚;好知不好学,其蔽也荡;好信不好学,其蔽也贼;好直不好学,其蔽也绞;好勇不好学,其蔽也乱;好刚不好学,其蔽也狂。"

17.9 子曰:"小子何莫学夫诗?诗,可以兴,可以观,可以群,可以怨。迩之事父,远之事君;多识于鸟兽草木之名。"

17.10 子谓伯鱼曰:"女为《周南》《召南》矣乎?人而不为《周南》《召南》,其犹正墙面而立也与?"

17.11 子曰:"礼云礼云,玉帛云乎哉?乐云乐云,钟鼓云乎哉?"

17.12 子曰:"色厉而内荏,譬诸小人,其犹穿窬之盗也与?"

17.13 子曰:"乡愿,德之贼也。"

17.14 子曰:"道听而涂说,德之弃也。"

17.15 子曰:"鄙夫可与事君也与哉?其未得之也,患得之;既得之,患失之。苟患失之,无所不至矣。"

17.16 子曰:"古者民有三疾,今也或是之亡也。古之狂也肆,今之狂也荡;古之矜也廉,今之矜也忿戾;古之愚也直,今之愚也诈而已矣。"

17.17 子曰:"巧言令色,鲜矣仁。"

17.18 子曰:"恶紫之夺朱也,恶郑声之乱雅乐也,恶利口之覆邦家者。"

17.19 子曰:"予欲无言。"子贡曰:"子如不言,则小子何述焉?"子曰:"天何言哉?四时行焉,百物生焉,天何言哉?"

17.20 孺悲欲见孔子,孔子辞以疾。将命者出户,取瑟而歌,使之闻之。

17.21 宰我问:"三年之丧,期已久矣。君子三年不为礼,礼必坏;三年不为乐,乐必崩。旧谷既没,新谷既升,钻燧改火,期可已矣。"

子曰："食夫稻，衣夫锦，于女安乎？"

曰："安。"

"女安，则为之！夫君子之居丧，食旨不甘，闻乐不乐，居处不安，故不为也。今女安，则为之！"

宰我出。子曰："予之不仁也！子生三年，然后免于父母之怀。夫三年之丧，天下之通丧也。予也有三年之爱于其父母乎？"

17.22 子曰："饱食终日，无所用心，难矣哉！不有博弈者乎，为之，犹贤乎已。"

17.23 子路曰："君子尚勇乎？"子曰："君子义以为上，君子有勇而无义为乱，小人有勇而无义为盗。"

17.24 子贡曰："君子亦有恶乎？"子曰："有恶：恶称人之恶者，恶居下流而讪上者，恶勇而无礼者，恶果敢而窒者。"

曰："赐也亦有恶乎？""恶徼以为知者，恶不孙以为勇者，恶讦以为直者。"

17.25 子曰："唯女子与小人为难养也，近之则不孙，远之则怨。"

17.26 子曰："年四十而见恶焉，其终也已。"

微子篇

18.1 微子去之，箕子为之奴，比干谏而死。孔子曰："殷有三仁焉。"

18.2 柳下惠为士师，三黜。人曰："子未可以去乎？"曰："直道而事人，焉往而不三黜？枉道而事人，何必去父母之邦。"

18.3 齐景公待孔子曰："若季氏，则吾不能；以季、孟之间待之。"曰："吾老矣，不能用也。"孔子行。

18.4 齐人归女乐，季桓子受之，三日不朝，孔子行。

18.5 楚狂接舆歌而过孔子曰："凤兮凤兮！何德之衰？往者不可谏，来者犹可追。已而，已而！今之从政者殆而！"

孔子下，欲与之言。趋而辟之，不得与之言。

18.6 长沮、桀溺耦而耕，孔子过之，使子路问津焉。

长沮曰："夫执舆者为谁？"

子路曰："为孔丘。"

曰："是鲁孔丘与？"

曰："是也。"

曰："是知津矣。"

问于桀溺。

桀溺曰："子为谁？"

曰："为仲由。"

曰："是鲁孔丘之徒与？"

对曰："然。"

曰："滔滔者天下皆是也，而谁以易之？且而与其从辟人之士也，岂若从辟世之士哉？"耰而不辍。

子路行以告。

夫子怃然曰："鸟兽不可与同群，吾非斯人之徒与而谁与？天下有道，丘不与易也。"

18.7 子路从而后，遇丈人，以杖荷蓧。

子路问曰："子见夫子乎？"

丈人曰："四体不勤，五谷不分，孰为夫子？"植其杖而芸。

子路拱而立。

止子路宿，杀鸡为黍而食之，见其二子焉。

明日，子路行以告。

子曰："隐者也。"使子路反见之。至，则行矣。

子路曰："不仕无义。长幼之节，不可废也；君臣之义，如之何其废之？欲洁其身，而乱大伦。君子之仕也，行其义也。道之不行，已知之矣。"

18.8 逸民：伯夷、叔齐、虞仲、夷逸、朱张、柳下惠、少连。子曰："不降其志，不辱其身，伯夷、叔齐与！"谓："柳下惠、少连，降志辱身矣，言中伦，行中虑，其斯而已矣。"谓："虞仲、夷逸，隐居放言，身中清，废中权。我则异于是，无可无不可。"

18.9 大师挚适齐，亚饭干适楚，三饭缭适蔡，四饭缺适秦，鼓方叔入于河，播鼗武入于汉，少师阳、击磬襄入于海。

18.10 周公谓鲁公曰："君子不施其亲，不使大臣怨乎不以。故旧无大故，则不弃也。无求备于一人。"

18.11 周有八士：伯达、伯适、仲突、仲忽、叔夜、叔夏、季随、季骝。

子张篇

19.1 子张曰："士见危致命，见得思义，祭思敬，丧思哀，其可已矣。"

19.2 子张曰："执德不弘，信道不笃，焉能为有？焉能为亡？"

19.3 子夏之门人问交于子张。子张曰："子夏云何？"

对曰："子夏曰：'可者与之，其不可者拒之。'"

子张曰："异乎吾所闻：君子尊贤而容众，嘉善而矜不能。我之大贤与，于人何所不容？我之不贤与，人将拒我，如之何其拒人也？"

19.4 子夏曰："虽小道，必有可观者焉，致远恐泥，是以君子不为也。"

19.5 子夏曰："日知其所亡，月无忘其所能，可谓好学也已矣。"

19.6 子夏曰："博学而笃志，切问而近思，仁在其中矣。"

19.7 子夏曰："百工居肆以成其事，君子学以致其道。"

19.8 子夏曰："小人之过也必文。"

19.9 子夏曰："君子有三变：望之俨然，即之也温，听其言也厉。"

19.10 子夏曰："君子信而后劳其民；未信，则以为厉己也。信而后谏；未信，则以为谤己也。"

19.11 子夏曰："大德不逾闲，小德出入可也。"

19.12 子游曰:"子夏之门人小子,当洒扫应对进退,则可矣,抑末也。本之则无。如之何?"

子夏闻之曰:"噫!言游过矣!君子之道,孰先传焉?孰后倦焉?譬诸草木,区以别矣。君子之道,焉可诬也?有始有卒者,其惟圣人乎!"

19.13 子夏曰:"仕而优则学,学而优则仕。"

19.14 子游曰:"丧致乎哀而止。"

19.15 子游曰:"吾友张也为难能也,然而未仁。"

19.16 曾子曰:"堂堂乎张也,难与并为仁矣。"

19.17 曾子曰:"吾闻诸夫子:人未有自致者也,必也亲丧乎!"

19.18 曾子曰:"吾闻诸夫子:孟庄子之孝也,其他可能也,其不改父之臣与父之政,是难能也。"

19.19 孟氏使阳肤为士师,问于曾子。曾子曰:"上失其道,民散久矣。如得其情,则哀矜而勿喜!"

19.20 子贡曰:"纣之不善,不如是之甚也。是以君子恶居下流,天下之恶皆归焉。"

19.21 子贡曰:"君子之过也,如日月之食焉。过也,人皆见之;更也,人皆仰之。"

19.22 卫公孙朝问于子贡曰:"仲尼焉学?"子贡曰:"文武之道,未坠于地,在人。贤者识其大者,不贤者识其小者。莫不有文武之道焉。夫子焉不学,而亦何常师之有?"

19.23 叔孙武叔语大夫于朝,曰:"子贡贤于仲尼。"

子服景伯以告子贡。

子贡曰:"譬之宫墙,赐之墙也及肩,窥见室家之好。夫子之墙数仞,不得其门而入,不见宗庙之美,百官之富。得其门者或寡矣。夫子之云,不亦宜乎!"

19.24 叔孙武叔毁仲尼。子贡曰:"无以为也!仲尼不可毁也。他人之贤者,丘陵也,犹可逾也;仲尼,日月也,无得而逾焉。人虽欲自绝,其何伤于日月乎?多见其不知量也。"

19.25 陈子禽谓子贡曰:"子为恭也,仲尼岂贤于子乎?"

子贡曰:"君子一言以为知,一言以为不知,言不可不慎也。夫子之不可及也,犹天之不可阶而升也。夫子之得邦家者,所谓立之斯立,道之斯行,绥之斯来,动之斯和。其生也荣,其死也哀,如之何其可及也。"

尧曰篇

20.1 尧曰:"咨!尔舜!天之历数在尔躬,允执其中。四海困穷,天禄永终。"

舜亦以命禹。

曰:"予小子履敢用玄牡,敢昭告于皇皇后帝:有罪不敢赦。帝臣不蔽,简在帝心。朕躬有罪,无以万方;万方有罪,罪在朕躬。"

周有大赉,善人是富。"虽有周亲,不如仁人。百姓有过,在予一人。"

谨权量,审法度,修废官,四方之政行焉。兴灭国,继绝世,举逸民,天下之民归心焉。

所重:民、食、丧、祭。

宽则得众,信则民任焉,敏则有功,公则说。

20.2 子张问于孔子曰:"何如斯可以从政矣?"

子曰:"尊五美,屏四恶,斯可以从政矣。"

子张曰:"何谓五美?"

子曰:"君子惠而不费,劳而不怨,欲而不贪,泰而不骄,威而不猛。"

子张曰:"何谓惠而不费?"

子曰:"因民之所利而利之,斯不亦惠而不费乎?择可劳而劳之,又谁怨?欲仁而得仁,又焉贪?君子无众寡,无小大,无敢慢,斯不亦泰而不骄乎?君子正其衣冠,尊其瞻视,俨然人望而畏之,斯不亦威而不猛乎?"

子张曰:"何谓四恶?"

子曰:"不教而杀谓之虐;不戒视成谓之暴;慢令致期谓之贼;犹之与人也,出纳之吝谓之有司。"

20.3 子曰:"不知命,无以为君子也;不知礼,无以立也;不知言,无以知人也。"